A TUTELA DOS DIREITOS DOS SÓCIOS EM SEDE DE FUSÃO, CISÃO E TRANSFORMAÇÃO DAS SOCIEDADES

DOMINGOS SALVADOR ANDRÉ BAXE
MESTRE EM CIÊNCIAS JURÍDICAS

A TUTELA DOS DIREITOS DOS SÓCIOS EM SEDE DE FUSÃO, CISÃO E TRANSFORMAÇÃO DAS SOCIEDADES

Mestrado em Ciências Jurídico-Civis
Dissertação orientada pelo
Professor Doutor José de Oliveira Ascensão

A TUTELA DOS DIREITOS DOS SÓCIOS EM SEDE DE FUSÃO, CISÃO E TRANSFORMAÇÃO DAS SOCIEDADES

AUTOR
DOMINGOS SALVADOR ANDRÉ BAXE

EDITOR
EDIÇÕES ALMEDINA, SA
Av. Fernão Magalhães, n.º 584, 5.º Andar
3000-174 Coimbra
Tel.: 239 851 904
Fax: 239 851 901
www.almedina.net
editora@almedina.net

PRÉ-IMPRESSÃO | IMPRESSÃO | ACABAMENTO
G.C. GRÁFICA DE COIMBRA, LDA.
Palheira – Assafarge
3001-453 Coimbra
producao@graficadecoimbra.pt

Março, 2010

DEPÓSITO LEGAL
307297/10

Os dados e as opiniões inseridos na presente publicação
são da exclusiva responsabilidade do(s) seu(s) autor(es).

Toda a reprodução desta obra, por fotocópia ou outro qualquer
processo, sem prévia autorização escrita do Editor, é ilícita
e passível de procedimento judicial contra o infractor.

Biblioteca Nacional de Portugal – Catalogação na Publicação

BAXE, Domingos Salvador André

A tutela dos direitos dos sócios em sede de fusão,
cisão e transformação das sociedades. – (Estudos
de direito africano)
ISBN 978-972-40-3885-8

CDU 347

PREFÁCIO

André Baxe afronta neste livro alguns dos problemas mais difíceis do Direito das Sociedades. Porque o domínio destas vicissitudes é um daqueles em que confluem os mais variados vectores, a posição dos sócios *versus* a da sociedade ou das sociedades, o interesse social e a protecção das minorias, a natureza da sucessão e as diversidades nas próprias figuras em cada caso compreendidas... Sobre tudo isto, as perplexidades doutrinárias não facilitam uma tomada de posição.

Fá-lo num estilo límpido, apoiado por vasta bibliografia especializada que implica ter-se dedicado intensamente à matéria. Demonstra capacidade de penetrar nas questões relevantes. Merece por isso louvor, por ter conseguido equacionar correctamente os problemas e trazido o seu contributo para o aperfeiçoamento das soluções. Acrescentemos ainda que o faz com equilíbrio e bom senso.

Salientaria neste prefácio alguns reflexos das grandes questões em causa.

Começo pela categoria do interesse da sociedade, ou interesse social. A categoria é repudiada por muitos, que reduzem a sociedade a um esquema de sabor neoliberal, hoje em crise, em que a vontade de lucro explicaria tudo. O A. compreende bem a insuficiência destas posições e apoia-se decididamente na busca de uma fundamentação objectiva e socialmente aderente.

Não poderia deixar de ser assim. Conflitos de interesses entre sócios maioritários e minoritários, ou mesmo em geral dos sócios entre si, só ganham o relevo de uma questão jurídica, e não mera querela negocial, quando posições individuais contrastam com o interesse objectivo da sociedade. Os tribunais não estão habilitados a resolver estratégias ou compulsar vantagens negociais, mas não podem deixar de intervir quando um sócio procura fazer prevalecer um interesse próprio à custa do interesse da sociedade. O A. aponta os passos em que a lei o salienta: particularmente porque, como bem observa, é grande a tentação de a maioria valer-se da sua condição para esmagar as minorias à custa do interesse global da sociedade. De facto, sem ter presente esta noção, nem sequer haverá critério para julgar quando uma deliberação é abusiva, esvaziando a previsão expressa na lei da anulabilidade destas deliberações.

Por isso, não seria demais trabalhar a categoria do interesse social por si, como um grande pressuposto da pesquisa, demarcando bem quando assume a natureza de critério jurídico de decisão e já não apenas de marco programático duma boa governação da sociedade. Por exemplo, procurando resolver a esta luz a recusa de informações aos sócios.

Outra grande questão implicada, como dissemos, está na distinção entre sucessão e transmissão. Há que saber se as vicissitudes que se examinam – fusão, cisão e transformação – implicam uma transmissão de situações jurídicas ou pelo contrário são uma modalidade de sucessão.

É de facto impressionante como nas questões modernas de Direito das Sociedades vamos reencontrar uma problemática geral, provinda do Direito Romano, sobre a distinção de natureza das vicissitudes em que alguém adquire situações jurídicas que pertenceram a outrem. Pode fazê--lo por sucessão ou por transmissão.

A questão é discutida particularmente no Direito das Sucessões. Em Roma, a sucessão por morte explicava-se por uma caracterização pessoal. Assim, falecido o *pater familias*, o seu lugar seria ocupado pelo herdeiro, pelo que as situações jurídicas se mantinham tal qual: não se transmitiam, não passavam de um para outro, dinamicamente; persistiam incólumes e outra pessoa vinha ocupar o lugar do falecido.

No Direito actual discute-se se a aquisição por morte continua centrada numa sucessão pessoal, aparecendo o herdeiro como um continuador da posição do *de cuius*, ou se isso caducou e hoje tudo se reduz a uma transmissão, que só se distingue da figura geral da transmissão *inter* vivos apenas por se operar *mortis causa*. A primeira posição foi sustentada por Manuel Gomes da Silva e a segunda por Inocêncio Galvão Telles, nas respectivas lições de *Direito das Sucessões*, originando um vivo debate.

Por nossa parte, aderimos à posição de Gomes da Silva, no nosso *Direito Civil – Sucessões*. O Direito moderno tem ainda por paradigma uma ideia de continuidade do *herdeiro* (não do *legatário*, que é um mero transmissário de bens) na posição social do *de cuius*. Isto explica as prerrogativas pessoais que a lei atribui automaticamente ao herdeiro, ainda que não seja familiar; e explica também, o que particularmente interessa para o presente livro, a identidade de posições jurídicas que compõem a herança e são envolvidos pelo fenómeno sucessão. Pelo contrário, uma transmissão envolveria sempre uma alteração nessas situações, porque se fundariam num *título* diferente, compra e venda, dação....

Despindo a questão de particularidades próprias do Direito das Sucessões, é esta a grande questão que se continua a suscitar em vários casos no Direito actual: seja o caso da "sucessão na posse". E, para o que nos interessa, nas vicissitudes básicas das sociedades, que são abordadas neste livro. Elas configuram uma sucessão ou uma transmissão?

É uma opção difícil, que acompanha transversalmente todo o estudo. Mas como o A. conclui, é indispensável. De facto, a sucessão supõe a identidade de posições jurídicas: estas mantêm-se sempre as mesmas, apenas os sujeitos mudam. Já a transmissão tem um desenho dinâmico e não estático: as próprias situações jurídicas transitam dum sujeito para outro. Com isto, sofrem sempre alguma alteração em consequência deste trânsito.

Não há como fugir desta realidade nas situações que o A. investiga. Na *fusão* há um novo sujeito, mas as situações jurídicas mantêm-se inalteradas. Na figuração paradigmática, duas ou mais sociedades extinguem-se e surge uma nova, que mantém integralmente os elementos patrimoniais das sociedades que se extinguem. Como não chamar a isto sucessão? Apenas, há que ter muito cuidado com as fronteiras e não confundir os temas que se entrecruzam na análise. Uma coisa é surgir outra sociedade, coisa diferente é manter-se por sucessão a esfera jurídica patrimonial das sociedades que se extinguem. A segunda questão é relativamente autónoma em relação à primeira.

Algo de semelhante diríamos sobre a *cisão*, sem prejuízo da maior complexidade desta e da necessidade de distinguir, como o A. faz, as várias hipóteses que se defrontam. Já a *transformação* nos parece trazer uma realidade autónoma, porque mais radical. Aí, a realidade subjacente, o elemento pessoal e o elemento patrimonial, mantêm-se íntegros, seja qual for a forma ou tipo jurídico adoptados. Não há transmissão nem sucessão. Pequenos desvios não parecem colidir com a doutrina dominante. Pensamos por isso que a determinação do núcleo do que seja a "identidade jurídica" da sociedade merece uma reflexão específica, para apurar se consiste no tipo ou estatuto adoptados, ou se não consistirá antes no próprio substrato, mesmo nos casos em que a sociedade constituída não se prolongou no plano dos factos na constituição duma empresa. Infelizmente, é hoje uma realidade muito frequente, a das sociedades que só existem no papel, mesmo quando se lhes chama pomposamente a "empresa na hora".

Temos assim perante nós um bom trabalho. Ao A., fazemos votos de que prossiga, pois demonstrou ter capacidade para defrontar árduos temas de interpretação e construção jurídica. E felicitamos o meio jurídico angolano por esta manifestação de maturidade, esperando que a aproveite bem na construção duma doutrina própria, adequada às exigências do tempo que se vive; e simultaneamente para oferecer deste modo um contributo autónomo ao diálogo jurídico entre os países de língua portuguesa.

Professor Doutor J. OLIVEIRA ASCENSÃO

NOTA PRÉVIA

O trabalho que agora se publica corresponde à dissertação de mestrado em Ciências Jurídico-Civis apresentada na Faculdade de Direito da Universidade de Lisboa em Abril de 2008 e discutida em provas públicas em Novembro do mesmo ano.

No essencial, mantivemos a estrutura, a sistematização e o conteúdo do texto então apresentado e discutido, introduzindo apenas as alterações que se revelaram indispensáveis. Aproveitamos a oportunidade para corrigir algumas gralhas detectadas e reformular certas passagens aproveitando a reflexão propiciada pela preparação da discussão, bem como os contributos valiosos dela resultantes.

Neste momento que me é particularmente grato, gostaria de agradecer publicamente aos meus Mestres por tudo quanto me ensinaram e a todos os que, de algum modo, contribuíram para que o sonho se tornasse realidade.

Os meus agradecimentos são extensivos ao Dr. Emídio da Costa Pinheiro, Presidente do Conselho de Administração do Banco de Fomento Angola – BFA – cujo patrocínio foi imprescindível para trazer à luz a nossa obra.

Recordo aqui a pronta disponibilidade sempre manifestada (dentro do possível) pelo Senhor Professor Doutor José de Oliveira Ascensão, meu orientador, e as sugestões e críticas construtivas feitas pelo Senhor Professor Doutor Pedro de Albuquerque, meu ilustre arguente, as palavras de estímulo e encorajamento dos Senhores Professores Doutores António Menezes Cordeiro, Presidente do corpo de Júri, Dário Moura Vicente, José Octávio de Serra Van-Dúnem, Decano da Faculdade de Direito da Universidade Agostinho Neto e Abraão Mulangui, Coordenador do Núcleo do Lubango da Faculdade de Direito da Universidade Agostinho Neto, que integraram o júri que apreciou a nossa dissertação e o empenho e apoio dispensados pelo Professor Doutor Januário da Costa Gomes, Coordena-

10 *A Tutela dos Direitos dos Sócios em Sede de Fusão, Cisão e Transformação*

dor da Colecção de Estudos de Direito Africano, da Faculdade de Direito da Universidade de Lisboa, para a publicação desta obra: a todos o meu profundo agradecimento.

À Direcção da Faculdade de Direito da Universidade de Lisboa, e muito em especial aos Professores Doutores Eduardo Vera-Cruz Pinto, Presidente do Conselho Directivo e Dário Moura Vicente, Presidente do Instituto de Cooperação Jurídica, obreiros do convénio celebrado com a Universidade Agostinho Neto, agradeço todo o incentivo e apoio recebido ao longo da formação e preparação da dissertação e da sua discussão.

Uma palavra de agradecimento, igualmente, à Biblioteca da Faculdade da FDUL onde grande parte da investigação bibliográfica que consta do final do livro foi levada a cabo.

Uma palavra de reconhecimento ao Magnífico Reitor da Universidade Agostinho Neto, Professor Doutor Eng. João Sebastião Teta e seus distintos colaboradores, pela visão estratégica de desenvolvimento da Universidade em Angola.

Os meus agradecimentos são extensivos à Direcção da Procuradoria-Geral da República, pelo seu apoio e compreensão, permitindo exercer a docência conjuntamente com a Magistratura do Ministério Público, por tal me permitir crescer enquanto pessoa e enquanto profissional.

À Coordenação do Núcleo do Lubango da Faculdade de Direito da Universidade Agostinho Neto, e, muito em especial, ao Professor Doutor Abraão Mulangui, pelo incentivo.

Aos meus pais a quem tudo devo, ao senhor Serrão pelo incentivo ao estudo desde tenra idade, à minha querida e saudosa tia Baieta que foi para mim uma verdadeira mãe, às minhas estimadas Toninha e Alcina que acompanharam esta difícil, e por vezes incompreendida trajectória, aos meus filhos, Leida Mayra e Osmar Samir, pelas minhas ausências nos momentos em que mais precisavam da minha presença, e, muito especialmente, à minha Atinel (seu nome artístico), esposa amorosa, amiga e companheira de todas as horas, toda a minha gratidão e reconhecimento que palavra alguma conseguirá exprimir.

Enfim, a todos – familiares e amigos – dedico este livro.

Huila, Lubango, Dezembro de 2008

PLANO DO TRABALHO

INTRODUÇÃO

1. Nota Justificativa
2. Delimitação do tema

PARTE I
A Problemática Geral das Vicissitudes das Sociedades Comerciais

TÍTULO I
Introdução

Capítulo I – Breves noções introdutórias
Capítulo II – Regime jurídico aplicável
Capítulo III – Modalidades de fusão, cisão e transformação

TÍTULO II
Os impedimentos à Fusão, Cisão e Transformação

Capítulo I – Impedimentos à fusão e cisão
Capítulo II – Impedimentos à transformação

TÍTULO III
Efeitos do Registo Comercial nas Vicissitudes das Sociedades

Capítulo I – Fusão e cisão: efeitos do registo
Capítulo II – Efeitos do registo da transformação

PARTE II
A Tutela dos Direitos dos Sócios

TÍTULO I
A Tutela dos Sócios Titulares de Direitos Gerais

Capítulo I – O direito de participar na vida da sociedade
Capítulo II – O direito dos sócios à informação
Capítulo III – O direito dos sócios aos lucros

TÍTULO II
A Tutela dos Sócios Titulares de Direitos Especiais

Capítulo I – Direitos especiais: regime jurídico relevante aplicável
Capítulo II – Direitos especiais: Âmbito

PARTE III
Os efeitos da Fusão, Cisão e Transformação em Relação aos Sócios

TÍTULO I
Os efeitos da Fusão e Cisão em Relação aos Sócios

Capítulo I – Manutenção da qualidade de sócio
Capítulo II – Direitos especiais dos sócios
Capítulo III – O direito de exoneração e a compensação pecuniária dos sócios

TÍTULO II
Os efeitos da Transformação em Relação aos Sócios

Capítulo I – Manutenção da qualidade de sócio
Capítulo II – Direitos especiais dos sócios
Capítulo III – O direito de exoneração e a compensação pecuniária dos sócios

PARTE IV
Natureza da Fusão, Cisão e Transformação:
Breve Reflexão

TÍTULO I
Natureza da Fusão e da Cisão

Capítulo I – Natureza da fusão
Capítulo II – Natureza da cisão

TÍTULO II
Natureza da Transformação

SÍNTESE CONCLUSIVA

ALGUMAS SIGLAS
E ABREVIATURAS UTILIZADAS

Ac. – Acórdão
AN – Assembleia Nacional
BFDUAN – Boletim da Faculdade de Direito da Universidade Agostinho Neto
BFDUC – Boletim da Faculdade de Direito da Universidade de Coimbra
BFDUL – Boletim da Faculdade de Direito da Universidade de Lisboa
BMJ – Boletim do Ministério da Justiça
CC – Código Civil de 1966
CCom. – Código Comercial
CEJ – Centro de Estudos Judiciários
CPC – Código de Processo Civil
CRCom. – Código do Registo Comercial
CSC – Código das Sociedades Comerciais
Dec. – Decreto
DL – Decreto-Lei
DR – Diário da República
FDUAN – Faculdade de Direito da Universidade Agostinho Neto
FDUL – Faculdade de Direito da Universidade de Lisboa
IDET – Instituto de Direito das Empresas e do Trabalho
LCA – Lei Constitucional Angolana
LSC – Lei das Sociedades Comerciais
LSQ – Lei das Sociedades por Quotas
Ob. cit. – Obra citada
p. – página
pp. – páginas
RDE – Revista de Direito e Economia
RLJ – Revista de Legislação e Jurisprudência
ROA – Revista da Ordem dos Advogados

SA	– Sociedade anónima
SC	– Sociedade em comandita simples
SCA	– Sociedade em comandita por acções
SNC	– Sociedade em nome colectivo
SQ	– Sociedades por quotas
ss.	– seguintes
STJ	– Supremo Tribunal de Justiça de Portugal
SUQ	– Sociedade Unipessoal por quotas
TRC	– Tribunal da Relação de Coimbra
TRE	– Tribunal da Relação de Évora
TRL	– Tribunal da Relação de Lisboa
TRP	– Tribunal da Relação do Porto
TS	– Tribunal Supremo de Angola
UAN	– Universidade Agostinho Neto

Obs: São da Lei das Sociedades Comerciais as disposições mencionadas no texto sem outra referência.

INTRODUÇÃO

1. NOTA JUSTIFICATIVA

O tema escolhido para a elaboração da dissertação de Mestrado em Ciências Jurídico-Civis é *"A Tutela dos direitos dos Sócios em sede de Fusão, Cisão e Transformação de Sociedades"*. Quando se fala em tutela dos direitos dos sócios, referimo-nos especificamente à protecção que deve ser garantida aos sócios, nomeadamente aos sócios minoritários[1]. O assunto tem merecido a maior e particular atenção em sistemas jurídicos onde a economia de mercado já está muito desenvolvida[2] e com os quais o nosso sistema tem maiores afinidades.

---

[1] A regra, na verdade, deveria ser a da igualdade entre os sócios, ou seja a situação dos sócios ser igual em circunstâncias iguais. No entanto, este princípio não é imperativo, admitindo a lei certas situações de privilégio, designadamente a atribuição de direitos especiais a um sócio ou grupo de sócios. Neste sentido, ver, entre outros, JORGE MIRANDA, "Grupos de sociedades e princípio da igualdade. Parecer", in Separata *Estudos em memória do Professor Doutor António Marques dos Santos,* Vol. II, 2005 (203-229), p. 223 e ss., e REGINA REDINHA, "Deliberações sociais abusivas", in *RDE*, 10/11 (1984/1985), (193- -224), p. 202 e ss.. Quanto às modalidades de tutela de minorias nas sociedades anónimas, ver, por todos, ARMANDO MANUEL TRIUNFANTE, *A Tutela das Minorias nas Sociedades Anónimas, Quórum de Constituição e Maiorias Deliberativas (e autonomia estatutária)*, Coimbra Editora, Coimbra, 2005, p. 25 e ss., MANUEL ANTÓNIO PITA, "Protecção das Minorias", in *Novas Perspectivas do Direito Comercial,* Faculdade da Universidade de Lisboa, Centro de Estudos Judiciários, AAVV, 1988 (355-373), p. 361 e ss. e FRAGA REDINHA, *Contribuição para o conceito de Direitos da Minoria nas Sociedades Anónimas*, Lisboa, 1987, p. 17 e ss., apresenta a relação recíproca entre maioria e minoria bem como o respectivo conceito de direito da minoria.

[2] Ver, a título meramente exemplificativo, em Portugal, RAUL VENTURA, *Fusão, Cisão, Transformação de Sociedades, Comentário ao Código das Sociedades Comerciais,* Livraria Almedina, 2003, p. 7 e ss.; ANTÓNIO MENEZES CORDEIRO, *Manual de Direito das Sociedades*, vol. I, Almedina, Coimbra, 2004, p. 775, MANUELA DURO TEIXEIRA, "A Cisão no Direito Português", in Separata da Revista *O Direito,* ano 138.º, Almedina, 2006, (593- -660), p. 593 e ss.; em Itália, por todos, PAOLO SPADA, *Diritto Commerciale, II Elementi,* CEDAM, Padova, pp. 164, 167 e 171, FRANCESCO GALGANO, *Il Nuovo Diritto Socie-*

20 A Tutela dos Direitos dos Sócios em Sede de Fusão, Cisão e Transformação

Nesses países, vêm-se travando acesos debates para compreender o equilíbrio necessário que deve existir. Por um lado, entre a garantia do interesse geral[3], que aponta para uma mudança, por vezes radical, na sua estrutura empresarial e, por outro, o interesse do sócio, designadamente,

---

tario, Trattato di Diritto Commerciale e di Diritto Pubblico Dell" Economi, CEDAM, Padova, 2003, p. 517 e ss.; em França, MAURICE COZIAN/ALAIN VIANDIER/FLORENCE DEBOISSY, *Droits des Sociétés*, XVI Édition, Litec, Paris, 2003, p. 421 e ss. e 625 e ss. e MICHEL JEANTIN, *Droits des Sociétés*, II Ed. Monchrestien, Paris, 1992, p. 353 e ss.; em Espanha, FERNANDO SANCHEZ CALERO, *Institutiones de Derecho Mercantil*, 7.ª Edição, Editorial Clares, Valladolid, 1978, p. 272 e ss.; no direito inglês, ver, entre outros, CLIVE M. SCHMITTHOFF, *O papel das maiorias e a protecção das minorias no direito inglês sobre sociedades*, Tradução e notas por Alberto Pimenta, Coimbra, 1965, p. 25 e ss..

[3] Quanto à delimitação do conceito de interesse social ver, entre outros, PEDRO DE ALBUQUERQUE, *Direito de Preferência dos Sócios em Aumentos de capital nas Sociedades Anónimas e por Quotas, Comentário ao Código das Sociedades Comerciais*, Livraria Almedina, Coimbra, 1993, p. 303 ss. e notas 15, 16 e 17 e autores aí citados e BRITO CORREIA, *Direito Comercial – Sociedades Comerciais*, Vol. II, AAFDL, Lisboa, 1989, pp. 33-49. Estes autores aderem à visão contratualista segundo a qual o interesse social corresponderia a um interesse comum ou colectivo dos sócios (actuais e futuros ou eventuais) enquanto tais, sendo, por conseguinte, distinto daqueles outros interesses colectivos ou individuais de que os sócios possam ser titulares mas sendo estranhos à sociedade, constituindo interesses extra-sociais. No pólo oposto, posicionam-se autores como JOSÉ DE OLIVEIRA ASCENSÃO, «Invalidades das Deliberações dos Sócios», ob. cit., p. 36, que entende ser o *«interesse social o interesse da sociedade, estrutura jurídica, e não o interesse público ou geral»*, fazendo uma clara distinção entre interesses da sociedade e interesses da empresa, e ANTÓNIO PEREIRA DE ALMEIDA, *Sociedades Comerciais*, ob. cit., p. 44 e ss.. Inclinamo-nos para a teoria institucionalista, por entendermos que, ao contrário do defendido pela teoria contratualista, os interesses dos sócios nem sempre são coincidentes com os interesses da sociedade, existindo mesmo interesses divergentes com os dos sócios ou pelo menos de alguns ou algum deles. Quanto à distinção entre interesse social e interesse da empresa, para maiores desenvolvimentos, ver entre outros, COUTINHO DE ABREU, *Da Empresarialidade (As Empresas no Direito)*, (Reimpressão), Almedina, 1999, p. 225 e ss. e COUTINHO DE ABREU, «Reformas do Código das Sociedades», in *IDET*, Livraria Almedina, 2003, AAVV (11-37), p. 31 e ss.. No fundo da discussão acerca do interesse social, há duas correntes contrapostas fundamentais – a contratualista e a institucionalista que, em síntese, podem ser assim caracterizadas: na *contratualista*, o interesse social identifica-se com o interesse dos sócios, ao passo que na *institucionalista*, o interesse social é autónomo do interesse dos sócios, ao qual se sobrepõe. Entendemos ser a sociedade autónoma do sócio, pelo que nem sempre haverá coincidência de interesses. A ser assim, à sociedade deve ser garantida uma margem de manobra para prosseguir com os objectivos para que foi constituída: produzir benefícios, garantir postos de trabalho, melhoria da organização e da técnica, enfim potenciar o progresso.

do sócio discordante com tais mudanças. Ou seja, questiona-se se será apenas a vontade maioritária expressa em assembleia geral a determinar o interesse social de mudança da sociedade comercial ou se o sócio e/ou os grupos minoritários são também eles tidos em conta[4]. E, sobretudo, independentemente dos factores de mudança, serão os direitos dos sócios que não consentiram em tais operações mantidos, suprimidos ou limitados? Quais são as garantias dos sócios cujos direitos são afectados? Não existirão campos de actividade corporativa onde a iniciativa minoritária possa desempenhar um papel relevante?

No caso angolano, os institutos protectivos dos direitos dos sócios ante o interesse da modificação da estrutura societária terão tido em conta os êxitos já alcançados, especialmente pela doutrina, legislação e jurisprudência portuguesas? E serão tais institutos protectivos os mais adequados ou carecerão, antes, de grandes reformas legislativas?

Em Angola, o Direito das Sociedades não pode ficar insensível a fenómenos como estes, que determinam o desaparecimento, a aparição e o desenvolvimento de novas sociedades.

O debate sobre esta matéria já vai merecendo alguma atenção na doutrina nacional[5]. No entanto, quanto à jurisprudência sobre estas matérias, parece nada ainda ter sido lavrado (ou pelo menos publicado!). E julgamos que tal facto não será de estranhar se tivermos em conta a actividade das sociedades comerciais ao longo de todos estes anos, por um lado, e, por outro, a própria juventude da Lei das Sociedades Comerciais. Assim, socorrer-nos-emos fundamentalmente de jurisprudência estrangeira.

---

[4] Veja-se, a título de exemplo, NUNO CUNHA RODRIGUES, *"Golden-Shares" As Empresas Participadas e os Privilégios do Estado enquanto accionista minoritário*, Coimbra Editora, 2004, p. 110 e ss., ao referir-se aos privilégios do Estado na detenção de participações sociais minoritárias; ou ANTÓNIO CAEIRO, «Breves Notas sobre a Transformação de Sociedades Anónimas em Sociedades por Quotas», in *Temas de Direito das Sociedades*, Livraria Almedina, Coimbra, 1984, pp. 233-234. Refere o autor que as condições em que se desenvolvem actualmente as actividades comerciais e industriais obrigam as empresas a adaptarem-se à conjuntura que as envolve, sob pena de *"perderem a corrida..."*.

[5] Veja-se, a título de exemplo, TERESINHA LOPES, "Revisão da Legislação Comercial. Sociedades Comerciais", in *Revista da FDUAN*, n.° 3, Luanda, 2003 (115-133), pp. 121--130, TERESINHA LOPES, *Direito Comercial*, Faculdade de Direito da Universidade Agostinho Neto, com apoio do PREGE/BANCO MUNDIAL, Luanda, 1999, p. 63 e CARLOS EDUARDO FERRAZ PINTO, "A potencialidade Eterna Unipessoalidade Superveniente na Lei das Sociedades Comerciais Angolana", disponível em *http://www.fd.ul.pt/ICJ* (1-37).

22   A Tutela dos Direitos dos Sócios em Sede de Fusão, Cisão e Transformação

É sobre esses fenómenos que nos debruçaremos no âmbito deste estudo, tendo essencialmente como suportes a doutrina e jurisprudência portuguesas.

Convirá, todavia, uma breve explicação.

Angola viveu, dos primeiros anos da sua independência até aos anos 90 do século passado, sob o sistema de economia planificada. Apenas a partir desta data, enveredou pela economia de mercado.

Actualmente, encontra-se em fase de reorganização e reestruturação do sector empresarial do Estado, na sequência das privatizações e reprivatizações havidas[6].

Como resultado das reformas do sistema político e económico então vigentes[7] – que determinavam uma filosofia de intervenção estatal na vida

---

[6] Sobre a temática de privatizações e reprivatizações, ver JOSÉ DE OLIVEIRA ASCEN-
SÃO, «Reprivatização e Direitos dos Ex-Titulares das empresas nacionalizadas», in Separata da *Revista da Ordem dos Advogados*, Ano 51, I, Lisboa, Abril 1991 (299-352),
p. 327 ss., ANTÓNIO MENEZES CORDEIRO, «As privatizações e o Direito privado: alguns
aspectos com especial referência ao sector bancário», in *Direito e Justiça*, Vol. V, 1991,
p. 86, PAULO OTERO, «Coordenadas Jurídicas da privatização da Administração Pública»,
in *BFDUC*, STVDIA IVRIDICA 60, COLOQUIA-7, Coimbra Editora, 2001, pp. 42-43,
chamando a atenção para os fenómenos de *"privatização imperfeita"*, *"falsa privatização"*
ou "privatização enganosa", por um lado e de *"privatização debilitada"* ou *"privatização
enfraquecida"*, por outro lado, que considera não constituírem uma verdadeira privatização, pois nestes casos não se verifica uma «*transferência do bem em causa do sector
público dos meios de produção para o sector privado (…).*», MANUEL AFONSO VAZ, «Formas Organizativas do Sector Empresarial do Estado (Experiência Portuguesa», in *BFDUC*,
STVDIA IVRIDICA 60, COLOQUIA-7, OS CAMINHOS DA PRIVATIZAÇÃO DA ADMINIS-
TRAÇÃO PÚBLICA, IV, Colóquio Luso-Espanhol de Direito Administrativo, Coimbra Editora, 2001, p. 113 e PEDRO DE ALBUQUERQUE e MARIA DE LURDES PEREIRA, *As «Golden
Shares» do Estado Português em empresas privatizadas: Limites à sua admissibilidade e
exercício*, Coimbra Editora, 2006, p. 39 e ss., fazendo uma clara e exemplificativa abordagem das *golden share* do Estado Português e associando a alienação da maioria das participações do capital de empresas antes pertencentes ao sector público e a simultânea insti-
tuição de direitos especiais em benefício do Estado.

[7] Com a aprovação da LCA (Lei n.º 12/91, de 6 de Maio, posteriormente revista
e ampliada pela Lei n.º 23/92, de 16 de Setembro), verificou-se, em nossa opinião, uma
ruptura constitucional, tendo o sistema monopartidário dado lugar ao multipartidarismo e
a economia planificada sido substituída pela economia de mercado. Veja-se, como corolá-
rio da mudança, a Resolução n.º 18/94, de 9 de Setembro (sobre as privatizações) e a respectiva Lei n.º 10/94, de 31 de Agosto (Lei das Privatizações), posteriormente alterada pela
Lei n.º 8/03, de 18 de Abril, bem como a Lei n.º 9/95, de 15 de Setembro – Das empresas
públicas. Parece, pois, ser do maior interesse o Estado incentivar alguns tipos de operações

Introdução

económica – o Estado começou, lentamente, a largar mão de alguns sectores da economia[8]. Em consequência, assistiu-se (assiste-se ainda), embora com alguma timidez, a empresas estatais darem lugar a empresas privadas[9]; assiste-se ao surgimento, modificação e extinção de sociedades comerciais, no contexto da economia globalizada.

Assim, a evolução experimentada tanto pela doutrina como pela jurisprudência doutros países (particularmente Portugal) no debate sobre a tutela dos sócios[10] ante o instituto da fusão, cisão e transformação de sociedades[11] – e, depois acolhida na respectiva legislação – serviu de fonte de inspiração e julgamos explicar, em certa medida, a opção que veio a ser acolhida também pelo legislador angolano.

Não é, pois, de admirar, que neste cenário, e perante as condições em que se desenrolam as actividades das sociedades comerciais, tivesse surgido, entre outros instrumentos jurídicos reguladores, a Lei n.° 1/2004, de 13 de Fevereiro, mais conhecida por Lei das Sociedades Comerciais, doravante LSC.

---

de mudanças dos entes societários para serem competitivos não só no país como também no exterior ou face ao exterior.

[8] É o caso, por um lado, da privatização dos sectores comercial, bancário, transportes, agricultura, pescas, etc. e, por outro lado, da criação do sector empresarial do Estado. Sobre a reorganização do sector empresarial do Estado ver, entre outros, PAULO OTERO, «Da criação de Sociedades Comerciais por Decreto-Lei», in Separata *Estudos em Homenagem ao PROF. DOUTOR RAÚL VENTURA,* Edição da FDUL (103-138), Lisboa, p. 114 e ss..

[9] Ver ANTÓNIO MENEZES CORDEIRO, «As privatizações e o Direito privado: alguns aspectos com especial referência ao sector bancário», ob. cit., p. 86, JOSÉ DE OLIVEIRA ASCENSÃO, «Reprivatização e Direitos dos Ex-Titulares das empresas nacionalizadas», ob. cit., p. 327 ss.. No direito angolano, o artigo 59.° da Lei n.° 9/95 refere-se à *extinção* de uma empresa pública nos seguintes termos: «*1. A extinção de uma empresa pública pode visar a reorganização da sua actividade, mediante a sua cisão ou a fusão em outras ou destina-se a por termo a essa actividade, sendo então seguida de liquidação do respectivo património*».

[10] Quanto aos direitos especiais dos sócios, ver, entre outros, DIOGO COSTA GONÇALVES, «Direitos Especiais e o Direito de Exoneração em Sede de Fusão, Cisão e Transformação de Sociedades Comerciais», in *O Direito,* ano 138, Almedina, 2006 (313-362), pp. 318-319, nota 9 e autores aí citados.

[11] É sabido que, como nos ensina JOÃO DE CASTRO MENDES, *Teoria Geral do Direito Civil,* Vol. I, Coimbra Editora Limitada, AAFDL, 1978, p. 274, as sociedades se classificam, fundamentalmente, em sociedades civis (sob forma comercial ou simples) e sociedades comerciais. Será destas últimas que iremos tratar neste nosso trabalho, nomeadamente, as sociedades anónimas e as sociedades por quotas, pela importância que representam.

24 A Tutela dos Direitos dos Sócios em Sede de Fusão, Cisão e Transformação

A matéria das vicissitudes (fusão, cisão e transformação) das sociedades, em Angola, passou a merecer maior atenção e investigação.

Quanto ao nosso estudo, a questão que se nos coloca é a de saber se os direitos de um sócio podem ser afectados pela sociedade e no interesse desta, sem o seu consentimento.

Deste modo, o problema que se nos coloca consiste na necessidade de averiguar se os direitos dos sócios, designadamente os direitos especiais, merecem alguma tutela em sede de fusão, cisão e transformação das sociedades comerciais e, no caso afirmativo, se o regime aplicável garante, efectivamente, a protecção dos direitos dos sócios, particularmente dos sócios minoritários.

Para darmos solução a estas questões, socorremo-nos, sobretudo, dos êxitos já alcançados, como se referiu, na doutrina, legislação e jurisprudência portuguesas e da sua grande influência no ordenamento jurídico angolano.

O objectivo geral do presente trabalho consiste em identificar alguns aspectos considerados mais problemáticos – nomeadamente o caso de sociedades unipessoais – contribuindo, se possível, para uma melhor compreensão de tais aspectos, sugerindo soluções mais adequadas com vista a colmatar eventuais lacunas, de modo a permitir uma tutela eficaz dos direitos dos sócios em sede de fusão, cisão e transformação de sociedades comerciais.

Foram, pois, algumas destas razões teóricas, mas também práticas, que nos motivaram a escolher o tema do presente trabalho, sendo que, em face de quanto fica exposto, parece justificar-se plenamente a escolha feita.

Daí o enorme interesse, importância e actualidade que – no ramo do Direito das Sociedades – nos suscitou o presente estudo.

2. DELIMITAÇÃO DO TEMA

Na escolha do tema a ser investigado, a *tutela dos direitos dos sócios em sede de fusão, cisão e transformação de sociedades comerciais*, pareceu-nos aquele que, embora largamente tratado na generalidade dos sistemas jurídicos com os quais o nosso tem maiores afinidades, carecerá sempre de maior ponderação e de um maior e constante aprofundamento[12].

---

[12] Vide DIOGO COSTA GONÇALVES, «Direitos Especiais...», ob. cit., p. 317.

Partindo da análise do regime dos direitos dos sócios em sede de Fusão, Cisão e Transformação das sociedades comerciais, elegemos como objecto do nosso estudo três situações jurídicas, a saber: (1) *A Tutela dos direitos dos sócios*: a) a titularidade de direitos gerais – dando maior ênfase ao direito à participação na vida da sociedade, ao direito à informação e ao direito ao lucro; b) a titularidade de direitos especiais; e c) o direito de exoneração[13]; (2) *Os efeitos* da Fusão, Cisão e Transformação das sociedades comerciais relativamente aos sócios; (3) *A natureza jurídica* da Fusão, Cisão e Transformação das sociedades comerciais.

Para tentar alcançar este desiderato, estruturou-se o desenvolvimento da matéria em quatro partes.

Na Parte I, subdividida em três Títulos, faz-se uma breve abordagem de alguns problemas (genéricos), – nomeadamente, conceitos, regime jurídico, modalidades, impedimentos da Fusão, Cisão e Transformação de sociedades comerciais e efeitos do seu registo – e o interesse objectivo destes fenómenos societários, de modo a poder apreender-se melhor o seu significado e sentido;

Na Parte II, subdividida em dois Títulos, analisam-se, de forma mais desenvolvida, embora sempre limitada, algumas das soluções apontadas na doutrina e jurisprudência portuguesas, fundamentalmente – fonte, aliás, de inspiração do regime jurídico angolano –, relativas no caso, à tutela dos direitos (gerais e especiais) dos sócios que lhe é actualmente aplicável, ao mesmo tempo que se procura saber, por um lado, em que medida são assegurados os direitos dos sócios das sociedades modificadas (fundidas, cindidas ou transformadas) e, por outro lado, se integrados nas sociedades beneficiárias, em que medida são assegurados os seus direitos após a modificação do ente societário;

Na Parte III, subdividida em dois Títulos, dá-se maior enfoque aos efeitos da fusão, cisão e transformação das sociedades em relação aos

---

[13] O direito de exoneração está directamente relacionado com matérias como a sede da sociedade, a sua constituição (artigo 45.º CSC) e a sua transformação (13.º ss. do CSC), abrangendo ainda a fusão, cisão e mesmo a dissolução. Ver MARIA AUGUSTA FRANÇA, «Direito à exoneração», in *Novas Perspectivas do Direito Comercial*, Centro de Estudos Judiciários, Livraria Almedina, Coimbra, 1988, p. 207 e ss.. No âmbito da *Societas Europaea*, ver FERNANDO TAÍNHAS, «A cisão na Societas Europaea», in *O Direito,* ano 138.º (2006), II (363-390), p. 385, que expende no sentido de o direito de exoneração não ser aplicável aos sócios que se opuserem à cisão, porquanto os mesmos estão conscientes dos riscos próprios e inerentes a tal operação.

26 *A Tutela dos Direitos dos Sócios em Sede de Fusão, Cisão e Transformação*

sócios – nomeadamente quanto à sua manutenção, aos seus direitos especiais e à saída da sociedade, como solução a seguir pelos sócios descontentes com tal operação de mudança – procurando responder à *vexata questio*: a transmissão está associada à *sucessão universal* ou, pelo contrário, constitui apenas mera modificação do contrato social, negando a *morte* da sociedade?

E, por último, **na Parte IV**, subdividida em dois Títulos, questiona-se a natureza jurídica da fusão, cisão e transformação de sociedades comerciais, isto é, procura-se saber se tais fenómenos resultam de contrato ou de acto unilateral, no que tange à fusão e cisão; e no que respeita à transformação, se esta constitui tão somente uma mera *modificação* nos estatutos (mera alteração da organização técnica da sociedade) ou se a transformação dá lugar à *extinção* da primitiva sociedade e à sua substituição por uma nova sociedade.

Em suma, o âmbito deste estudo é, como se disse, limitado à tutela dos direitos dos sócios ante as vicissitudes das sociedades comerciais no direito angolano com referência necessária, fundamentalmente, ao direito societário português, fonte de inspiração, como se referiu, do direito societário angolano[14].

O relatório termina com uma síntese conclusiva sobre as questões levantadas e as propostas de solução encontradas, a bibliografia e a jurisprudência consultadas e referenciadas, sendo antecedido de uma breve introdução em que se espelha a problemática da presente investigação e os objectivos que com a mesma se pretende alcançar.

---

[14] Excluímos, por isso, desta análise as sociedades cooperativas e os grupos de sociedades ou as sociedades comerciais de criação do Governo por Decreto-Lei a nível do direito interno, como também foram excluídas as fusões na *societas europaea* e ainda as fusões transfronteiriças. Pelo interesse do tema da criação de sociedades comerciais por Decreto-Lei, ver PAULO OTERO, «Da criação de Sociedades Comerciais...», ob. cit., p. 108 e ss. e 114 e ss..

PARTE I

A Problemática Geral das Vicissitudes das Sociedades Comerciais

TÍTULO I
Introdução

CAPÍTULO I
Breves noções introdutórias

SECÇÃO I
Sociedades Comerciais

Expliquemos, antes de mais, as razões pelas quais a apresentação da matéria começa pela inclusão de alguns conceitos literalmente utilizados, que nos acompanharão ao longo de todo o trabalho: a primeira razão, e talvez a fundamental, tem a ver com o facto de, ao nível do país, quase tudo estar por fazer: diversamente de outros, não possuimos uma elaboração doutrinária e jurisprudencial suficientemente cimentada sobre as noções e questões em causa e a sua operacionalidade; a outra, para chamar a atenção para o facto de que, tratando-se de questões deveras complexas e profundas, as mesmas não lograram ainda merecer, noutras paragens, um entendimento pacífico; a última, por ser nossa preocupação fornecer, ainda que de forma muito superficial, um mínimo de elementos indispensáveis ao enquadramento e compreensão da matéria que pretendemos desenvolver.

A noção de sociedade é dada pelo artigo 980.º do CC nos termos seguintes: *"Contrato de sociedade é aquele em que duas ou mais pessoas se obrigam a contribuir com bens e serviços para o exercício em comum de certa actividade económica, que não seja de mera fruição, a fim de repartirem os lucros resultantes dessa actividade"*. Todavia, em bom rigor, este normativo oferece-nos não o *conceito de sociedade* mas o de *contrato de sociedade* de que se destacam os diversos elementos essenciais, nomeadamente: (*i*) a unidade ou pluralidade de partes (elemento pessoal); (*ii*) a obrigação de contribuir com bens ou serviços (elemento patrimonial); e, (*iii*) o exercício de certa actividade económica que não seja de mera fruição, com o fim de atribuição dos lucros (elemento teleológico). A estes elementos corresponderam outros tantos na definição de sociedade comercial.

Parece, no entanto, ser o conceito do artigo 980.° CC diferente daquele que se pode retirar do CSC, porque neste se incluem figuras especificamente comerciais, que extravasam do conceito contratual civilista, como é o caso das sociedades unipessoais, permitidas pelos artigos 7.°, 2 e 270.°-A (originárias) e 142.°, 1, a) e 464.°, 3 – parte final (supervenientes), todos do CSC.

Sem pretendermos entrar, por ora, na polémica de saber se o acto constitutivo da sociedade comercial é um *negócio jurídico* ou um *acto unilateral*, sempre se dirá que a Lei Angolana continua arreigada à definição tradicional de sociedade comercial, com recurso ao artigo 980.° CC[15]. Assim, a sociedade *"é um contrato com um fim comum: a obtenção do máximo rendimento possível*[16]».

Dissemos ser o elemento pessoal um dos elementos essenciais da sociedade. Assim, os membros da sociedade (sócios ou accionistas) são titulares de um conjunto de direitos e obrigações que resultam do título em que se concretiza a sua participação social, do contrato de sociedade e da própria lei. Estes direitos dos sócios designam-se por direitos sociais, podendo ser gerais ou especiais, de natureza patrimonial ou de natureza não patrimonial.

Por conseguinte, ao analisarmos a tutela dos direitos dos sócios em sede da fusão, cisão e transformação de sociedades[17], será à luz desse posicionamento da lei angolana que a mesma irá ser examinada, contando com os subsídios da legislação, doutrina e jurisprudência lusas.

---

[15] Sobre a imperfeição da noção de sociedade, nos termos acima referidos ver, por exemplo, JOÃO DE CASTRO MENDES, *Teoria Geral do Direito Civil*, ob. cit., p. 273 e MENEZES LEITÃO, *Direito das Obrigações*, Vol. III, 2.ª Edição, Almedina, 2004, p. 245 e ss..

[16] Neste sentido ver, entre nós, TERESINHA LOPES, *Direito Comercial*, ob. cit., p. 63. Contra, CARLOS EDUARDO FERRAZ PINTO, ob. cit., p. 5 e ss..

[17] A evolução destes fenómenos societários teve o seu início, praticamente, em meados do século XIX, até atingir o seu auge nos dias actuais, acompanhando e afirmando os traços do capitalismo económico. No entanto, não fazendo parte do nosso tema, deixaremos de abordar as questões relativas à sua origem e evolução históricas, remetendo, para maiores desenvolvimentos, para o estudo de, entre outros, MANUELA DURO TEIXEIRA, ob. cit., p. 594.

A matéria da fusão, cisão e transformação de sociedades apresenta-se extremamente complexa: ela pode pôr em causa a própria subsistência da ou das sociedades em presença, podendo ainda atingir uma multiplicidade de interesses de várias categorias de pessoas como os credores sociais, os trabalhadores e, particularmente, os sócios, objecto principal do presente estudo.

SECÇÃO II
Conceito de Fusão e Cisão de Sociedades

Os factores determinantes da operação da fusão de sociedades apontados como vantajosos, são: *a)* a racionalização da produção e ampliação do mercado para exportação; *b)* a adopção dos progressos tecnológicos; *c)* a reorganização das estruturas económicas empresariais; e *d)* evitar a concorrência (não é raro verificarmos muitas fusões com esse objetivo disfarçado).

Como aspectos negativos ou desvantajosos da fusão, podem apontar--se os custos elevados da operação e o facto de a mesma constituir um processo longo e demorado.

Daí que esta operação não deva ser deliberada de ânimo leve. Mas o que se entende por fusão?

A fusão[18] tem sido entendida como a união de duas ou mais entidades que se extinguem ou em que uma das sociedades participantes absorve a outra, formando ou daí resultando uma nova e única grande sociedade,

---

[18] Ver, entre outros, RAÚL VENTURA, *Fusão, Cisão, Transformação de Sociedades...*, ob. cit., pp. 14-15; RAÚL VENTURA, «Adaptação do Direito Português à Terceira Directiva», in *Gabinete de Documentação e Direito Comparado*, Procuradoria Geral da República, Lisboa, n.º 4 (183-266), 1980, p. 190 e ss.; LUÍS M. TELLES DE MENEZES LEITÃO, «Fusão, Cisão de Sociedades e Figuras Afins», in *Fisco* n.º 57, Ano 5, Setembro 1993 (18-30), 1993, p. 18; MIGUEL J. A. PUPO CORREIA, *Direito Comercial* – Direito da Empresa, 10.ª Edição Revista e actualizada, 2007, pp. 571-574; JOSÉ DRAGO, *Fusão de Sociedades Comerciais (Notas Práticas)*, Almedina, 2007, p. 10; MENEZES CORDEIRO, *Manual de Direito das Sociedades* I, ob. cit., p. 783, considerando a fusão de sociedade «uma forma jurídica – porventura a mais perfeita – que permite dar corpo ao fenómeno da concentração económica» e nota 2181 e autor aí citado; ANTÓNIO PEREIRA DE ALMEIDA, *Sociedades Comerciais*, 3.ª Edição (Aumentada e Actualizada), Coimbra Editora, 2003, p. 505; JOSÉ MARIA MENDES, *Sociedades por Quotas e Anónimas* (Guia Prático), 4.ª Edição, Almedina, 2001, p. 105 e PINTO FURTADO, *Curso de Direito das Sociedades*, 5.ª Edição, Revista e Actualizada, 2004, p. 545 e ss..

32   A Tutela dos Direitos dos Sócios em Sede de Fusão, Cisão e Transformação

que lhes sucede[19] em direitos e obrigações[20]. Em regra, na fusão de empresas, o controlo administrativo fica a cargo daquela que se apresentar maior ou da mais próspera. Tecnicamente, a fusão provoca um aumento de capital na sociedade incorporante – e uma dissolução da sociedade incorporada; os sócios desta última tornam-se, por conseguinte, sócios da primeira. Esta operação constitui a empresa mais forte face à concorrência.

ENGRÁCIA ANTUNES[21] chama a atenção para o facto, de quer a fusão quer a cisão, se distinguirem do *grupo de sociedades*, no plano do processo e das modalidades da respectiva formação – matéria, obviamente, apesar de interessante, excluída do nosso trabalho.

O que vem a ser a cisão de uma sociedade comercial?

São várias as definições de cisão construídas pela doutrina portuguesa (e não só), coincidindo num ponto: a cisão (diversamente da fusão) é a operação pela qual uma sociedade se divide em várias fracções, transferindo, simultaneamente, todo ou somente uma parcela desse património para outras sociedades, constituídas para esse fim ou já existentes, extinguindo-se a sociedade cindida se houver cisão de todo o seu património, ou dividindo-se o seu capital, se a cisão for parcial[22-23].

---

[19] Sobre o sentido de transmissão e sucessão ver, entre outros, INOCÊNCIO GALVÃO TELLES, *Direito das Sucessões, Noções Fundamentais,* 6.ª Edição (Reimpressão), Coimbra Editora, 1996, p. 4 e ss. e LUÍS A. CARVALHO FERNANDES, *Lições de Direito das Sucessões,* 2.ª Edição (reimpressão), Quid Juris? Sociedade Editora, Lisboa, 2004, p. 25 e ss..

[20] Perfilham o mesmo conceito de fusão, no direito francês, entre outros, MAURICE COZIAN/ALAIN VIANDIER/FLORENCE DEBOISSY, ob. cit., p. 625, onde pode ler-se: *«La fusion est l'opération par laquelle une société en anexe une autre, l'annexante et l'annexée ne faisant plus qu'une seule et même société»* e MICHEL JEANTIN, ob. cit., p. 355, BIANCA LAURET/VÉRONIQUE BOURGNINAUT/CHRISTINE BANNEL, *Droit des Sociétés (civiles et commerciales),* Economica, Paris, 2.ª Edição, 1991/92, p. 112; no direito italiano, podemos citar, entre outros, FRANCESCO GALGANO, *Il Nuovo Diritto Societario,* ob. cit., p. 526 e FRANCESCO FERRARA JR./FRANCESCO CORSI, *Gli Imprenditori e le società,* 7.ª Edição, Milano, Giuffrè Editore, 1987, p. 737, GASTONE COTTINO, *Diritto Commerciale,* Vol. I, T. II, 3.ª Edição, Padova, CEDAM, 1994, p. 741 e ss.; no direito espanhol, ver FERNANDO SANCHEZ CALERO, ob. cit., p. 274.

[21] Ver ENGRÁCIA ANTUNES, *Os Grupos de Sociedades – Estrutura e organização Jurídica da empresa Plurissocietária,* 2.ª Edição, Revista e Actualizada, Almedina, Coimbra, 2002, p. 84 e ss..

[22] Sobre o conceito e elementos essenciais da cisão, ver RAÚL VENTURA, *Fusão, Cisão e Transformação de Sociedades...,* ob. cit., p. 332 e ss.; RAÚL VENTURA, *Cisão das Sociedades,* Lisboa, 1974, p. 35 ss.; RAÚL VENTURA, «Adaptação do Direito Português à Sexta Directiva», in *Gabinete de Documentação e Direito Comparado,* Procuradoria Geral

A cisão é, pois, o acto mediante o qual uma entidade societária se divide, dando origem a, pelo menos, duas outras a quem se transmitem parte ou a totalidade do património da sociedade cindida[24].

O ponto nuclear da cisão encontra-se, deste modo, na extinção da sociedade que se cinde e na transmissão de parte ou da totalidade do património da sociedade que deixa de existir. Quando a sociedade permanece, não há propriamente cisão, mas transferência de parcelas do seu património criando filiais.

O fenómeno da cisão implica a extinção da sociedade que se desdobra em duas ou mais, assemelhando-se ao instituto da incorporação.

---

da República, n.º 10 (9-89), Lisboa, 1982, p. 21 e ss., ANTÓNIO MENEZES CORDEIRO, *Manual de Direito das Sociedades, I Das Sociedades em Geral*, ob. cit., p. 791, ao referir ser a cisão: *«uma transformação que dá azo a duas ou mais entidades»*; MIGUEL J. A. PUPO CORREIA, *Direito Comercial*, ob. cit., pp. 574-576; JOANA VASCONCELOS, *A Cisão de Sociedades*, Universidade Católica Editora, Lisboa, 2001, p. 14 e ss.; JORGE PINTO FURTADO, *Código Comercial Anotado*, Vol. I, 1975, pp. 409 e 427; DURVAL FERREIRA, *Cisão de Sociedades no Direito Português e Comparado e no Projecto do Código das Sociedades*, Livraria Almedina, Porto, 1985, p. 17; ANTÓNIO PEREIRA DE ALMEIDA, *Sociedades Comerciais*, ob. cit., p. 510 e MANUELA DURO TEIXEIRA, ob. cit., p. 593; no direito francês, entre outros, ver MICHEL JEANTIN, ob. cit., p. 355 e ss.; BIANCA LAURET/VÉRONIQUE BOURGNINAUT/CHRISTINE BANNEL, ob. cit., p. 113 e MAURICE COZIAN/ALAIN VIANDIER/FLORENCE DEBOISSY, ob. cit., p. 627; no direito espanhol, ver FERNANDO SANCHEZ CALERO, ob. cit., p. 275; no direito italiano, podemos citar, entre outros, FRANCESCO GALGANO, *Il Nuovo Diritto Societario*, ob. cit., p. 537 e ss., FRANCESCO FERRARA JR./FRANCESCO CORSI, *Gli Imprenditori e le società*, ob. cit., p. 743 e GASTONE COTTINO, ob. cit., p. 767 e ss..

[23] Para um estudo mais aprofundado da figura jurídica da cisão, no âmbito da *societas europaea*, ver, entre outros, FERNANDO TAÍNHAS, ob. cit., p. 371 e ss. (363-390).

[24] Neste sentido, entre outros, RAÚL VENTURA, *Cisão das Sociedades*, ob. cit., p. 35 ss. e MANUELA DURO TEIXEIRA, ob. cit., p. 594; ver, igualmente, JOANA VASCONCELOS, ob. cit., p. 158 ss.; no direito italiano podemos referir, a título de exemplo, FRANCESCO FERRARA JR./FRANCESCO CORSI, *Gli Imprenditori e le società*, ob. cit., p. 743 e FRANCESCO GALGANO, *Il Nuovo Diritto Societario*, ob. cit., p. 526. Quanto à evolução histórica e comparada da cisão, ver DURVAL FERREIRA, ob. cit., p. 9 e ss..

SECÇÃO III
Conceito de Transformação de Sociedades

Outra das vicissitudes por que a sociedade e os sócios (e porque não dizê-lo, os próprios trabalhadores e os credores) podem passar é a transformação[25] de sociedades comerciais.

Ao iniciarmos este estudo, surge a primeira e fundamental necessidade de responder, à seguinte questão: o que vem a ser, transformação de sociedades?

Diz-se que há transformação duma sociedade quando uma sociedade constituída segundo certo tipo se transmuda noutro tipo diferente[26]. Por exemplo, uma sociedade anónima converte-se em sociedade por quotas, ou uma sociedade em nome colectivo transmuda-se em comandita simples, etc..

Parece ser entendimento generalizado que, em sentido técnico, transformação de sociedade é uma mudança do seu tipo legal, sendo o acto de transformar aquele acto pelo qual, uma sociedade altera, de forma unitária, as regras fundamentais, típicas, de natureza legal, que a regem; ou,

---

[25] Quanto à noção geral de transformação de sociedades, ver FRANCISCO MENDES CORREIA, «Transformação de Sociedades: algumas considerações», in Separata da Revista *O Direito* 138.°, IV, Almedina, 2006 (835-892), p. 837 e ss..

[26] Sobre o conceito de transformação de sociedades e para maiores desenvolvimentos, ver, entre outros, RAÚL VENTURA, *Fusão, Cisão, Transformação de Sociedades*, ob. cit., p. 416 e ss.; RAÚL VENTURA/BRITO CORREIA, *Transformação de Sociedades, Anteprojecto e Notas Justificativas*, Lisboa, 1973, p. e ss.; ADELINO DA PALMA CARLOS, «Transformação de Sociedades», in Separata da *Revista da Faculdade de Direito da Universidade de Lisboa*, Vol. XIV, Lisboa, 1962, p. 5 e ss.; FRANCISCO MENDES CORREIA, ob. cit., p. 837; ANTÓNIO PEREIRA DE ALMEIDA, *Sociedades Comerciais*, ob. cit., p. 513 e JOSÉ MARIA MENDES, *Sociedades por Quotas e Anónimas*, Guia Prático, 4.ª Edição, Almedina, 2001, p. 159. No direito espanhol, ver FERNANDO SANCHEZ CALERO, ob. cit., p. 272; no direito francês, entre outros, ver BIANCA LAURET/VÉRONIQUE BOURGNINAUT/CHRISTINE BANNEL, ob. cit., p. 98 e MAURICE COZIAN/ALAIN VIANDIER/FLORENCE DEBOISSY, ob. cit., p. 421 e ss.; no direito italiano, ver, entre outros, PAOLO SPADA, ob. cit., pp. 164, 167 e 171, FRANCESCO GALGANO, *Il Nuovo Diritto Societario*, ob. cit., p. 517 e ss., classifica a transformação em *homogénea* e *heterogénea*; para FRANCESCO FERRARA JR./FRANCESCO CORSI, ob. cit., p. 729, *"A transformação consiste na adopção por parte da sociedade de um modelo diferente, com a consequência de se sujeitar para o futuro ao regime correspondente ao novo modelo e de evitar as normas que a disciplinaram até ao momento..."* (tradução livre); cf. ainda GASTONE COTTINO, ob. cit., p. 739 e ss..

A Problemática Geral das Vicissitudes das Sociedades Comerciais

dito de outro modo, a transformação pode ser entendida como sendo a operação pela qual a sociedade passa, independentemente de dissolução e liquidação, de um tipo para outro.

Este instituto da transformação de sociedades implica variados e difíceis problemas, alguns dos quais convem, desde já, equacionar, embora protelemos, o seu estudo e resolução para ocasião mais propícia. Antecipamos a sua formulação, muito propositadamente, para frisar a importância e notável repercussão, que pode ter, no comércio jurídico, em geral e, particularmente, neste instituto, a resolução que se pretenda gizar, para a questão principal, da natureza jurídica da transformação[*].

---

[*] Ver infra, Parte IV, Título II.

CAPÍTULO II
Regime Jurídico Aplicável

A matéria relativa a fusões, cisões e transformações de sociedades comerciais é muito vasta e está regulada em vários capítulos (capítulos IX, X e XI) da LSC, num total de trinta e oito artigos inseridos na Parte Geral, sem prejuízo da existência de outras normas, em sede da regulamentação de cada tipo societário.

SECÇÃO I
Fusão e Cisão de Sociedades:
Legislação Relevante Aplicável

A fusão das sociedades era já regulada nos artigos 124.º a 127.º do CCom., os quais vieram a ser posteriormente substituídos pelo DL n.º 598/73, de 8 de Novembro, que regulou a fusão no seu Título I. Este regime manteve-se em vigor em Angola até à sua revogação pela Lei n.º 1/2004, de 13 de Fevereiro (LSC).

Posteriormente, veio a Terceira Directiva do Conselho, de 9 de Outubro de 1978 (78/855/CEE)[27], regular os princípios da fusão, sem, contudo, fornecer o respectivo conceito.

Actualmente, o instituto da fusão das sociedades encontra-se regulado em obediência aos princípios consagrados sobre a matéria na Terceira Directiva Comunitária, no Capítulo IX do Título I, Parte Geral, nos artigos 97.º a 117.º do CSC.

---

[27] Esta directiva está integralmente transcrita na obra de RAÚL VENTURA, *Fusão, Cisão, Transformação de Sociedades*, ob. cit., p. 547 e ss.. Sobre o regime jurídico, ver RAÚL VENTURA, *Fusão, Cisão, Transformação de Sociedades*, ob. cit., pp. 13-14 e JOSÉ DRAGO, *Fusão de Sociedades Comerciais (Notas Práticas)*, Almedina, 2007, p. 12.

38 A Tutela dos Direitos dos Sócios em Sede de Fusão, Cisão e Transformação

No direito angolano, o regime jurídico da fusão das sociedades comerciais vem tratado nos artigos 102.º a 117.º da LSC.

Relativamente ao regime jurídico da cisão das sociedades, há que referir o seguinte: Com a publicação do DL n.º 598/73, de 8 de Novembro, o ordenamento português passou a dispor de uma regulamentação geral da cisão, autónoma ("paralela", na expressão de RAÚL VENTURA) da da fusão, embora com esta articulada[28].

Na sequência do DL 598/73[29], a cisão passou, assim, a caracterizar-se genericamente, no ordenamento português, pela sua necessária repercussão na esfera dos sócios da sociedade cindida, ficando em princípio excluída a possibilidade de, mediante cisão (simples), se constituir uma sociedade originariamente unipessoal, como mais desenvolvidamente se verá adiante.

No DL 598/73, a disciplina da cisão assentava na articulação, dentro do seu regime próprio, de dois conjuntos de normas – as disposições gerais e as disposições especialmente previstas para cada uma das três modalidades principais nele contempladas – e ainda numa pluralidade de normas de remissão – para certos preceitos que integravam o regime de fusão e, em sede de cisão-fusão, para preceitos aplicáveis às demais modalidades.

Posteriormente, veio a Sexta Directiva do Conselho, de 17 de Dezembro de 1982 (82/895/CEE)[30], regular os princípios da cisão sem, contudo, fornecer, tal como na Terceira Directiva, o respectivo conceito.

O CSC representou ainda o abandono do sistema anteriormente vigente, sem todavia se aproximar do modelo da Sexta Directiva comunitária[31]. O CSC regula a cisão no Capítulo X do Título I (Parte Geral).

---

[28] Ver JOANA VASCONCELOS, ob. cit., pp. 77-78 e RAÚL VENTURA, *Fusão, Cisão, Transformação de Sociedades*, ob. cit., p. 332.

[29] Este diploma apenas viria a ser revogado em 2004, com a aprovação da Lei das Sociedades Comerciais, a Lei n.º 1/04, de 13 de Fevereiro.

[30] Esta directiva está integralmente transcrita na obra de RAÚL VENTURA, *Fusão, Cisão, Transformação de Sociedades*, ob. cit., p. 583 e ss.. Ver ainda RAÚL VENTURA, *Adaptação do Direito Português à Sexta Directiva*, ob. cit., p. 15 e ss.. Sobre o regime jurídico da cisão, ver RAÚL VENTURA, *Fusão, Cisão, Transformação de Sociedades*, ob. cit., pp. 331-332 e JOANA VASCONCELOS, ob. cit., pp. 97 e 111.

[31] Para maiores desenvolvimentos, ver, entre outros, JOANA VASCONCELOS, ob. cit., pp. 122-123 e RAÚL VENTURA, *Fusão, Cisão, Transformação de Sociedades*, ob. cit., p. 331 e ss..

No direito angolano, a LSC, à semelhança do CSC, dedicou à cisão o Capítulo X do Título I (Parte Geral), regulando desse modo separadamente os institutos da fusão e da cisão, embora prevendo, em sede de cisão, uma remissão para o disposto relativamente à fusão.

Quer para a fusão e cisão como também para a transformação há ainda a referir o artigo 3.º, alínea *e*) do DL n.º 42 644 e o Decreto n.º 42 645, ambos de 14 de Novembro de 1959, com as alterações introduzidas pela Lei n.º 1/97, de 17 de Janeiro.

Como se pode ver relativamente à cisão, e ao contrário da lei francesa, que trata conjuntamente a fusão e a cisão, a lei angolana, na senda, aliás, da lei portuguesa, também autonomizou a disciplina da cisão, embora fazendo uma remissão para a disciplina da fusão.

SECÇÃO II
Transformação de Sociedades: Legislação Relevante Aplicável

Como já referimos *supra*, este instituto da transformação de sociedades implica, na verdade, variados e difíceis problemas. Antecipamos tal formulação, muito propositadamente, para frisar a importância e notável repercussão que pode ter no comércio jurídico, em geral e, particularmente, neste instituto, a resolução que se pretenda gizar para a questão principal, da natureza jurídica da transformação, como se verá no capítulo próprio mais desenvolvidamente.

Foi na LSQ, de 1 de Abril de 1901, que o legislador português aludiu, em primeira mão, expressamente, ao instituto da transformação, mas utilizando fórmulas pouco claras, causadoras de opiniões desencontradas, a exigir uma aturada interpretação.

Actualmente, a transformação de sociedades está regulada nos artigos 130.º e ss. do CSC.

No direito angolano, a LSC, à semelhança do CSC, dedicou à transformação o Capítulo XI do Título I (Parte Geral), nos artigos 130.º a 139.º, regulando desse modo separadamente os institutos da fusão, cisão e transformação[32]. Além desta legislação, é-lhe também aplicável a disciplina do registo comercial, como já foi referido atrás.

---

[32] No mesmo sentido, RAÚL VENTURA, *Fusão, Cisão, Transformação…*, ob. cit., p. 449 e ss..

CAPÍTULO III
Modalidades de Fusão, Cisão e Transformação

SECÇÃO I
Modalidades de Fusão e Cisão

Relativamente às modalidades de fusão, parece haver tantas formas quantas as estratégias industriais ou financeiras. Reter-nos-emos nas principais, a saber: a fusão por incorporação (ou por absorção) e a fusão por constituição de nova sociedade[33].

Este mesmo entendimento parece ser perfilhado por RAÚL VENTURA, na análise feita ao artigo 97.º, n.º 4 do CSC. Segundo o autor, tanto o CSC como a Terceira Directiva fazem corresponder à fusão apenas duas modalidades: a fusão por incorporação e a fusão por constituição de nova sociedade, ao contrário de legislações de outras paragens[34].

A fusão por incorporação é realizada mediante a transferência global do património de uma ou mais sociedades para outra e a atribuição aos sócios de partes, acções ou quotas desta. Por exemplo, a sociedade X incorpora a sociedade Y; em consequência o património de X é aumentado do património de Y, que se extingue sem dissolução e sem liquidação.

---

[33] No mesmo sentido, ANTÓNIO MENEZES CORDEIRO, *Manual de Direito das Sociedades, I Das Sociedades em Geral*, ob. cit., p. 783. Na doutrina italiana, entre outros, GASTONE COTTINO, ob. cit., p. 741, refere-se, igualmente, quanto às modalidades de fusão, à fusão em sentido próprio e à fusão por incorporação e F. GALGANO, ob. cit., p. 526, refere-se à fusão mediante constituição de uma nova sociedade e à fusão mediante incorporação.

[34] Sobre as modalidades de fusão, ver RAÚL VENTURA, *Fusão, Cisão, Transformação...*, ob. cit., p. 17 e ainda RAÚL VENTURA, «Adaptação do Direito Português à Terceira Directiva», ob. cit., p. 187 e ss.. No mesmo sentido, JOSÉ DRAGO, ob. cit., p. 13 e JOSÉ MARIA MENDES, ob. cit., p. 105.

42 *A Tutela dos Direitos dos Sócios em Sede de Fusão, Cisão e Transformação*

O Ac. TRL de 01-07-2003, relativamente às modalidades da fusão, pronunciou-se nos mesmos termos[35].

Já a doutrina francesa[36], por exemplo, classifica o tipo de fusão do ponto de vista das estratégias industriais ou financeiras em *fusion-expansion*, *fusion concentracion* e *fusion-comprension*. Ao passo que, do ponto de vista jurídico, a tipologia das fusões tem a ver com a forma coincidindo com a apresentada pela doutrina portuguesa[37]: a *fusion-absortion* e a *fusion par création d'une société nouvelle*.

Para a doutrina italiana, por sua vez, a fusão responde às exigências económicas de concentração de capital de duas ou mais sociedades, de modo a formarem uma só, ou seja consiste na unificação de duas ou mais sociedades[38].

Na mesma esteira, a LSC, no n.º 4 do artigo 102.º, explicita do mesmo modo as modalidades da fusão: a fusão pode realizar-se: a) Por incorporação, mediante a transferência global do património de uma ou mais sociedades para outra e a atribuição aos sócios daquelas de partes, acções ou quotas desta; b) Por fusão simples, mediante a constituição de uma nova sociedade, para a qual se transferem globalmente os patrimónios das sociedades fundidas, sendo aos sócios destas atribuídas partes, acções ou quotas da nova sociedade.

Apresentada, sumariamente, a problemática relativa às modalidades de fusão passemos à análise das modalidades (e submodalidades) da cisão, figura oposta à fusão.

Relativamente às modalidades de cisão podemos distinguir três, as quais vêem enumeradas no artigo 118.º, n.º 1, a saber[39-40]: cisão-simples (ou parcial), cisão-dissolução (ou extinção) e cisão-fusão.

---

[35] Ver Ac. TRL, de 01-07-2003, disponível em http://www.dgsi.pt, acesso aos 02/02/2008.

[36] Para maiores desenvolvimentos, ver MAURICE COZIAN/ALAIN VIANDIER/FLORENCE DEBOISSY, ob. cit., p. 626 ss..

[37] Ver RAÚL VENTURA, *Fusão, Cisão, Transformação...*, ob. cit., p. 16 e ss..

[38] Ver FRANCESCO FERRARA JR. e FRANCESCO CORSI, *Gli Imprenditori e le societá*, 7.ª Edição, Giuffré Editore, Milano, 1987, p. 737 e ss..

[39] As referidas modalidades, como é sabido, são: 1. Cisão simples em que a sociedade destaca parte do seu património para com ela constituir outra sociedade; 2. Cisão-dissolução: A sociedade dissolve-se e divide o seu património, sendo cada uma das partes resultantes destinada a constituir uma nova sociedade; 3. Cisão-fusão – A sociedade des-

A *Problemática Geral das Vicissitudes das Sociedades Comerciais* 43

Na cisão simples, há o destaque de parte do património de uma sociedade (X), para com ele se constituir outra sociedade (Y), sem haver dissolução da sociedade cindida, havendo embora redução do seu capital.

Na cisão-dissolução, há a dissolução de uma sociedade (X) e a divisão do seu património por sociedades a constituir (Y e Z). A sociedade (X) extingue-se.

Na cisão-fusão, há o destaque de partes do património de uma sociedade ou a dissolução de uma sociedade e divisão do seu património em duas ou mais partes, para os fundir com sociedades já existentes ou com partes de patrimónios de outras sociedades, separadas por idênticos processos e com igual finalidade[41].

Por seu turno, a lei [artigos 128.º e 129.º, 1] designa esta [última] modalidade (*cisão-fusão*) que pode decompor-se em várias sub-modalida-

---

taca partes do seu património ou dissolve-se, dividindo o seu património em duas ou mais partes, para as fundir com sociedades já existentes ou com partes do património de outras sociedades, separadas por idênticos processos e com igual finalidade. O mesmo entendimento é perfilhado por Menezes Cordeiro, *Manual de Direito das Sociedades I Das Sociedades em Geral*, ob. cit., p. 791. No mesmo sentido, ver Jorge Henrique Pinto Furtado, *Curso de Direito das Sociedades*, 5.ª Edição Revista e Actualizada, Almedina, p. 554 e ss..

[40] A propósito das modalidades da cisão, Joana Vasconcelos, ob. cit., p. 132 e ss., recorda que «*O CSC não divergiu significativamente do DL n.º 598/73 quanto às formas de cisão admitidas, mantendo no artigo 108.º, n.º 1, as três modalidades principais naquele tipificadas, bem como as respectivas denominações – cisão simples, cisão dissolução e cisão-fusão, as duas primeiras correspondendo a modalidades puras, uma parcial, por contraposição à cisão-fusão, que por seu turno comporta as submodalidades resultantes da combinação das diversas formas enunciadas na alínea c) do n.º 1 do artigo 118.º (cisão-fusão parcial ou total, por incorporação ou por constituição de novas sociedades»*; Raúl Ventura, *Cisão de Sociedades*, ob. cit., p. 7; Jorge Henrique Pinto Furtado, *Curso de Direito das Sociedades*, ob. cit., p. 436; Manuela Duro Teixeira, ob. cit., p. 621 e ss. e nota 102; Fernando Taínhas, ob. cit., pp. 357 e 375. No direito italiano, a propósito das modalidades da cisão, pode apontar-se, entre outros, F. Galgano, *Il Nuovo Diritto Societario*, ob. cit., pp. 532-534. Segundo o autor, a cisão opera-se através de duas formas: *i*) ou mediante a transferência de todo ou parte do património de uma sociedade para a outra ou outras preexistentes, *ii*) ou mediante a transferência para uma sociedade nova.

[41] Neste mesmo sentido, ver Raúl Ventura, *Fusão, Cisão, Transformação de Sociedades*, ob. cit., p. 336; como nos refere ainda o mesmo autor, «Adaptação do Direito Português à Sexta Directiva», ob. cit., p. 21 e ss., a Sexta Directiva define apenas duas modalidades de cisão: a cisão por absorção (artigo 2.º) e a cisão por constituição de novas sociedades (artigo 21.º).

44 A Tutela dos Direitos dos Sócios em Sede de Fusão, Cisão e Transformação

des por: *1)* destacar parte do património da sociedade, *sem dissolução desta*, para fundir essa parte com sociedade já existente *(cisão parcial-fusão total); 2)* destacar parte do património da sociedade, *sem dissolução desta*, para a fundir com parte do património de outra ou outras sociedades, separada por idêntico processo e com igual finalidade *(cisão parcial-fusão parcial); 3)* dividir o património, *dissolvendo-se* a sociedade, em duas ou mais partes, para as fundir com sociedades já existentes *(cisão total-fusão total); 4)* dividir o património, dissolvendo-se a sociedade, em duas ou mais partes, para as fundir com partes do património de outras sociedades separadas por idêntico processo e com igual finalidade *(cisão total-fusão parcial)*[42].

Como nos refere JOANA VASCONCELOS, atendendo ao modo como a operação incide no património da sociedade que se cinde e, muito em particular, nas suas repercussões na estrutura dessa mesma sociedade, a principal distinção a fazer é entre cisão total e cisão parcial[43].

Na cisão total, o património da sociedade é dividido e transmitido, na sua totalidade, a duas ou mais sociedades beneficiárias[44]. Em resultado do desaparecimento do seu substrato patrimonial, a sociedade cindida extingue-se ou mantém-se igual ao período anterior à fusão. Neste último caso, porque nenhuma modificação há, no que toca às participações sociais, nenhum problema se coloca quanto à negociabilidade das suas acções.

No primeiro caso, dá-se a extinção da sociedade cindida com a inscrição da cisão no registo comercial, de forma que as suas acções extinguem-se igualmente nesse momento, não podendo mais ser transaccionadas. Partes do património (bens e direitos que compõem o activo da sociedade que desaparece) destacam-se da sociedade cindida e transmitem-se[45], na sua totalidade, a outra ou outras sociedades (já constituídas ou a constituir). A sociedade cindida extingue-se e os seus sócios recebem, em troca da participação que nela detinham, participações proporcionais nas sociedades beneficiárias[46].

---

[42] Neste mesmo sentido, ver RAÚL VENTURA, *Fusão, Cisão, Transformação de Sociedades*, ob. cit., pp. 336-337.

[43] Ver JOANA VASCONCELOS, ob. cit., p. 21.

[44] Ver JOANA VASCONCELOS, ob. cit., p. 21.

[45] Neste mesmo sentido se expressa, por exemplo, o Ac. TRL, de 06-02-2001, disponível em http://www.dgsi.pt, acesso aos 02/04/2008.

[46] Ver JOANA VASCONCELOS, ob. cit., p. 21.

Já na cisão parcial, a transmissão é limitada a parte do património da sociedade e opera em favor de uma ou mais sociedades beneficiárias, participando os sócios da sociedade que se cinde, proporcionalmente, no capital das sociedades beneficiárias[47].

Por conseguinte, na cisão parcial, ao contrário da cisão total, a sociedade não se extingue, prosseguindo a sua actividade com o património remanescente; pode, quando muito, verificar-se uma redução do seu capital[48].

Do exposto, poder-se-á dizer, simplificadamente, que, em todas as modalidades (ou sub-modalidades) de cisão tal irá redundar não apenas em aumentos de capital como também, em princípio[49], em aumento do número de sócios para as sociedades beneficiárias (preexistentes ou em constituição de novas sociedades).

Quanto ao momento relevante para a negociação ou emissão das acções, acompanhamos aqueles que defendem ser o da inscrição no registo comercial, conforme as razões aduzidas *supra*.

SECÇÃO II
Modalidades de Transformação

Diversa da fusão e da cisão é a transformação de sociedades.

Há transformação duma sociedade quando esta adopta um tipo diferente daquele que tem no momento da transformação. Assim, as sociedades constituídas segundo um dos tipos enumerados no artigo 1.°, n.° 2 podem adoptar posteriormente um outro desses tipos, salvo proibição da lei ou do contrato (artigo 130.°, n.° 1). A transformação duma sociedade, nos termos dos n.os 1 e 2 do citado artigo 130.°, não importa, pois, a sua dissolução, salvo se assim for deliberado pelos sócios (n.° 3 do mesmo preceito).

Conforme resulta da conjugação dos n.os 3 e 4 do artigo 130.°, o legislador societário estabeleceu duas modalidades (ou tipos) de transformação, consoante a sociedade seja dissolvida antes da transformação

---

[47] Ver JOANA VASCONCELOS, ob. cit., p. 21.

[48] Ver JOANA VASCONCELOS, ob. cit., p. 21.

[49] Dizemos em *princípio* pois pode acontecer que haja sócios discordantes com a referida reorganização societária, que, por conseguinte, optem pelo seu afastamento da sociedade, como melhor se verá adiante, quando analisarmos o direito de exoneração.

46 *A Tutela dos Direitos dos Sócios em Sede de Fusão, Cisão e Transformação*

(transformação extintiva), ou seja transformada directamente sem passar pela fase da dissolução[50]. É a transformação formal.

Essa transformação pode ser (e é, em regra) formal (não implicando a extinção da antiga sociedade) ou extintiva (implicando a dissolução da antiga sociedade, a que sucederá, automática e globalmente, a nova).

À semelhança do CSC, existem, igualmente, na LSC duas espécies ou modalidades de transformação, conforme a sua estrutura jurídica: numa modalidade – que a redacção do referido n.° 3 mostra ter sido considerada a normal – a transformação não provoca a dissolução (extinção) da sociedade e, portanto, a sociedade é a mesma, antes e depois da transformação; noutra modalidade – excepcional, pois não resulta directamente da lei, diversamente da primeira, dependendo de deliberação dos sócios – a sociedade sujeita à transformação dissolve-se (extingue-se), nascendo uma nova sociedade e operando entre ambas um fenómeno de sucessão universal[51].

Não iremos aprofundar esta temática por extravasar o objecto do nosso estudo. No entanto, uma breve referência tornava-se necessária para um seu melhor enquadramento e compreensão.

---

[50] Ver FRANCISCO MENDES CORREIA, ob. cit., p. 870 e ss. e JOSÉ MARIA MENDES, ob. cit., p. 159. No sentido de que a transformação é uma mera mudança da forma jurídica do ser social, ver, no direito francês, a título exemplificativo, FRANCIS LEMEUNIER, *Principes et Pratiques du Droit des Sociétés*, J. DELMAS et C.ª, p. M1.

[51] Neste mesmo sentido, ver RAÚL VENTURA, *Fusão, Cisão, Transformação de Sociedades*, ob. cit., p. 417.

TÍTULO II
Os Impedimentos à Fusão, Cisão e Transformação

CAPÍTULO I
Impedimentos à Fusão e Cisão

A fusão constitui uma forma de concentração societária que se caracteriza pela união de duas ou mais sociedades comerciais numa única. Uma vez concluído o processo de fusão, os sócios da sociedade resultante passam a deter idênticas participações sociais. Singular na fusão é a concomitância entre rotura e continuidade, dado, por um lado, "a extinção" das sociedades incorporadas ou fundidas e, por outro, a manutenção por parte dos sócios da sua participação social – embora esta corresponda à nova estrutura organizativa e à transmissão de todos os direitos e obrigações das sociedades incorporadas ou fundidas para a sociedade final[52].

É fácil compreender, por conseguinte, a possibilidade desta operação causar prejuízos aos sócios e aos credores das sociedades participantes.

Para a protecção dos credores, concorre sobretudo o direito de oposição à fusão, consagrado no artigo 107.º, n.º 2. Nos termos desta norma, os credores das diversas sociedades que participem na fusão podem opor-se judicialmente a essa operação, no prazo de 30 dias a contar da data da publicação referida no n.º 1 do citado artigo[53]. O único fundamento da

---

[52] Ver NUNO BARBOSA ARAÚJO, *Competência das Assembleias de Obrigacionistas*, Livraria Almedina, Coimbra, 2002, p. 161 e ss. e nota 407 e autores aí citados.

[53] Quanto à contagem deste prazo, particularmente nos casos em que tenha sido intentada a acção de anulação de deliberação de fusão, ver RAÚL VENTURA, *Fusão, Cisão, Transformação de Sociedades*, ob. cit., pp. 193-194.

48 *A Tutela dos Direitos dos Sócios em Sede de Fusão, Cisão e Transformação*

oposição à fusão é, sobretudo, o efeito negativo resultante da diminuição patrimonial que dela decorra para os credores.

Será que aos sócios igualmente prejudicados com a operação de fusão e cisão também é assegurado o direito de *oposição*? Por exemplo, um sócio de uma SQ pode ser forçado a aderir a uma SA ou vice-versa?

Não se pode praticamente dizer que os sócios, em sede de fusão e cisão, tenham o poder de impedir a sua concretização. Parece, desse modo, estarem desprotegidos aquele ou aqueles sócios que, eventualmente, não estejam de acordo com tal operação de reorganização societária.

A fusão conduz a uma nova estrutura organizativa que pode não corresponder às expectativas do sócio quando aderiu à sociedade fundida, razão por que pode não estar de acordo com tal operação.

Qual, então, a solução legal para proteger os sócios?

Para a protecção dos sócios, a lei subordina a execução da deliberação ao consentimento dos sócios prejudicados, nos termos estabelecidos no n.º 2 do artigo 107.º[54]. Na falta desse consentimento, a deliberação de fusão é ineficaz, não por violação de uma norma imperativa, norma que não pode ser derrogada nem sequer por vontade unânime dos sócios, mas pela não-produção de efeitos[55]. Assim, sendo exigido o *consentimento dos sócios afectados* para a deliberação ser executada, na sua falta não há nem a outorga da escritura de fusão nem o averbamento da deliberação no registo, nem as publicações previstas no artigo 110.º

Daqui se depreende que, no caso em apreço, existe um direito legal do sócio de impedir o prosseguimento do processo de fusão, tal como acontece com os credores.

Relativamente à cisão, esta apresenta como peculiaridade, por um lado, a separação do património societário através da sua atribuição a outras sociedades e, por outro, a aquisição por parte dos sócios da sociedade cindida de participações sociais da sociedade beneficiária; a cisão pode dar origem ao surgimento de novas sociedades constituídas quer uni-

---

[54] Ver RAÚL VENTURA, *Fusão, Cisão, Transformação de Sociedades*, ob. cit., p. 118 e ss.. Quanto ao prejuízo dos sócios minoritários por deliberações abusivas, ver, entre outros, REGINA REDINHA, «Deliberações Sociais Abusivas», *in RDE,* 10/11 (193-224), 1985, p. 218 e ss..

[55] No mesmo sentido CARNEIRO DA FRADA, "Deliberações sociais inválidas no novo Código das Sociedades Comerciais", in Separata *Novas Perspectivas do Direito Comercial*, Almedina, Coimbra, 1988, p. 329.

camente com o património destacado, quer com a adição de parcelas patrimoniais igualmente destacadas por outras sociedades para o mesmo efeito.

Nesta situação, as sociedades beneficiárias são integradas pelo conjunto de sócios das sociedades cindidas.

Pode acontecer que os sócios não consintam na deliberação que aprove tal operação. Nesse caso, parece-nos ter o legislador consagrado, também para a cisão, *ex vi* artigo 120.º, uma solução legal semelhante à solução consagrada para a fusão, ou seja: a lei subordina a execução da deliberação da cisão ao consentimento dos sócios prejudicados, nos termos estabelecidos no n.º 2 do artigo 107.º.

Entretanto, segundo RAÚL VENTURA[56], o artigo 123.º do CSC com a epígrafe «Requisitos da cisão simples», seria mais correcto se tivesse sido epigrafado «impedimentos à cisão simples», tal como o artigo 131.º do CSC, para a transformação de sociedade.

E o autor aponta dois impedimentos: *a)* o valor do património da sociedade cindida tornar-se, pela cisão, inferior à soma das importâncias do capital e da reserva legal e não se proceder à correspondente redução do capital; *b)* o capital da sociedade a cindir não estar inteiramente liberado.

Assim, como foi referido para a hipótese de fusão, parece-nos existir um mecanismo legal de tutela dos sócios que impede a operação de cisão, sempre que tal operação cause ao sócio prejuízos susceptíveis de afectar os seus direitos ou sempre que o valor do património da sociedade cindida se torne, pela cisão, inferior à referida soma e não se proceda à correspondente redução do capital ou, ainda, quando o capital da sociedade a cindir não estiver inteiramente liberado.

---

[56] Ver RAÚL VENTURA, *Fusão, Cisão, Transformação…,* ob. cit., p. 335 ss..

CAPÍTULO II
Impedimentos à Transformação

SECÇÃO I
Proibição Legal de Transformação

Depois de ter afirmado a licitude da transformação da sociedade, o n.º 1 do artigo 130.º acrescenta, no entanto, que a transformação pode não ser possível quando a lei ou o contrato a proíba.

Assim, a transformação não é legalmente possível nos casos apontados no n.º 1 do artigo 131.º e, para o caso que nos interessa, se a ela se opuserem sócios titulares de direitos especiais que não possam ser mantidos depois da transformação [alínea *c*)][57].

Assim, é igualmente importante analisar as demais alíneas pela repercussão nos sócios.

1. A alínea *a*) refere as duas situações em que a transformação não é legalmente possível, ou seja, a transformação da sociedade não é possível (*i*) «*se o capital não estiver integralmente liberado...*» ou (*ii*) se as entradas[58] convencionadas no contrato social não estiverem totalmente realizadas.

A liberação integral do capital é, na verdade, fundamental, pois, ocorrendo a transformação, a sua falta pode afectar os credores e os sócios que

---

[57] Para maiores desenvolvimentos, ver ARMANDO MANUEL TRIUNFANTE, *A Tutela das Minorias nas Sociedades Anónimas, Direitos Individuais*, Coimbra Editora, 2004, p. 419 e ss. e FRANCISCO CORREIA MENDES, ob. cit., p. 871 e ss..

[58] Note-se que se trata de entradas e não de prestações suplementares ou obrigações acessórias. Normalmente, as entradas correspondem ao capital, mas o legislador deve ter pensado em hipóteses nas quais o valor das entradas convencionadas excede o valor do capital, como expende RAÚL VENTURA, *Fusão, Cisão, Transformação...*, ob. cit., p. 483.

52 *A Tutela dos Direitos dos Sócios em Sede de Fusão, Cisão e Transformação*

não estivessem de acordo com a mesma[59]; também não haverá a transformação da sociedade se as entradas[60] convencionadas no contrato social não estiverem totalmente realizadas, pois, ocorrendo a transformação, a sua falta também poderia afectar os credores e os sócios que não estivessem de acordo com a transformação.

Parece poder afirmar-se que esta alínea *a)*, apesar de dificultar, nalguns casos, a transformação, procura, no entanto, proteger os credores e os sócios, na hipótese de transformação, pelo que podemos concluir do exposto que esta alínea *a)* encerra a doutrina dominante portuguesa e tem como papel fundamental a protecção dos interesses da sociedade. A doutrina assim expendida foi também acolhida, *ipsis verbis*, na legislação societária angolana.

2. Outro requisito impeditivo da transformação consta da alínea *b)*. Segundo a citada alínea não há, igualmente, transformação se o valor do património for inferior à soma do capital social e da reserva legal e isso for revelado pelo balanço da sociedade. Está aqui em causa também a protecção do interesse da sociedade. Nada impede, todavia, que a sociedade reduza o seu capital, para possibilitar a transformação, conforme defende RAÚL VENTURA[61].

---

[59] Sobre esta questão, RAÚL VENTURA, *Fusão, Cisão, Transformação...*, ob. cit., pp. 482-483, pronunciou-se nos seguintes termos: *«Pensemos, por exemplo, na transformação da sociedade por quotas em sociedade anónima. A liberação do capital não só está minuciosamente regulada na lei como é garantida pela responsabilidade solidária de todos os sócios. Deste modo, a transformação não pode pura e simplesmente ignorar nem a responsabilidade solidária nem as regras que antecedem, para benefício dos sócios e credores, a efectivação de tal responsabilidade. Pensemos na hipótese inversa: a liberação do capital de sociedade por quotas, resultante da transformação de sociedade anónima importa aos sócios a responsabilidade solidária, inexistente à data de constituição da sociedade».*

[60] Note-se que se trata de entradas e não de prestações suplementares ou obrigações acessórias. Normalmente, as entradas correspondem ao capital, mas o legislador deve ter pensado em hipóteses nas quais o valor das entradas convencionadas excede o valor do capital, como expende RAÚL VENTURA, *Fusão, Cisão, Transformação...*, ob. cit., p. 483.

[61] Cfr., para maiores desenvolvimentos, a posição de RAÚL VENTURA, *Fusão, Cisão, Transformação...*, ob. cit., pp. 484-485, onde esgrime argumentos a favor e contra o preceituado na alínea *b)*. Segundo o Autor, os argumentos contrários ao preceituado na alínea *b)* não deveriam merecer acolhimento nem para a transformação extintiva, "pois aí há criação de nova sociedade" nem para a transformação formal, pois embora a sociedade seja a mesma, *« o tipo de participação dos sócios é novo...».*

A oposição prevista na alínea *c*) do artigo 131.º deve ser deduzida por escrito, nos trinta dias seguintes à publicação da deliberação de transformação, como se dispõe no n.º 1 do artigo 136.º, pelos sócios titulares de direitos especiais (artigo 131.º, n.º 2). E acrescenta: correspondendo os direitos especiais a certas categorias de acções, a oposição poderá ser deduzida no prazo de sessenta dias[62].

A raiz do problema consiste em acautelar os direitos especiais dos sócios que não possam ser mantidos face ao novo tipo adoptado pela sociedade após a transformação.

O legislador foi pouco feliz na redacção do artigo 131.º, no seu n.º 1: *"Uma sociedade **não pode** transformar-se..."*, pois que a transformação tem sempre lugar, já que a oposição é posterior.

Ora, como a oposição à transformação apenas tem lugar após a publicação da respectiva deliberação, isso significa que a discordância dos sócios detentores de direitos especiais não afecta a validade da deliberação de transformação. E como o sócio discordante só é considerado exonerado a partir da data da escritura pública de transformação (n.º 4 do artigo 136.º), a violação da alínea *c*) apenas relevará a partir dessa data e gerará anulabilidade, a qual poderá ser sanada após o decurso do prazo previsto no n.º 2 do artigo 131.º e n.º 1 do artigo 136.º[63].

Assim, as diferenças de regime entre a transformação e a fusão/ /cisão, como nos refere DIOGO COSTA GONÇALVES[64], são enormes: na transformação, fala-se em oposição, ao passo que na fusão e na cisão se exige o consentimento.

Como interpretar, pois, o disposto no preceito acima referido? Numa análise mais simples, parece ter o legislador dado tutela individual aos sócios titulares de direitos especiais que não possam ser mantidos, protegendo mais intensamente os interesses individualizados de cada um deles. Assim, se algum deles entender adequado ou mais benéfico aos seus interesses, poderá opor-se à transformação da sociedade que, dessa forma, já não poderá prosseguir, ficando inviabilizado o projecto social.

---

[62] No mesmo sentido, JOSÉ MARIA MENDES, ob. cit., p. 160.

[63] No mesmo sentido, FRANCISCO MENDES CORREIA, ob. cit., p. 872.

[64] Ver DIOGO COSTA GONÇALVES, ob. cit., p. 333.

Não nos parece ter o legislador feito depender o interesse social[65] da vontade do sócio. Parecem ser outros os interesses que estarão na génese da previsão legal. Não faria sentido que o legislador tivesse afastado tal regime para a fusão e cisão e apenas o tivesse previsto para a transformação de sociedades.

Pelo facto de certas leis encararem principalmente a transformação de sociedades anónimas, na doutrina costuma ser abordado o problema das acções privilegiadas[66] em caso de transformação. Mas, na realidade, parece ser o problema mais genérico, por respeitar a todo e qualquer direito de natureza social que, em qualquer tipo de sociedade, pertença especialmente a um ou alguns sócios.

Também aqui haverá que harmonizar o interesse que possa existir na transformação e o respeito dos direitos especiais dos sócios. Não dando estes consentimento à transformação (ou à redução ou extinção dos seus direitos), não havendo preceito legal que imponha a esses sócios a modificação ou supressão dos seus direitos especiais por deliberação da maioria dos seus titulares ou, havendo, não sendo essa modificação ou supressão autorizada pela maioria – a) ou podem ser e de facto são esses direitos mantidos no novo tipo de sociedade; b) ou não podem e a transformação não será possível ou não podem e o sócio discordante tem o direito de sair da sociedade.

Em sede de transformação, o legislador não exige o consentimento, como acontece na fusão/cisão: achou ser suficiente o silêncio. Mas qual a força deste silêncio? Significará que a abstenção ou a ausência do sócio interessado serão suficientes para impedir a transformação; ou, pelo contrário, não terão a virtualidade de afastar o direito de oposição.

Não consideramos solução razoável a inoponibilidade da transformação aos titulares desses direitos, pois consideramos absurdo que uma sociedade seja de um tipo para certas pessoas e de outro tipo para outras,

---

[65] Partilhamos a posição de ARMANDO MANUEL TRIUNFANTE, *A Tutela das Minorias nas Sociedades Anónimas: Direitos Individuais*, ob. cit., pp. 434-435.

[66] Sobre os regimes excepcionais criados pelo Estado, por via legislativa, para controlar as empresas participadas, ver NUNO CUNHA RODRIGUES, *"Golden-Shares" – As Empresas Participadas e os Privilégios do Estado Enquanto Accionista Minoritário*, Coimbra Editora, 2004, p. 255 e ss. e PEDRO DE ALBUQUERQUE/MARIA DE LURDES PEREIRA, *As «Golden Shares» do Estado Português em Empresas privatizadas: Limites à sua Admissibilidade e Exercício*, Coimbra Editora, 2006, p. 53 e ss..

ou até de tipos diferentes para as mesmas pessoas, conforme os direitos destas que em cada caso se considerassem.

Por conseguinte, não sendo esta a interpretação que deve ser atribuída ao preceito acima referido [artigo 131.º, n.º 1, alínea c)], qual a alternativa de solução que se sugere?

Inclinámo-nos para esta segunda solução, porquanto a lei permite que o sócio discordante possa exercer o direito de oposição nos trinta dias posteriores à publicação da deliberação (artigo 137.º, 1 *ex vi* artigo 131.º, 2) ou, tratando-se de direitos especiais referentes a certa categoria de acções, nos sessenta dias a contar da mesma publicação (artigo 131.º, 3). Por conseguinte, parece que a abstenção ou a ausência do sócio interessado não afastam o direito de oposição[67].

Conforme lembra, a propósito, ARMANDO TRIUNFANTE, na transformação *«se inverte a iniciativa, uma vez que deixa de ser necessária a obtenção do consentimento para que se possa prosseguir com a transformação, mas esta não poderá verificar-se se algum dos sócios prejudicados a ela se opuser[68]».*

De acordo com o autor, *«o busílis da questão»* estaria radicado, *«...precisamente, na inversão da iniciativa que a lei promoveu. Tal como o artigo 103.º, n.º 2, alínea b) (CSC) (cisão e fusão), também o artigo 131.º, n.º 1, alínea c) (CSC), se refere a todas as espécies de sociedades. Dessa forma, a ideia referência é o consentimento individual que o artigo 24.º, n.º 5, (CSC) faz exigir[69]».*

Não havendo consentimento do sócio, a deliberação em causa é ineficaz. O autor, sobre esta questão, é do seguinte entendimento: *«No regime geral, a validade da deliberação depende necessariamente do consentimento do sócio, sem o qual não pode valer. Aqui, se o sócio nada fizer, a deliberação pode ser executada. Apenas na hipótese do sócio tomar a iniciativa de se opor, haverá a criação de um verdadeiro obstáculo à eficácia da deliberação[70]».*

---

[67] No mesmo sentido, DIOGO COSTA GONÇALVES, ob. cit., p. 334.

[68] Ver ARMANDO MANUEL TRIUNFANTE, *A Tutela das Minorias nas Sociedades Anónimas: Direitos Individuais*, ob. cit., pp. 433-434.

[69] Ver ARMANDO MANUEL TRIUNFANTE, *A Tutela das Minorias nas Sociedades Anónimas: Direitos Individuais*, ob. cit., p. 434.

[70] Ver ARMANDO MANUEL TRIUNFANTE, *A Tutela das Minorias nas Sociedades Anónimas: Direitos Individuais*, ob. cit., pp. 434-435.

56 A Tutela dos Direitos dos Sócios em Sede de Fusão, Cisão e Transformação

Transpondo-se este mesmo entendimento para as SA em que o consentimento individual é substituído pelo consentimento da maioria obtido em assembleia especial de accionistas (artigo 409.°), verifica-se, empregando, uma vez mais, as palavras de ARMANDO TRIUNFANTE que: *«em caso de a deliberação visar a transformação da sociedade anónima numa sociedade de outro tipo, ela poderá valer, independentemente de outro requisito, ainda que os direitos especiais não se mantenham depois de efectuada essa operação»*[71]. E acrescenta: *«Para que a respectiva eficácia possa ser recusada, os accionistas prejudicados terão de convocar uma assembleia especial e aí deliberar se concordam ou não com a deliberação de transformação*[72]*».*

E qual a posição do sócio interessado que votou contra o especificado no artigo 134.°? (será a deliberação de transformação?) A resposta parece apontar no sentido de também ele poder, no prazo de trinta dias subsequentes à publicação da deliberação, deduzir oposição nos termos do artigo 131.°, 2 ou exonerar-se, nos termos do artigo 137.°

E quando o sócio vota a favor do conteúdo do artigo 134.°, especialmente quando tenha votado favoravelmente o novo contrato de sociedade [artigo 134.°, alínea c)], pode, ainda assim, vir a deduzir, posteriormente, oposição?

DIOGO COSTA GONÇALVES entende que, embora tal comportamento seja deveras contraditório (sócio interessado que, primeiro aprova a transformação e, posteriormente, vem deduzir oposição a essa transformação) *«não tem qualquer relevância jurídica pela ausência manifesta de qualquer confiança tutelável*[73]*».*

Salvo o devido respeito, julgamos não ser defensável tão inteligente construção. Em primeiro lugar, porque, na verdade, existe mesmo tal contradição que é real e não aparente e, por conseguinte, não harmonizável com o próprio regime: este assegura a possibilidade de o sócio discordante agir mesmo quando se abstém, deduzindo oposição ou exercendo o direito de exoneração, nos prazos estabelecidos; em segundo lugar, parece que o legislador não acolheu (nem poderia, aliás, prever) tal solução, nem nos parece que os próprios sócios a queiram estipular no próprio contrato de

---

[71] Ver ARMANDO MANUEL TRIUNFANTE, *A Tutela das Minorias nas Sociedades Anónimas: Direitos Individuais*, ob. cit., p. 435.

[72] Ver ARMANDO MANUEL TRIUNFANTE, *A Tutela das Minorias nas Sociedades Anónimas: Direitos Individuais*, ob. cit., p. 434.

[73] Ver DIOGO COSTA GONÇALVES, ob. cit., p. 335.

constituição; em terceiro lugar, a permitir-se tal solução, a partir de que momento seriam contados os prazos para deduzir a referida oposição?

Finalmente, quando numa sociedade em nome colectivo exista um sócio de indústria e se pretenda transformá-la em sociedade anónima ou sociedade por quotas, podem surgir problemas complicados que o artigo 135.º, n.º 2, entretanto, parece não resolver plenamente, pois a falta de acordo entre todos os sócios constitui um obstáculo à transformação.

SECÇÃO II
Proibição Contratual de Transformação

Parece ser mais ou menos pacífico aceitar-se a ideia da proibição legal, mas já parece ser duvidoso que através do contrato social se possa proibir a transformação. No entanto, já poderia ser *«concebível uma cláusula do contrato de sociedade que expressamente proíba a transformação da sociedade para qualquer outro tipo ou apenas para certo ou certos outro ou outros tipos[74]»*.

Mas mesmo aceitando a inclusão de tais cláusulas proibitivas da transformação, estas – segundo alguns autores – teriam pouco valor prático, pois os sócios que desejassem transformar a sociedade tratariam de as suprimir previamente ou poderia haver o risco de tais cláusulas serem ditadas por interesses estranhos à sociedade.

Aplaudimos, por conseguinte, a posição de RAÚL VENTURA, ao defender que a referida cláusula proibitiva da transformação deve ser considerada válida, por traduzir, efectivamente, aquilo a que chama o *«interesse dos sócios, que não querem associar-se em tipo diferente daquele que adoptaram, interesse relevante e legítimo[75]»*.

Deste modo, e de acordo com PINTO FURTADO, parece não haver dificuldades maiores ao reconhecimento da validade da *proibição convencional* da transformação[76].

---

[74] Ver RAÚL VENTURA, *Fusão, Cisão, Transformação...*, ob. cit., p. 439 e ALBINO MATOS, *Constituição de Sociedades, Teoria e Prática (Formulário)*, 5.ª Edição revista e actualizada, Almedina, 2001, p. 169.

[75] Ver RAÚL VENTURA, *Fusão, Cisão, Transformação...*, ob. cit., p. 439.

[76] Ver JORGE H. C. PINTO FURTADO, *Curso de Direito das Sociedades*, ob. cit., p. 532.

Por conseguinte, apesar da controvérsia gerada na doutrina à volta da validade das cláusulas proibitivas da transformação, o legislador angolano, compreensivelmente (parece ter tomado posição semelhante à do legislador societário português), veio reconhecer expressamente a validade da cláusula proibitiva da transformação (artigo 130.º, n.º 1).

TÍTULO III

Efeitos do Registo Comercial nas Vicissitudes das Sociedades

O registo comercial surge como o meio idóneo à publicação de factos referentes a pessoas singulares ou colectivas que exercem uma actividade económica mercantil, com ou sem fim lucrativo. Sem registo, a sociedade não poderá adquirir personalidade jurídica[77]. Dispõe o artigo 5.°, em sede de personalidade, que: *"As sociedades gozam de personalidade jurídica a partir da data do registo do contrato pelo qual se constituem, sem prejuízo do disposto na presente lei quanto à fusão, cisão ou transformação de sociedades"*.

Nos termos do artigo 166.°, os actos relativos às sociedades estão sujeitos a registo e a publicação, nos termos da respectiva lei.

Por essa razão, tal como para a constituição das sociedades, para que se complete[78] o processo de modificação da sociedade (sociedade pessoa jurídica, não contrato) é necessário o registo da modificação (fusão, cisão ou transformação) do ente societário.

A questão que se coloca é saber se o registo comercial, em sede de fusão, cisão e transformação de sociedades, será um acto constitutivo da sociedade emergente como sujeito de direitos ou apenas um acto declarativo e quais os seus efeitos. É a questão que, de seguida, iremos desenvolver.

---

[77] Ver, entre outros, MANUEL C. NOGUEIRA SERENS, «Notas sobre a Sociedade Anónima», in *RDE,* Coimbra, Ano XV (1-454), 1989, p. 190 e ss. e ALBINO MATOS, *Constituição de Sociedades,* ob. cit., p. 119 e ss., para quem o registo continua a assumir, em geral, natureza meramente declarativa por, segundo o autor, não impedir a eficácia do contrato entre as partes e apenas condicionar a responsabilidade da sociedade face a terceiros.

[78] Ver MANUELA DURO TEIXEIRA, ob. cit., p. 617. Neste mesmo sentido, o Ac. TRC, de 12-02-2008, disponível em http://www.dgsi.pt, acesso aos 04/04/2008.

CAPÍTULO I
Fusão e Cisão: Efeitos do Registo

Decorrido o prazo previsto no artigo 110.°, n.° 2, sem que tenha sido deduzida oposição ou sem que se tenham verificado os factos referidos no artigo 111.°, n.° 1, e outorgada a escritura de fusão, deve a gerência ou a administração de qualquer das sociedades participantes na fusão ou da nova sociedade pedir a inscrição da fusão no registo comercial (artigo 114.°, n.° 1).

E como nos refere expressamente o artigo 114.°, no seu n.° 2, com a inscrição do registo da fusão extinguem-se as sociedades *incorporadas*, ou as sociedades *fundidas*, transmitem-se os seus direitos e obrigações para a sociedade incorporante ou nova, tornando-se os sócios da ou das sociedades extintas sócios desta última[79].

Por conseguinte, a operação de fusão de sociedades apenas termina com o registo, como se exige no artigo 114.°, n.° 1 em consonância com a alínea *e*) do artigo 3.° do DL n.° 42644, de 14-11-1959[80]. O registo de fusão de sociedades é obrigatório (artigo 130.°, n.° 1 da Lei n.° 1/97) e só após a sua realização se transmitem os direitos para a sociedade incorporante ou para a nova sociedade. Neste mesmo sentido se pronunciou, por exemplo, o Ac. TRP, de 24-12-92[81].

---

[79] No mesmo sentido, por exemplo, José Drago, ob. cit., p. 31, José Maria Mendes, ob. cit., p. 116 e António Pereira de Almeida, ob. cit., p. 509.

[80] O registo comercial continua a ser regulado por este Diploma e pelo Decreto n.° 42645, que aprovou o Regulamento do Registo Comercial, ambos de 14 de Novembro de 1959, com as alterações introduzidas pela Lei n.° 1/97, de 17 de Janeiro – Da Simplificação dos Registos Predial, Comercial e Serviço Notarial.

[81] Ver Ac. TRP, de 24/12/92, disponível em http://www.dgsi.pt, acesso aos 04/04/2008.

E também muito embora o artigo 112.º do CSC não o refira expressamente, do facto de a produção dos efeitos decorrer da lei, que os associa à inscrição no registo e dos próprios artigos 19.º da Terceira e 17.º da Sexta Directiva, que explicitam que essa produção se dá «*ipso iure* e simultaneamente», resulta que os efeitos da fusão e da cisão se produzem *ope legis* ou seja automaticamente e sem necessidade de cumprir quaisquer outras formalidade, e em simultâneo, *i. é,* sem qualquer precedência de uns em relação aos outros, pois todos resultam de um mesmo facto, a fusão[82].

Nos termos do artigo 130.º, n.º 1 da Lei n.º 1/97, de 17 de Janeiro e artigo 3.º, alínea *e*) do DL n.º 42644, de 14 de Novembro de 1959, a fusão (e cisão) e transformação das sociedades estão sujeitas a registo obrigatório, sob pena de não produção de efeitos jurídicos contra terceiros (artigo 129.º da Lei supra citada).

E o que acontece se a deliberação que aprovou a fusão não tiver sido registada?

De duas uma: houve outorga de escritura da fusão mas não se lhe seguiu o registo e sendo este constitutivo, embora válida, a fusão é ineficaz pois não há produção dos efeitos pretendidos; ou nem sequer houve a celebração de escritura e, neste caso, a sanção é a nulidade da fusão, por inobservância de forma, a ser decretada pelo Tribunal (artigo 117.º).

Sendo o registo o passo final do processo de fusão permitindo a produção dos seus efeitos típicos, é fundamental que os seus efeitos se produzam num só momento e igualmente por um só registo[83].

Acontece, porém, não ser materialmente possível efectuar simultaneamente todos os registos (casos de registos em conservatórias diferentes e bem distanciadas). Neste caso, como nos refere RAÚL VENTURA[84], deve achar-se maneira de os correlacionar, para que produzam efeitos ao mesmo tempo, e para que terceiros interessados não possam ser enganados pela subsistência temporária de alguns deles.

---

[82] Cfr., JOANA VASCONCELOS, ob. cit., p. 243 e notas 864 a 867 e RAÚL VENTURA, *Fusão, Cisão, Transformação...*, ob. cit., pp. 215 a 220. No mesmo sentido, mas referindo-se à cisão, RAÚL VENTURA, *Cisão de Sociedades*, ob. cit., p. 62 e ss. e JORGE H. C. PINTO FURTADO, *Curso de Direito das Sociedades*, ob. cit., p. 555 e ss..

[83] Neste mesmo sentido, RAÚL VENTURA, *Fusão, Cisão, Transformação de Sociedades*, ob. cit., p. 218.

[84] Ver RAÚL VENTURA, *Fusão, Cisão, Transformação de Sociedades*, ob. cit., p. 219.

A Problemática Geral das Vicissitudes das Sociedades Comerciais   63

Em observância ao disposto no artigo 112.° do CRCom., que torna o registo de fusão de sociedades obrigatório, o TRP[85] decidiu no sentido de que só após a realização do registo de fusão se transmitem os direitos (e as obrigações) para a sociedade incorporante ou para a nova sociedade, tendo a falta de registo como consequência a ilegitimidade da autora para demandar o devedor que contratou com a sociedade que se fundiu com aquela.

Efectuado, pois, o registo da fusão na Conservatória da sede da sociedade incorporante ou da nova sociedade, a fusão torna-se eficaz[86], mas isso não impede que, durante um certo tempo, nada conste sobre isso nos registos das sedes incorporadas ou das sociedades extintas, que se manterão perante terceiros como se não tivesse havido fusão.

Resumindo, todo o exposto se aplica ao direito societário angolano. No entanto, ao contrário do direito português, no direito societário angolano, apenas está previsto um único registo: o registo definitivo da fusão (artigo 114.°) e da cisão, por força da remissão do artigo 120.°, como se verá mais adiante.

Relativamente à cisão, por força da remissão do artigo 120.° [que manda aplicar a todas as modalidades de cisão o artigo 114.° (para as fusões)], os efeitos do registo também só se produzem após a data da inscrição de tal operação no registo comercial.

Nos termos do n.° 2 do preceito acima citado, a inscrição de fusão no registo comercial produz dois efeitos. O primeiro desses efeitos é a extinção das sociedades incorporadas ou de todas as sociedades fundidas, transmitindo-se os seus direitos e obrigações para a sociedade incorporante ou para a nova sociedade [alínea *a*)][87].

Esta parte do preceito é directamente aplicável às modalidades de cisão-dissolução-fusão; a sociedade cindida extingue-se, neste caso, pela

---

[85] Ver Ac. TRP, de 24-12-1992, disponível em http://www.dgsi.pt, acesso aos 04/04/2008.

[86] José Drago, ob. cit., p. 31 e ss., ao contrário de Albino Matos, defende que o registo da fusão tem natureza constitutiva e não meramente declarativa. Para o direito italiano, a inscrição tem também carácter constitutivo. Já no direito espanhol, ao contrário, o registo tem natureza declarativa, pois é a escritura que lhe atribui eficácia, não sendo exigida a sua inscrição no registo comercial, salvo se a sociedade resultante de tal operação for uma SA, como nos refere Fernando Sanchez Calero, ob. cit., p. 277.

[87] No mesmo sentido Raúl Ventura, *Cisão de Sociedades*, ob. cit., p. 63.

64 *A Tutela dos Direitos dos Sócios em Sede de Fusão, Cisão e Transformação*

inscrição no registo e, neste momento, transmitem-se para as sociedades incorporantes ou novas todos os direitos e obrigações da primeira.

Em todas as espécies de cisão, só pelo registo a cisão tem eficácia, interna ou externa. Só pelo registo se considera cindida a sociedade e transmitidos os direitos e obrigações; se considera extinta a sociedade dividida e constituída a sociedade nova.

Como ainda nos refere RAÚL VENTURA, havendo cisão-fusão, mas por destaque, a primeira parte do preceito é inaplicável, pois a sociedade cindida não se extingue; já se houver cisão pura, quer simples quer cisão--dissolução, não pode falar-se em sociedades *«incorporadas ou fundidas»*[88].

Neste mesmo sentido se expressa DURVAL FERREIRA, ao referir que, no caso de haver cisão por divisão, cisão-dissolução sem liquidação, a sociedade cindida dissolve-se e extingue-se. Se a cisão for simples (limita-se a destacar parte do património da sociedade para com ela constituir uma outra sociedade) a sua personalidade jurídica mantém-se, *«havendo mera transformação de estatutos se estes forem modificados*[89]*»*.

No direito societário angolano, o projecto da cisão (artigo 105.º) e a deliberação que aprovar o projecto da cisão (artigo 110.º), apenas estão sujeitos a publicação; ao registo obrigatório apenas cabe a cisão (artigo 114.º, 2). A lei nem sequer previu a publicação deste registo definitivo, diversamente do direito societário português. Assim, teremos de recorrer às disposições de carácter geral do artigo 167.º da LSC e do n.º 2 do artigo 130.º da Lei n.º 1/97, que mandam publicar no DR o registo de fusão e cisão.

Tomada a deliberação, esta nem sempre é imediatamente executória. Haverá que obter o consentimento dos sócios prejudicados, sempre que a operação possa afectar direitos especiais de que os referidos sócios sejam titulares[90].

Os tais direitos são ofendidos não apenas quando o tipo da nova sociedade não permita a manutenção de tais direitos, como ainda na hipótese de, embora permitidos por lei, esses direitos serem suprimidos ou reduzidos pelos estatutos da sociedade. Voltaremos a esta matéria quando tratarmos da coarctação dos direitos dos sócios.

---

[88] No mesmo sentido RAÚL VENTURA, *Cisão de Sociedades*, ob. cit., p. 63.

[89] DURVAL FERREIRA, ob. cit., pp. 45-46, nota (1) e autor aí citado. No mesmo sentido, RAÚL VENTURA, *Fusão, Cisão e Transformação de Sociedades,* ob. cit., p. 336 e ss..

[90] RAÚL VENTURA, *Cisão de Sociedades*, ob. cit., p. 45 e ss..

CAPÍTULO II
Efeitos do Registo da Transformação

Trataremos agora – igualmente de forma sumária – dos efeitos do registo da transformação.

Ao contrário da fusão e cisão, o registo da transformação não vem expressamente consagrado na LSC. Há que recorrer às disposições de carácter geral (artigos 20.º e 166.º) e ao artigo 3.º, alínea *e*) do DL n.º 42 644, com as alterações introduzidas pela Lei n.º 1/97, de 17 de Janeiro.

Desta forma, nos termos do referido nos artigos 166.º e 20.º parece exigir-se que, celebrada a escritura pública, seja o contrato de sociedade inscrito no registo comercial[91]. E a Lei n.º 1/97, no seu artigo 130.º, n.º 1, vai mais longe, ao exigir o registo obrigatório tratando-se de fusão, cisão e transformação de sociedades.

O processo de transformação parece concluir-se, pois, com a sua inscrição no registo comercial [artigo 3.º, alínea *e*), do DL n.º 42 644], no prazo de 90 dias após a data de celebração da escritura pública (artigos 134.º da LSC e 130.º, n.º 1 da Lei n.º 1/97)[92].

Na escritura de transformação – acrescenta-se no n.º 2 do citado artigo 134.º –, deve fazer-se constar, de entre outros elementos, o património da sociedade no momento em que a modificação do ente societário

---

[91] Cfr. PINTO FURTADO, *Curso de Direito das Sociedades,* ob. cit., pp. 506-507 e JOSÉ MARIA MENDES, ob. cit., p. 167. Para maiores desenvolvimentos, ver ainda ANA MARIA PERALTA, «Assunção pela Sociedade Comercial de Negócios Celebrados Antes do Registo», in *Novos Estudos de Direito Privado*, Estudos em homenagem ao Professor Doutor INOCÊNCIO GALVÃO TELLES, Vol. IV, Almedina, 2003, pp. 616-617; na doutrina espanhola, ver, entre outros, FERNANDO SANCHEZ CALERO, ob. cit., p. 273, que refere textualmente: *«La transformatión há de hacer-se constar en escritura pública que se inscribirá en el Registro Mercantil».*

[92] Ver FRANCISCO CORREIA MENDES, ob. cit., p. 886.

66   *A Tutela dos Direitos dos Sócios em Sede de Fusão, Cisão e Transformação*

se opera. Esta é a razão pela qual se exige que a escritura pública transcreva o balanço da sociedade, que reflecte o património social do dia anterior à outorga[93].

O registo deve ser pedido pelos representantes (gerentes ou administradores) da sociedade (artigo 168.º, 1), mas se estes não o fizerem, pode fazê-lo qualquer sócio ou outra pessoa com interesse pessoal no voto, ficando a sociedade obrigada a reembolsar as despesas suportadas pela pessoa que o tiver promovido (artigo 168.º, 2).

Quanto aos efeitos do registo da transformação propriamente ditos, ao contrário da fusão e da cisão, não se encontram expressamente definidos na LSC, à semelhança, aliás, do CSC. Mas, partindo das modalidades enumeradas, e tendo em conta o disposto no artigo 129.º da Lei n.º 1/97, poder-se-á dizer que, mesmo na transformação formal, a inscrição no registo comercial da escritura de transformação é acto constitutivo, pois que uma sociedade só existe quando produz efeitos contra terceiros e, no caso, apenas produz efeitos *como tal* a partir da data do respectivo registo. Daí, dever-se-á entender que só pelo registo haverá novo tipo societário[94].

A respeito da eficácia da transformação, Raúl Ventura[95] também parece defender a natureza constitutiva do registo, nos casos em que a transformação importe a criação de nova sociedade ou a atribuição de personalidade jurídica à sociedade existente, socorrendo-se, para o efeito, do disposto no artigo 5.º CSC para sustentar tal posição.

A excepção constante da norma acima mencionada, não teria para Raúl Ventura[96], quaisquer efeitos práticos, pois a lei não prescreveu

---

[93] Ver Fernando Sanchez Calero, ob. cit., p. 273.

[94] Neste sentido, para maiores desenvolvimentos, cfr. Raúl Ventura, *Fusão, Cisão, Transformação...*, ob. cit., p. 508 ss., Raúl Ventura, *Alterações do Contrato de Sociedades,* 1986, p. 120 e Coutinho de Abreu, *Curso de Direito Comercial,* Vol. II, *Das Sociedades,* Almedina, Coimbra, 2002, p. 133, subscrevendo uma posição parecida, embora venha depois matizá-la. Contra esta solução e contrariamente ao que defendeu no seu *Manual de Direito Comercial,* 1.º Vol. (p. 328), onde o autor admitia o *registo constitutivo,* António Menezes Cordeiro, *Manual de Direito Comercial,* Vol. II, Almedina, Coimbra, 2001, p. 491, vem defender que o registo *não é constitutivo,* sendo a sua eficácia meramente declarativa. No mesmo sentido Albino Matos, ob. cit., p. 119 e ss..

[95] A propósito, Raúl Ventura, *Fusão, Cisão, Transformação...*, ob. cit., p. 509, lembra: «... *parece-me seguro que o registo tem efeito constitutivo quando a transformação importa a criação de uma sociedade ou de personalidade jurídica da sociedade existente».*

[96] Raúl Ventura, *Fusão, Cisão, Transformação...*, ob. cit., p. 509.

A Problemática Geral das Vicissitudes das Sociedades Comerciais 67

forma especial quanto a estas operações. Referindo-se aos casos de *transformação formal*, admite, igualmente, que o artigo 5.º não seja directamente aplicável, por não existir verdadeira *constituição* de sociedade. No entanto, e uma vez que a sociedade *«só existe como tal a partir da data do registo definitivo»*[97], entende o Autor ser aplicável o mesmo princípio subjacente ao artigo acima invocado.

Mas regressemos ao direito societário angolano.

Se por um lado, o artigo 130.º da Lei n.º 1/97 torna obrigatório o registo da fusão, cisão e transformação de sociedades comerciais, por outro, da análise do artigo 139.º da LSC parece resultar claramente que a transformação já se torna eficaz perante terceiros logo após a escritura, pois já a partir dessa altura os titulares dos direitos de gozo ou de garantia incidentes sobre as participações sociais podem requerer o averbamento dos seus direitos nas novas espécies de participações[98].

Estamos, por isso, com FRANCISCO MENDES CORREIA[99] que, ao pronunciar-se no mesmo sentido, refere que se existem já novas espécies de participações, parece significar que a sociedade já existe segundo o tipo legal para o qual se transformou. E uma vez que já se dá a eficácia da transformação, parece não se justificar a transferência desta mesma eficácia apenas para o registo, no que aos sócios se refere.

Constata-se, pois, uma contradição entre o disposto no artigo 130.º da Lei n.º 1/97 (torna obrigatório o registo da transformação) e o artigo 139.º da LSC (torna a transformação eficaz perante terceiros, logo após a escritura). Assim, salvo o devido respeito, somos de opinião de que esta última norma é mais consentânea com a realidade, razão pela qual derroga a primeira, a qual deveria ser expressamente alterada.

E na falta de registo? Não tendo sido efectuado o respectivo registo, sendo obrigatório, a transformação da sociedade não produz efeitos em

---

[97] Assim FRANCISCO MENDES CORREIA, ob. cit., p. 887.

[98] Ainda a propósito da eficácia do registo, RAÚL VENTURA, *Fusão, Cisão, Transformação de Sociedades*, ob. cit., p. 509, expende nos termos seguintes: *«O problema reside na eficácia entre as partes, ou logo a partir da escritura pública (eficácia meramente declarativa do registo) ou a partir do registo (eficácia constitutiva deste)»*. Salvo melhor entendimento, parece que o autor perfilha a posição de que a escritura da transformação produz apenas eficácia declarativa.

[99] Ver no mesmo sentido FRANCISCO MENDES CORREIA, ob. cit., p. 887.

68 *A Tutela dos Direitos dos Sócios em Sede de Fusão, Cisão e Transformação*

relação a terceiros (artigo 169.°, 1)[100] e as sociedades ficam vinculadas ao pagamento de 50% sobre os emolumentos e taxas devidos (artigo 131.° da Lei n.° 1/97).

Quanto à publicação do acto do registo no Diário da República, a mesma não é obrigatória (artigo 130.°, n.° 2, da Lei n.° 1/97 e 167.°, 1), ao contrário do disposto no artigo 70.°, n.° 1, alínea *a*) do CRCom. Mas se for publicado no DR, as despesas de publicação deverão ser suportadas pela sociedade [artigo 167.°, 1)]. Atenção particular deve ser prestada tratando-se de sociedades anónimas com subscrição pública, pois, neste caso, o anúncio da transformação tem de ser repetido num jornal diário de Luanda, como prescreve o n.° 3 do artigo 167.°[101].

Quanto à publicação da deliberação da transformação, parece não existir na LSC preceito algum que, directa ou indirectamente, imponha tal publicação; como também parece não existir preceito que faça remissão para o artigo 110.°, n.° 1 que, relativamente à fusão, prescreve a publicação da deliberação.

No entanto, há normas que parecem pressupor a necessidade dessa publicação: é o caso do artigo 131.°, n.° 2, que fixa o prazo para a oposição dos sócios titulares de direitos especiais, por remissão para o artigo 136.°, n.° 1, o qual marca para o exercício do direito de exoneração o prazo de 30 dias a seguir à publicação da deliberação.

Assim, para os que entendem não existir preceito algum que pressuponha a publicação da deliberação, o prazo para garantir o direito do sócio discordante seria contado a partir da data da deliberação; para os restantes, seria contado a partir da data da sua publicação.

Parece ser esta última a interpretação que melhor se coaduna com a garantia do direito dos sócios discordantes, pois só a partir da publica-

---

[100] Quanto à responsabilidade pelos negócios celebrados entre a escritura e o registo, ver ANA MARIA PERALTA, ob. cit., pp. 617-618. Quanto aos efeitos decorrentes da falta de registo, ver o Ac. TRL, de 27.06.91, disponível em http://www.dgsi.pt, acesso em 24.02.06.

[101] Parece, no entanto, que esta solução é um tanto irrealista: o legislador parte do princípio de que a localidade da sede da sociedade é necessariamente a capital do País. Mas, na verdade, esta apreciação não nos parece correcta, porquanto hoje assiste-se, por todo o lado, à constituição de sociedades bem como à abertura de jornais com sede fora de Luanda. Somos em crer que o legislador luso foi mais feliz, ao determinar que as publicações sejam feitas no jornal da localidade da sede da sociedade (n.° 2 do artigo 167.° do CSC). No mesmo sentido RAÚL VENTURA, *Fusão, Cisão, Transformação...*, ob. cit., p. 508.

ção da deliberação é que os que se abstiveram e os ausentes, que também são titulares de tais direitos, podem tomar conhecimento da deliberação e, a partir daí, exercer os seus direitos.

Por isso, entendemos que a publicação da deliberação de transformação não carece de ser feita no DR. Mas deve sê-lo, pelo menos, num jornal da localidade onde se encontra a sede ou, na falta deste, nos jornais mais lidos nessa localidade, à semelhança do que acontece com os avisos, anúncios ou convocatórias dirigidos aos sócios ou aos credores (artigo 167.º, 2).

Tendo em conta o que foi dito, conclui-se que: (*i*) o momento relevante para a produção plena de efeitos da transformação é o da inscrição definitiva desta no registo comercial; (*ii*) todavia, casos há em que a eficácia da transformação parece ter lugar logo após a escritura, pelo que não se justifica a transferência desta mesma eficácia apenas para a fase posterior, ou seja, para a data da sua inscrição definitiva no registo comercial; e, (*iii*) a publicação da deliberação da transformação torna-se necessária, pois permite que também os sócios discordantes ausentes possam dela tomar conhecimento e accionar o direito de oposição.

Quanto à disciplina da nulidade da fusão, a mesma vem expressamente consagrada no artigo 117.º. No entanto, ela não consta do capítulo dedicado à transformação. Entendemos, por essa razão, que o regime da invalidade da transformação resulta da aplicação das normas gerais.

Procuremos, pois, analisar os efeitos da invalidade da transformação em ambas as modalidades.

Na transformação formal: se a nulidade ou a anulação da transformação se verificar antes da inscrição no registo, esta já não pode ter lugar. Assim sendo, «... *não chegam a surgir problemas de consequências de invalidade, pois a transformação não foi eficaz nem entre os sócios nem para com terceiros pois não foi registada; a sociedade manteve-se no primeiro tipo e assim continuará*»[102] – sublinha, e bem, RAÚL VENTURA. Mas e se ocorrer tal inscrição, que consequências daí resultarão? A nulidade da transformação conduz irremediavelmente à nulidade do registo.

Outra hipótese: se a nulidade ou a anulação da transformação se verificar depois da inscrição no registo. Concordamos com a posição de RAÚL VENTURA, segundo a qual «*Efectuado o registo, apesar dos vícios existen-*

---

[102] Ver RAÚL VENTURA, *Fusão, Cisão, Transformação...*, ob. cit., p. 470.

70 A Tutela dos Direitos dos Sócios em Sede de Fusão, Cisão e Transformação

tes, e declarado nulo ou anulado o acto de transformação, a sociedade retoma o seu tipo anterior, em que afinal nunca deixou de estar inserida»[103].

Quanto à transformação extintiva, a dificuldade é ainda maior, porquanto a transformação dá lugar a uma nova sociedade mediante a dissolução da anterior e, efectuado o registo definitivo do contrato de sociedade por quotas, anónima ou em comandita por acções, o contrato só pode ser declarado nulo por algum dos vícios aí enumerados (artigo 44.º, n.º 1).

Assim, o facto de, por exemplo, uma sociedade por quotas ser constituída por transformação de uma sociedade anónima, parece que não evitaria a aplicação do artigo 44.º, embora algumas causas de nulidade do contrato tenham que ser adaptadas à hipótese da transformação, tal como o caso da parte final da alínea *b)* – *"valor de entrada de algum sócio"* e da alínea *d)* *"falta de cumprimento de preceitos legais que exigem a realização mínima do capital social"*, como aponta Raúl Ventura[104].

Há, pois, casos em que a transformação da sociedade é inválida[105]. Vejamos, por exemplo, o caso de uma sociedade por quotas que se transforma numa sociedade anónima: não podendo ser inferior a cinco sócios –

---

[103] Raúl Ventura, *Fusão, Cisão, Transformação...,* ob. cit., pp. 470-471.

[104] No mesmo sentido, Raúl Ventura, *Fusão, Cisão e Transformação...,* ob. cit., pp. 471-472.

[105] Sobre a invalidade das deliberações dos sócios, ver, entre outros, Pedro Pais de Vasconcelos, *Teoria Geral do Direito Civil,* 3.ª Edição, Almedina, 2005, p. 578 e ss., Heinrich Ewald Hörster, *A Parte Geral do Código Civil Português – Teoria Geral do Direito Civil,* Almedina, 2003, p. 588 e ss., António Menezes Cordeiro, *Tratado de Direito Civil Português,* I Parte Geral, Tomo I, 2.ª Edição, Almedina, Coimbra, 2000, p. 856 ss., José de Oliveira Ascensão, «Invalidades das Deliberações dos Sócios», *in Separata de Estudos em Homenagem ao Professor Doutor* Raúl Ventura, Edição da FDUL, Coimbra Editora, 2003 (17-44), p. 36 e ss., Carlos Alberto da Mota Pinto, *Teoria Geral do Direito Civil,* 4.ª Edição por António Pinto Monteiro e Paulo Mota Pinto, Coimbra Editora, 2005, p. 615 ss., Jorge Henrique da Cruz Pinto Furtado, *Deliberações dos Sócios –* Comentário ao Código das Sociedades Comerciais, Livraria Almedina, Coimbra, 1993, p. 18 ss., Pedro Maia, «Deliberações dos Sócios», *in Estudos de Direito das Sociedades,* 6.ª Edição, Almedina, p. 185 ss., Manuel Carneiro da Frada, «Deliberações sociais inválidas no Novo Código das Sociedades Comerciais», in Separata de *Novas Perspectivas do Direito Comercial,* Livraria Almedina, Coimbra, 1988, p. 329 e Maria Elisabeth Ramos, «Constituição das sociedades comerciais», in *Estudos de Direito das Sociedades,* 6.ª Edição, Almedina, 2003 (31-68), p. 59 e ss.; discorre também sobre deliberações ineficazes Carlos Alberto B. Burity da Silva, *Teoria Geral do Direito Civil,* Edição da Faculdade de Direito da UAN, Luanda, 2004, p. 601 ss..

o número mínimo de accionistas numa sociedade anónima (artigo 304.º, n.º 1) – será nula a deliberação de uma sociedade por quotas que a transforma em sociedade anónima com apenas três sócios[106].

Subscrevemos a posição de MANUEL C. DA FRADA ao sustentar, apoiando-se no artigo 56.º, 1, c) CSC [nosso artigo 58.º, 1, c)], que o referido preceito «comina com a nulidade apenas aquelas deliberações cujo conteúdo ofenda preceitos legais inderrogáveis até por vontade dos sócios"[107].

A invalidade da transformação é, necessariamente, invalidade de algum dos actos praticados no seu complexo processo: invalidade da deliberação e invalidade do acto público de transformação, como nos refere RAÚL VENTURA[108].

---

[106] Neste sentido o Ac. do STJ, de 26-4-95, disponível em http://www.dgsi.pt, acesso em 02/12/05, refere que " É nula nos termos do artigo 56 n.º 1 alínea d), do Código das Sociedades Comerciais de 1986, a deliberação tomada em assembleia geral de sociedade por quotas de transformação dessa sociedade em sociedade anónima com substituição integral do contrato de sociedade, se tal deliberação foi tomada com violação simultânea dos artigos 132 n. 1 e 134 (posto que a nulidade contemplada no último preceito consome a anulabilidade resultante da violação do primeiro"; cf., igualmente, o Ac. TRP, de 05/05/2005, disponível em http://www.dgsi.pt, acesso em 09/11/2005.

[107] Ver MANUEL CARNEIRO DA FRADA, ob. cit., p. 326.

[108] Ver RAÚL VENTURA, Fusão, Cisão, Transformação..., ob. cit., p. 470. E acrescenta "Os vícios produtores da invalidade podem ser aqueles que, de modo geral, podem ocorrer em tais deliberações e actos, bem como a esses vícios corresponderá, também nos termos gerais, uma das espécies de invalidade, nulidade ou anulabilidade. Podem, no entanto, aparecer vícios específicos da transformação, como a existência de um dos impedimentos enumerados no artigo 131.º ou a violação do disposto no artigo 135.º, n.os 2, 3 e 4."

PARTE II

A Tutela dos Direitos dos Sócios

INTRODUÇÃO

O sócio, como se viu *supra*, não deve ser arbitrariamente excluído da sociedade pela maioria porquanto tem direitos[109] que devem ser assegurados, mesmo quando a maioria entenda que, para concretizar o interesse social, haja que sacrificar o interesse do sócio ou de um grupo de sócios.

É sobre a tutela dos sócios que iremos discorrer de seguida, começando pelos direitos gerais.

A LSC trata esta problemática (direitos dos sócios) na sua Parte Geral, Capítulo III, na Secção II, denominada *"Obrigações e Direitos dos Sócios"*, Subsecção I *"Obrigações e Direitos dos Sócios em Geral"* (artigos 23.º a 26.º) bem como, de modo disperso, de acordo com o tipo de sociedade, na Segunda Parte, que poderia ser a *Parte Especial,* onde são enunciados os vários direitos gerais[110].

---

[109] Segundo PAIS DE VASCONCELOS, *A Participação Social nas Sociedades Comerciais,* Almedina, 1955-2005, p. 67 e ss., tais situações jurídicas, usualmente designadas *"direitos"*, são *"poderes"*. Parece conferir, assim, aos poderes uma certa autonomia relativamente aos direitos. Já EWALD HÖRSTER, ob. cit., pp. 232-233, parece defender posição contrária, pois entende que os *poderes* carecem de autonomia, uma vez que se limitariam a definir o conteúdo dos direitos. Inclinamo-nos mais para esta solução.

[110] Na Segunda Parte, temos o Título II (Sociedades em Nome Colectivo), com "Direito dos sócios à informação" (artigo 183.º), "Transmissão da parte social por acto entre vivos" (artigo 184.º), "Exoneração" (artigo 187.º), e "Direito de voto" (artigo 192.º); o Título III (Sociedades em Comandita), com "Transmissão das partes sociais" (artigo 204.º), e para as Sociedades em Comandita Simples aplicam-se as regras relativas às Sociedades em Nome Colectivo (artigo 210.º), e para as Sociedades em Comandita por Acções aplicam-se as regras relativas às Sociedades Anónimas (artigo 214.º), tendo os sócios comanditados direito de fiscalização e de informação (artigo 216.º); o Título IV (Sociedade por Quotas), Capítulo II "Obrigações e Direitos dos Sócios", Secção IV "Direito à Informação", nos artigos 236.º a 238.º e Secção V "Direito aos Lucros", no artigo 239.º; o Título V (Sociedades Anónimas), Capítulo II. "Direitos e Obrigações dos Accionistas", Secção III "Direito à Informação", nos artigos 320.º a 325.º e "Direito aos Lucros e Reserva Legal", nos artigos 326.º a 329.º.

Os direitos gerais estão enunciados, a título exemplificativo, como é nosso entendimento, no artigo 23.°. Dos aí enunciados ocupar-nos-emos apenas de três, a saber: (1) o direito de participar na vida da sociedade; (2) o direito à informação; (3) o direito aos lucros.

A respectiva escolha tem, por um lado, a ver com o facto de não nos ser possível tratar de todos eles, e por outro, por nos parecer que estes terão uma maior repercussão e particular relevância em sede de fusão, cisão e transformação de sociedades. Acresce que se trata de direitos que, duma forma ou de outra, são partilhados por todos os tipos societários.

Por outro lado, parece haver, na generalidade, um entendimento comum sobre a necessidade de, além dos direitos gerais, consagrar no contrato da sociedade direitos que não podem ser suprimidos nem coarctados sem que aquele a quem são atribuídos nisso consinta, sob pena de a respectiva deliberação ser ineficaz: são os chamados direitos especiais dos sócios[111].

Os direitos especiais dos sócios podem, pois, ser referidos como aqueles que são atribuídos, pelo pacto social, a um ou mais sócios ou categorias de sócios, não podendo ser suprimidos ou reduzidos sem o consentimento do respectivo titular.

Desta maneira, não dando o titular tal consentimento, o processo de modificação do ente societário pode ficar inviabilizado, contrariando, desse modo, o interesse social.

Outra questão que se coloca é saber se, adquirida a qualidade de sócio (ou de accionista), esta é imutável ou seja, se o sócio não pode ser afastado da sociedade por simples vontade da maioria, sem justa causa, ou se, por sua própria iniciativa, o sócio não pode deixar a sociedade.

Assim, além dos direitos (gerais e especiais) acima apontados, e como consequência de manifestação da sua discordância de sócio, merecerá igualmente a nossa atenção o direito de exoneração do sócio, pela pertinência que representa para o nosso estudo.

---

[111] Sobre o conceito de direitos especiais dos sócios, ver, entre outros, PAULO OLAVO CUNHA, *Direito das Sociedades Comerciais*, 2.ª Edição, Almedina, 2006, p. 206 e ss., PAULO OLAVO CUNHA, *Os Direitos Especiais nas Sociedades Anónimas: As Acções Privilegiadas*, Livraria Almedina, Coimbra, 1993, p. 25 e ss.. No entanto, estamos com DIOGO COSTA GONÇALVES, ob. cit., p. 317 e nota 8 e autores aí citados, ao referir ser mais importante que o conceito de direitos especiais o regime especial que lhes está associado e a *ratio* que justifica esse regime.

A análise dos direitos enunciados permite-nos tentar compreender a posição jurídica do sócio como um sujeito titular de um conjunto de direitos e obrigações e como tais direitos podem ser garantidos ante as vicissitudes da sociedade.

Com efeito, a posição jurídica do sócio traduz-se numa situação recheada de diferentes direitos e deveres – como ensina RAÚL VENTURA[112] – conformando uma posição complexa que resulta da sua participação social e do regime das cláusulas que são subscritas perante o ente societário.

Para o nosso trabalho, interessa, particularmente, saber se, em caso de fusão, cisão e transformação das sociedades – em particular das sociedades anónimas em sociedades por quotas ou o inverso –, são assegurados os direitos dos sócios, incluindo o direito de o sócio dela sair caso não consinta em tal modificação.

Esta é uma temática *intrincada* porquanto podem, em simultâneo, estar em campo dois direitos opostos pertencentes a duas entidades também distintas. De um lado, a sociedade pode ter interesse em reorganizar-se para permitir maior eficácia e produtividade; do outro, o sócio tem o direito de se manter membro do ente societário cuja posição adquiriu com algum dispêndio patrimonial[113].

Antecipando ideias, poderemos, desde logo, enunciar, como regra, a manutenção da qualidade de sócio na sociedade, podendo o sócio sair dela apenas em casos excepcionais, exercendo o seu direito de exoneração.

Estas e outras questões merecerão um maior tratamento nos capítulos subsequentes.

---

[112] Estamos de acordo com RAÚL VENTURA, «Reflexões Sobre Direitos de Sócios», in *Colectânea de Jurisprudência*, Ano IX, Tomo II (1984), pp. 7-8, quando escreve: *"Têm sido tentadas várias qualificações das situações dos sócios, parcelarmente consideradas e elas, podem, em princípio ser tantas quantos os conceitos descobertos pela doutrina para enquadrar situações gerais desse género"*.

[113] Para maiores desenvolvimentos, ver ARMANDO MANUEL TRIUNFANTE, *Tutela das Minorias nas Sociedades Anónimas: Direitos Individuais*, ob. cit., p. 278.

TÍTULO I

A Tutela dos Sócios Titulares de Direitos Gerais

CAPÍTULO I
O Direito de Participar na Vida da Sociedade

Um dos mais importantes direitos dos sócios é o de participar na vida da sociedade, nomeadamente, nas deliberações da assembleia geral da sociedade bem como nos demais órgãos sociais.

Como nos refere o artigo 23.º, 1, alínea *b*), todo o sócio tem direito *"... a participar nas deliberações de sócios, sem prejuízo das restrições previstas na lei"*[114].

---

[114] A propósito da denominação de deliberação como dos sócios ou da sociedade e a crítica da terminologia utilizada no CSC, ver, entre outros, JORGE H. C. PINTO FURTADO, *Deliberações dos sócios – Comentário ao Código das Sociedades Comerciais*, ob. cit., p. 16 e ss.. A LSC também se refere à participação do sócio *nas deliberações de sócios* [artigo 23.º, 1, alínea *b*)]. Não vamos entrar no debate sobre a conceitualização das deliberações em assembleia geral, se são sociais, da sociedade ou dos sócios.

Não entraremos no debate, pois, para o objectivo deste trabalho, o fundamental é saber se os sócios têm ou não o direito a participar nessas deliberações e em que medida tal direito é protegido. Sempre diremos, no entanto, que, para nós, quem delibera é a sociedade – esta tem personalidade autónoma da dos sócios – através dos seus órgãos após o pronunciamento do sócio. Quanto à *autonomia* da personalidade jurídica das sociedades, remetemos para JOÃO DE CASTRO MENDES, *Teoria Geral do Direito Civil*, Vol. I, AAFDL, Coimbra Editora Limitada, 1978, p. 280; quanto à *desconsideração* da personalidade jurídica das sociedades comerciais, ver, entre outros, ALEXANDRE SOVERAL MARTINS, «Da personalidade e capacidade jurídicas das sociedades comerciais», in *Estudos de Direito das Sociedades*, 6.ª Edição, Almedina, 2003 (69-90), p. 79 e ss., JOSÉ DE OLIVEIRA ASCENSÃO, *Direito Civil – Teoria Geral,* Vol. I, 2.ª Edição, Coimbra Editora, 2000, p. 318 e ss. e PEDRO CORDEIRO, *A desconsideração da personalidade jurídica das sociedades comerciais,* AAFDL, Lisboa, 1989, p. 295 e ss..

80 A Tutela dos Direitos dos Sócios em Sede de Fusão, Cisão e Transformação

Na verdade, a sociedade, para poder funcionar, dispõe, além do respectivo estatuto (pacto social), de diferentes categorias de órgãos, integrados, obviamente, por sócios: a assembleia geral, a administração, direcção ou gerência (que existem em qualquer tipo de sociedade) e o conselho fiscal (que apenas aparece nas sociedades anónimas, não sendo obrigatório nas sociedades por quotas de menor volume de negócios), como nos lembra PINTO FURTADO[115].

Como se referiu, o sócio é chamado, por diversas vezes, a pronunciar-se sobre matérias de suma importância que têm a ver, por exemplo, com a gestão e a situação da vida do ente societário, com as alterações do contrato de sociedade, com a fusão, cisão ou transformação e dissolução da sociedade, com a atribuição dos lucros de exercício, etc..

Acerca desta participação do sócio na vida da sociedade, PINTO FURTADO chega mesmo a considerar (ao que parece) que quem constitui, verdadeiramente, o *órgão supremo* da sociedade não é a *assembleia geral* mas sim os *sócios* reunidos em *assembleia geral,* por serem estes os *senhores da sociedade*[116].

Salvo o devido respeito, este argumento, muito embora de inegável interesse e valor, parece não ter em conta a existência de dois entes distintos: os *sócios* e a *sociedade*, por conseguinte, são titulares de direitos próprios[117]. Para nós, quem delibera é a sociedade, através dos seus órgãos, como resultado da participação dos sócios. Mas a deliberação não é do sócio e far-se-á em referência ao disposto para cada tipo social[118].

---

[115] Ver JORGE H. C. PINTO FURTADO, *Deliberações dos sócios…*, ob. cit., p. 29 e ss. e ALCINDO FERREIRA DOS REIS, *Pessoas Colectivas e Sociedades Comerciais – A sua representação*, ECLA EDITORA, Porto, p. 89 e ss..

[116] Ver JORGE H. C. PINTO FURTADO, *Deliberações dos sócios…*, ob. cit., p. 34 e ss..

[117] Ver neste sentido REGINA REDINHA, ob. cit., p. 203 e ss. e ALCINDO FERREIRA DOS REIS, ob. cit., p. 21 e ss..

[118] Nas SNC, a deliberação será tomada por maioria simples dos votos (artigo 191.°, 2), salvo em caso de alteração do contrato. Neste caso, será tomada por unanimidade, a não ser que o contrato autorize a deliberação por maioria, nunca inferior a 3/4 dos votos de todos os sócios (artigo 198.°); nas SQ, a deliberação será tomada por maioria de 3/4 dos votos correspondentes ao capital social, na ausência de estipulação estatutária que exija um número mais elevado (artigo 265.°); nas SA, em primeira convocação (estando presentes ou representados accionistas detentores de 1/3 do capital social), a deliberação será tomada por maioria de 2/3 dos votos emitidos; em segunda convocação, a deliberação será tomada também por maioria de 2/3, a não ser que estejam presentes ou representados accionistas detentores de 1/2 do capital social, caso em que a deliberação pode ser tomada por maioria sim-

Por conseguinte, apenas através do voto[119] pode o sócio, directamente ou através de representante[120], participar na formação da deliberação da assembleia geral da sociedade.

Para o exercício desse direito de voto, há que ter em conta, no entanto, a qualidade de sócio ou de accionista, em virtude de as regras reguladoras dos respectivos tipos sociais em presença serem distintas: as sociedades pessoais (SQ) caracterizam-se pela importância das pessoas dos sócios: os sócios têm um poder de voto importante e a sua saída da sociedade pode pôr em risco a sobrevivência da mesma[121]. Ao passo que nas sociedades de capitais (SA), a personalidade dos sócios (em regra mais numerosos) é secundária. O papel importante cabe às acções: os sócios são titulares de tantos direitos e deveres quantas as acções que detêm[122].

Deste modo, nas sociedades por quotas cada sócio tem direito de voto, bastando a qualidade de sócio para conferir tal direito, como resulta

---

ples (n.os 3 e 4 do artigo 406.°; nas SC, a deliberação será tomada por unanimidade dos sócios comanditados e por sócios comanditários que representem, pelo menos, 2/3 do capital social possuído por estes, a não ser que o contrato exija maioria superior ou prescinda da unanimidade (artigo 208.°).

[119] GUERRA DA MOTA, *Sociedades Comerciais – A Tutela da Minoria e o Direito Unitário de participação dos Sócios*, Livraria Athena, Porto, 1971, p. 68, lembra: *"o sócio não vota por votar, não controla por controlar, nem se informa para ter conhecimento ou seja, estes interesses são incapazes de explicar o verdadeiro interesse que os ilumina, e em relação ao qual todos os outros são meramente instrumentais. O sócio realiza todos estes actos porque só assim o seu direito tem consistência económica e só assim dá execução ao contrato social.*

O direito de voto, o de controlo ou de informação, encarado pelo interesse que o informa, este só assume relevância se referido teleologicamente a outro interesse, o qual constitua interesse próprio do votante".

[120] Ver EDUARDO VERA-CRUZ PINTO, *A representação do accionista para exercício do direito do voto nas assembleias gerais das sociedades anónimas*, AAFDL, Lisboa, 1988, p. 11 e ss..

[121] Ver neste sentido, TERESINHA LOPES, ob. cit., p. 69.

[122] Neste sentido, ver PAULO OLAVO CUNHA, *Direito das Sociedades Comerciais*, ob. cit., pp. 241-242. Não concordamos muito bem com a referida classificação, porquanto se se encaixam perfeitamente as sociedades anónimas como o exemplo típico das sociedades de capitais e as sociedades em nome colectivo como o exemplo puro das sociedades de pessoas, a mesma classificação parece não dar resposta cabal ao enquadramento das sociedades por quotas, por exemplo, que parecem ser ao mesmo tempo sociedades de pessoas e sociedades de capitais. Não discutiremos, no entanto, esta problemática, por não ser objecto do âmbito deste trabalho.

do artigo 278.º, n.º 1 [cada voto corresponde ao equivalente em moeda nacional a USD. 50,00 do valor nominal da quota, sendo que as quotas não podem ter um valor nominal inferior ao equivalente em moeda nacional, a USD. 100,00 (artigo 241.º, 3)]. Isto significa que, nas SQ, cada sócio terá de ter direito de voto, sendo a qualidade de sócio suficiente para conferir esse direito[123].

Nas SA as regras são diferentes, como resulta do artigo 404.º, 1. Assim, os votos correspondem às acções, sendo uma acção igual a um voto, como regra geral.

Entretanto, o artigo 404.º admite, no número 2, duas limitações: (*i*) o contrato de sociedade fazer corresponder a um certo número de acções um só voto, desde que essa correspondência possa abranger todas as acções emitidas pela sociedade e fique a caber um voto, pelo menos, a cada fracção correspondente em moeda nacional, a USD. 500,00 do capital social [alínea *a*)]; (*ii*) o contrato de sociedade prever que não possam ser contados votos acima de um determinado limite, em relação a um mesmo accionista, quer actue em nome próprio quer actue em representação de outros accionistas [alínea *b*)][124].

Significa dizer que se não houver uma minoria de sócios exigível por lei ou contrato para a formação da deliberação, a gestão e funcionamento da sociedade ficam inviabilizados, podendo levar mesmo à *morte* da sociedade, o que não é querido nem desejado pelos sócios.

Por conseguinte, embora dois entes distintos (sociedade e sócios) indissoluvelmente associados – sem sociedade não existem sócios e vice-versa –, é indispensável para a existência da sociedade ou, pelo menos, para a tomada de decisões fundamentais, que os sócios emitam a sua vontade, o que apenas pode ser feito através do exercício do voto[125].

Todavia, nas sociedades anónimas, há um caso em que os accionistas não têm direito de voto: são os titulares das chamadas *acções preferenciais sem voto,* que, em contrapartida, conferem direito a um dividendo prioritário [artigo 364.º, 2, *a*)]. Mas mesmo nestas acções, se o dividendo prioritário não for pago aos accionistas durante dois exercícios, eles passam a poder exercer o direito de voto (artigo 365.º, 3).

---

[123] No mesmo sentido, ver Paulo Olavo Cunha, *Direito das Sociedades Comerciais,* ob. cit., p. 241.

[124] Para maior desenvolvimento, ver Paulo Olavo Cunha, *Direito das Sociedades Comerciais,* ob. cit., p. 242 e ss..

[125] O voto é um direito fundamental do sócio, inderrogável e irrenunciável.

A Tutela dos Direitos dos Sócios 83

O princípio do interesse social reflecte-se aqui no impedimento do direito de voto em caso de conflito de interesses entre o sócio e a sociedade[126].

Em que situações está o sócio impedido de votar? Nos termos dos artigos 280.°, 2 e 404.°, 6, o sócio está impedido de votar, nomeadamente, nas deliberações que recaiam sobre:

a) Liberações de obrigações dos sócios;
b) Litígios entre o sócio e a sociedade;
c) Relações entre o sócio e a sociedade estranhas ao contrato social;
d) Exclusão do sócio;
e) Consentimento para o administrador exercer actividades concorrentes com a sociedade; e
f) Destituição com justa causa dos administradores ou membros do conselho fiscal.

Poderá, igualmente, a assembleia geral deliberar, em certos casos, no sentido de afastar ou limitar os direitos dos sócios a participar nas deliberações da sociedade, alegando ser no interesse da mesma?

Parece ser a resposta uma só. Não pode o direito à participação nas deliberações da assembleia geral da sociedade ser limitado ou coarctado, sendo, consequentemente, nulas todas as cláusulas contratuais que ultrapassem os limites impostos pela lei[127].

Passemos de seguida à análise do direito do sócio à informação, designadamente em sede de fusão, cisão e transformação.

---

[126] Neste mesmo sentido se expressou, entre outros, o Ac. do TRP, de 02-10-2006, disponível em http://www.dgsi.pt, acesso aos 02/04/2008, ao referir que: « *I – Só é anulável a deliberação social se um dos sócios vota deliberação que exprima conflito de interesses entre a sua posição pessoal e a matéria objecto da deliberação, conflito esse que deve ser apreciado objectivamente...*». No direito francês, sobre as possíveis causas de divergência, ver PHILIPPE BISSARA, «L'intérêt social», in *Revue des Sociétés*, Ano 117.°, n.° 1 (Janeiro-Março 1999) (5-31), 1999, p. 24 e ss..

[127] A problemática do direito de voto é aflorada no mesmo sentido por PAULO OLAVO CUNHA, *Direito das Sociedades Comerciais,* ob. cit., p. 240, que chama atenção para o facto deste mesmo direito envolver, para o seu exercício, o direito de presença em reuniões de sócio e o direito de participação na discussão ou de formação da deliberação social.

CAPÍTULO II
O Direito dos Sócios à Informação

Todo o sócio tem direito a obter informação sobre a vida da socie-dade[128] e respectivos negócios mas com salvaguarda do sigilo indispensá-vel à preservação do interesse social[129]. O direito do sócio à informação[130] reputa-se de suma importância por permitir ao sócio um acompanhamento e controlo mais eficaz da actividade do ente societário[131]; como tal, opera não apenas no interesse do sócio mas também no da própria sociedade[132].

---

[128] Ver ALBINO MATOS, *Constituição das Sociedades*, ob. cit., p. 193.
Neste mesmo sentido se pronunciou o aresto do STJ, de 08-07-07, disponível em http://www.dgsi.pt, acesso aos 16/3/2008.

[129] Neste sentido PUPO CORREIA, *Direito Comercial – Direito da Empresa*, ob. cit., p. 229.

[130] Não é, naturalmente, o objecto da nossa investigação nem constitui nossa preo-cupação reproduzir os vários sentidos que a figura envolve. Mas, para um melhor entendi-mento do conceito de informação, ver, entre outros, os estudos especializados e aprofun-dados de JOÃO LABAREDA, «Direito à Informação», in *IDET, Problemas do Direito das Sociedades*, Livraria Almedina, 2002 (119-151), p. 129 e de MIGUEL NUNO PEDROSA MACHADO, «Sobre a Tutela Penal da Informação nas Sociedades Anónimas: Problemas da Reforma Legislativa», in *Separata da Revista «O Direito»*, Anos 106.°-119.°, 1974/1987 (271-321), p. 280 e ss..

[131] Acerca da fundamentação do direito à informação, ver JOÃO LABAREDA, «Direito à Informação», ob. cit., p. 129, que ousamos transcrever: *«Deste modo, não faz nenhum sentido falar de participação activa na vida da sociedade se aos sócios, que não intervêm quotidianamente na gestão, não for dada a possibilidade de conhecer, com a maior ampli-tude possível, os factos relevantes da existência e do funcionamento societários, quer para poderem equacionar a constituição ou alteração da rota traçada, quer para, quando for o caso, poderem reagir a actuações prejudiciais».*

[132] Ver JOÃO LABAREDA, «Direito à Informação», ob. cit., p. 134, que, a este propó-sito, nos elucida nos termos seguintes: *«O Direito à informação não pode ser objecto de transacção pelo sócio em nenhuma das modalidades configuráveis; e também não há lugar*

86 *A Tutela dos Direitos dos Sócios em Sede de Fusão, Cisão e Transformação*

Constitui, por essa razão, um valiosíssimo instrumento[133] de capital importância para o funcionamento e controlo da vida do ente societário *«sancionando com a anulabilidade as deliberações tomadas sem que o dever de informação se mostre satisfeito»*[134] e com multa ao gerente ou administrador que ilicitamente se recuse a prestar informações ou preste informações falsas, por um lado, e por outro, sancionando o sócio civilmente pelos danos causados por má utilização da informação.

Como é que a nossa legislação vai assegurar, e de maneira eficaz, o direito dos sócios à informação, *maxime* dos sócios minoritários, os quais, não dispondo de nenhuma capacidade própria de influenciar o órgão de gestão na condução dos negócios sociais, poderiam correr o risco de ficarem totalmente marginalizados? Pode, por outro lado, o sócio, por sua livre vontade, renunciar a este direito que lhe está atribuído para a obtenção de elementos essenciais sobre a vida da sociedade ou a sociedade derrogar tal direito, privando o sócio do respectivo exercício?

Como nos refere PUPO CORREIA[135], as inovações trazidas pelo CSC ao tratamento do direito geral à informação desenvolvem fundamentalmente três direitos. Assim, todo o sócio tem direito: (*i*) *"... a obter informações sobre a vida da sociedade, nos termos da lei e do contrato* (artigo 23.º, 1, alínea *c*)"[136]; (*ii*) de pedir inquérito judicial à sociedade; (*iii*) a informações tendo em vista a deliberação em assembleia.

O legislador dedicou, na generalidade, bastante atenção ao direito do sócio à informação. Com esta prescrição geral, que é, em parte, posteriormente desenvolvida, em termos expressos, para os diversos tipos de sociedade e de operação de mudança, pretendeu o legislador vincar o importante papel que o direito do sócio à informação pode desempenhar na vida societária, o importante serviço que pode prestar aos sócios, designadamente aos sócios situados fora do *"grupo de comando"* da sociedade, con-

---

a constituí-lo como objecto idóneo de direitos especiais. De igual modo, não pode nenhum órgão social decidir a sua amputação em termos que se imponham ao titular».

[133] Contra, ANTÓNIO MENEZES CORDEIRO, *SA: Assembleia Geral e Deliberações Sociais*, Almedina, 2007, p. 219. Para o autor, o direito à informação não é meramente instrumental nem puramente funcional. Vale por si.

[134] Ver Ac. TRP, de 27-09-2005, disponível em http://www.dgsi.pt, acesso aos 4/04/2008 e de 01-07-2002, disponível em http://www.dgsi.pt, acesso aos 04/04/2008.

[135] Ver PUPO CORREIA, *Direito Comercial – Direito da Empresa*, ob. cit., p. 229 e ss..

[136] Neste sentido, ver ALBINO MATOS, ob. cit., p. 193.

tribuindo fundamentalmente para assegurar uma transparência de processos na actuação dos órgãos dirigentes da sociedade e, correlativamente, dos sócios que *"representam"*[137].

Daí a lei regular com bastante pormenor o direito do sócio à informação, procurando garantir-lhe a possibilidade de um efectivo conhecimento, não só sobre o modo como são geridos os destinos da sociedade, como sobre o estado da própria sociedade através de informações verdadeiras, claras e completas sobre a gestão da sociedade, *«desde que tal não ponha em causa o próprio sucesso empresarial»*[138].

A análise dos vários tipos de sociedade propicia-nos uma visão elucidativa relativamente ao grau de tutela conferida na lei. E dessa análise resulta ainda claro ter o direito do sócio à informação contornos distintos, em função do tipo de sociedade.

Quanto ao direito geral de informação, o seu tratamento é semelhante nas SNC e nas SQ. Nas *sociedades em nome colectivo* – nas quais todos os sócios, tendencialmente são gerentes –[139], o grau de tutela é pleno e ilimitado[140], embora tenha de ser exercido pessoalmente pelo sócio não gerente, que, contudo, se pode fazer acompanhar de um perito (artigo 183.°).

O legislador conferiu o direito à informação a todo e qualquer sócio nas SNC e nas SQ, sem dependência de o sócio possuir certa percentagem mínima do capital. No entender de ANTÓNIO CAEIRO, *"...a concessão do direito à informação nestes termos aos sócios das SQ é um índice signifi-*

---

[137] Estamos com PAULO DUARTE PEREIRA DE ALMEIDA, *O Direito do Accionista à Informação no Código das Sociedades Comerciais* I, Faculdade de Direito de Lisboa, 1992, p. 10, nota 13 quanto a identificar o direito à informação com a "minoria", pois a "maioria", por estar ligada à administração, não precisa do referido direito para colher informações sociais.

[138] Ver ARMANDO MANUEL TRIUNFANTE, *A Tutela das Minorias nas Sociedades Anónimas: Direitos Individuais*, ob. cit., p. 111. No mesmo sentido, RAÚL VENTURA, *Cisão de Sociedades*, ob. cit., p. 48 e PUPO CORREIA, *Direito Comercial – Direito da Empresa*, ob. cit., p. 229.

[139] Ver ANTÓNIO MENEZES CORDEIRO, *Manual de Direito das Sociedades – Das Sociedades em Especial*, II, Almedina, 2006, p. 169 e ss..

[140] Quanto à pormenorização do direito do sócio à informação, ver PAULO DUARTE PEREIRA DE ALMEIDA, ob. cit., p. 2 e ss., nota 2 e autor aí citado. Para JOÃO LABAREDA, «Direito à Informação», ob. cit., pp. 136-137, o direito à informação *é simultaneamente amplo e limitado»*, por um lado e por outro, não é *«um direito absoluto, exercível sempre, em quaisquer circunstâncias e sem limites»*.

88 A Tutela dos Direitos dos Sócios em Sede de Fusão, Cisão e Transformação

cativo da importância que o legislador atribui à pessoa dos sócios nestas sociedades e à natureza da relação de confiança que entre eles existe, dada a amplitude que o direito reveste"[141].

Nestas circunstâncias, acrescenta o autor[142], nas SNC e nas SQ qualquer sócio pode, por conseguinte, exigir que os gerentes lhe prestem informação verdadeira, completa e elucidativa, por escrito se assim for requerido (artigo 236.º, 1), sobre a actividade do ente societário e bem assim lhe sejam facultados para consulta a escrituração, livros e documentos[143]. Igualmente lhe deve ser permitido inspeccionar os bens sociais[144].

Nas SNC, por exemplo, o sócio pode fazer a consulta ou inspecção pessoalmente e pode fazer-se assistir por um contabilista ou perito contabilista ou outro perito (artigo 183.º, 3). No entanto, como parece ser óbvio, não poderá utilizar as informações assim obtidas para *prejudicar injustamente* a sociedade ou outros sócios pois, se o fizer, será responsável, nos termos gerais, pelos prejuízos que lhes causar, podendo ser, em consequência, excluído da sociedade (artigo 183.º, 5)[145].

Neste mesmo sentido se expressou o Ac. do TRP de 13-02-1990, ao referir: *"O sócio de uma sociedade por quotas, no exercício do seu direito de obter informação sobre a vida da sociedade, pode, sem necessidade de alegar motivo justificado, fazer um pedido de consulta de todos e quaisquer elementos da escrituração e documentos anexos"*[146].

---

[141] Este importante aspecto de o legislador conferir o direito à informação a todo e qualquer sócio nas SNC e nas SQ, sem necessidade de o sócio possuir certa percentagem mínima de capital social é salientado por ANTÓNIO CAEIRO, «Princípios fundamentais da reforma do Direito das Sociedades Comerciais», in *Textos*, Centro de Estudos Judiciários, Conselho Distrital do Porto da Ordem dos Advogados, Sociedades Comerciais, 1994-1995, p. 22.

[142] Ver ANTÓNIO CAEIRO, «Princípios fundamentais...», ob. cit., p. 22.

[143] Ver ANTÓNIO CAEIRO, «Princípios fundamentais...», ob. cit., p. 22. No mesmo sentido, ANTÓNIO MENEZES CORDEIRO, *Manual de Direito das Sociedades*, II, ob. cit., p. 170.

[144] Ver ANTÓNIO CAEIRO, «Princípios fundamentais...», ob. cit., p. 22.

[145] No mesmo sentido ANTÓNIO CAEIRO, «Princípios fundamentais...», ob. cit., p. 22 e ANTÓNIO MENEZES CORDEIRO, *Manual de Direito das Sociedades*, II, ob. cit., p. 171.

[146] Só pode ser negado o direito à informação quando fôr de recear que o sócio utilize tais informações para fins estranhos à sociedade e com prejuízo desta, e ainda quando a prestação ocasionar violação de segredo imposto por lei no interesse de terceiros, podendo o sócio a quem tenha sido recusada informação, requerer ao tribunal inquérito à sociedade

A Tutela dos Direitos dos Sócios

Assim, somos de opinião de que qualquer acto do gerente de oposição à consulta equivale a recusa. Esta recusa apenas será legítima caso assente *«em elementos suficientemente consistentes que permitam constatar tal receio, não sendo de aceitar para o efeito meras suspeições de ordem subjectiva»*[147].

Ora, a recusa ilícita de informação ou a prestação de informação falsa, incompleta ou pouco clara pode dar lugar a uma deliberação provocada pelo sócio interessado para que a informação lhe seja prestada ou seja corrigida (artigo 237.º, 2); pode dar lugar ao pedido de inquérito judicial (artigo 238.º); ou dar lugar a sanção penal (artigos 507.º e 508.º)[148]. Pode igualmente dar lugar ao pedido de inquérito judicial o facto de os gerentes que hajam renunciado à gerência não prestarem contas relativamente ao período de gerência, nos termos do artigo 73.º.

A este propósito do pedido de inquérito, o Ac. do TRC, de 28-03-2007[149] decidiu no sentido de o sócio gerente manter o direito à informação e ao pedido de inquérito judicial, previsto no artigo 216.º, n.º 1 do Código das Sociedades Comerciais, para o tornar efectivo, quando ocorram circunstâncias impeditivas de acesso à informação.

Outra situação pode ocorrer: ainda que o sócio de uma sociedade por quotas esteja impedido de votar qualquer deliberação, nada o impede de estar presente na assembleia geral, para a qual deve ser convocado, e de aí pedir informações, consulta de escrituração, livros e documentos necessários à formação da sua opinião acerca do assunto que vai ser objecto de

---

(artigos 237.º e 238.º). Ver, no mesmo sentido, Ac. TRP, de 13-02-90, disponível em http:// www.dgsi.pt, acesso aos 04/04/2008.

[147] Ver Ac. TRP, de 19-01-06, disponível em http://www.dgsi.pt, acesso aos 02/04/2008.

[148] Sobre os deveres de prestar informação aos credores, designadamente obrigacionistas, ver, entre outros, PAULO CÂMARA, "O Regime Jurídico das Obrigações e a Protecção dos Credores Obrigacionistas", in Separata *Revista da FDUL*, Vol. XLIV, n.os 1 e 2, Coimbra Editora, 2003 (109-142), p. 134 e ss. e, no mesmo sentido, FRANCISCO MENDES CORREIA, ob. cit., p. 880 e ss.. Quanto à tutela penal, ver MIGUEL MACHADO, "Sobre a Tutela Penal da Informação nas Sociedades Anónimas: Problemas da Reforma Legislativa", in Separata da Revista *«O Direito»*, anos 106.º-119.º, 1974/1987 (271-319), p. 277 e ss..

[149] Ver Acs. TRC de 28-03-2007, disponível em http://www.dgsi.pt, acesso aos 4/04/2008, de 01-02-2000, *in CJ*, Ano XXV, tomo I, 2000 e de 13-02-90, disponível em http://www.dgsi.pt, acesso aos 04/04/2008.

90   *A Tutela dos Direitos dos Sócios em Sede de Fusão, Cisão e Transformação*

deliberação. Caso a informação solicitada lhe seja recusada, o sócio pode requerer a anulação da deliberação social respectiva. Neste sentido se pronunciou o Ac. do TRP, de 28-05-98[150].

Nas *sociedades por quotas*, o direito à informação é, em princípio, pleno, como vimos, embora os estatutos, em certos casos, possam estabelecer limites (algumas restrições)[151] e regulamentá-lo, contanto que não seja impedido o seu exercício efectivo ou injustificadamente limitado (artigos 236.º a 238.º). As informações podem abranger actos ainda não praticados e o direito à informação pode ser recusado desde que haja justificação[152].

Também nestas sociedades, a lei prevê que a informação, consulta ou inspecção requeridas pelo sócio só podem ser recusadas[153] pelos gerentes quando for de recear que o sócio as utilize para fins estranhos à sociedade e com prejuízo desta e ainda quando a prestação possa ocasionar violação de segredo imposto por lei no interesse de terceiros (artigo 237.º, n.º 1).

Mas nos termos do artigo 237.º, n.º 2, o sócio a quem as informações forem recusadas ou forem insuficientes ou incorrectamente prestadas, pode provocar uma deliberação dos sócios que ordene que a informação solicitada lhe seja prestada ou corrigida.

No entanto, o sócio que utilizar tais informações para prejudicar injustamente a sociedade ou outros sócios incorre em responsabilidade extracontratual e fica sujeito a ser excluído da sociedade[154].

MENEZES CORDEIRO[155] aponta de forma clara as sanções aplicáveis pela não prestação e pelo abuso de informação nas SQ:

---

[150] Ver Ac. TRP, de 28-05-1998, disponível em http://www.dgsi.pt, acesso aos 04/04/2008.

[151] Ver ARMANDO MANUEL TRIUNFANTE, *A Tutela das Minorias nas Sociedades Anónimas: Direitos Individuais*, ob. cit., p. 130-132.

[152] Ver ANTÓNIO MENEZES CORDEIRO, *Manual de Direito das Sociedades*, II, ob. cit., p. 286.

[153] Segundo ANTÓNIO MENEZES CORDEIRO, *Manual de Direito das Sociedades*, II, ob. cit., p. 281 ss., o artigo 215.º, 1 CSC (fonte do artigo 237.º, 1) é meramente exemplificativo, ao contrário de RAÚL VENTURA que o considera taxativo. Estamos de acordo com MENEZES CORDEIRO.

[154] Ver, neste sentido, entre outros, PUPO CORREIA, *Direito Comercial – Direito da Empresa*, ob. cit., pp. 229-230.

[155] Ver ANTÓNIO MENEZES CORDEIRO, *Manual de Direito das Sociedades*, II, ob. cit., pp. 291-292.

a) pode servir de fundamento de anulação de deliberações sociais [artigo 58.º, 1, *c*)];

b) pode dar lugar a convocação da assembleia geral para que a informação recusada injustificadamente seja prestada ou para que a informação falsa seja corrigida (artigo 215.º, 2);

c) permite ao sócio atingido requerer ao tribunal um inquérito judicial (artigo 216.º);

d) faculta o direito à indemnização (artigos 798.º, 43.º, 1 CC)[156]. O abuso de informação dá também lugar, além da responsabilidade civil, à exclusão (artigo 214.º).

Compreende-se que, diversamente do que se passa nas SNC, em que o sócio tem o maior interesse em informar-se do andamento dos negócios, dada a sua responsabilidade ilimitada pelas dívidas da sociedade, nas SQ o legislador tenha procurado defender ao mesmo tempo a sociedade e o sócio, num justo equilíbrio de interesses, reconhecendo a este o direito à informação, mas dando àquela a possibilidade de recusar o exercício desse direito nos casos acabados de referir.

Nas *sociedades em comandita,* há que distinguir entre o sócio comanditário e o sócio comanditado, por um lado e entre a sociedade em comandita simples e a sociedade em comandita por acções, por outro lado.

Quanto ao sócio comanditado, parece que a questão é mais ou menos líquida: goza sempre de um amplo direito à informação, à semelhança do sócio da sociedade em nome colectivo, nos termos do artigo 183.º, por força da remissão dos artigos 210.º e 216.º; quanto ao sócio comanditário, parece que a questão é menos clara: na comandita simples, apesar do artigo 210.º indiciar que o direito será o do sócio da sociedade em nome colectivo, sucede, porém, que o fundamento dessa amplitude (responsabilidade ilimitada), não está presente no sócio comanditário. Parece, pois, razoável entender que o seu direito à informação será o do sócio da sociedade por quotas (artigos 236.º e ss.).

Tais informações pretendem-se não apenas com as sociedades participantes, ou seja, sujeitas à operação de mudança, como também com as

---

[156] Ver ANTÓNIO MENEZES CORDEIRO, *Manual de Direito das Sociedades*, II, ob. cit., p. 287 ss..

92 A Tutela dos Direitos dos Sócios em Sede de Fusão, Cisão e Transformação

sociedades beneficiárias. Todavia, a resposta é dada apenas pelos órgãos da sociedade cuja assembleia está reunida, a quem, aliás, o pedido foi endereçado[157].

Já nas *sociedades anónimas*, o direito geral à informação varia consoante a percentagem de capital detido pelo accionista ou grupo de accionistas que queira exercer o direito em conjunto.

O direito geral à informação é muito mais limitado e requer-se um mínimo de capital social para o seu exercício. É o que a lei designa por direito mínimo e por direito colectivo à informação (artigos 320.° e 323.°), respectivamente[158-159].

A possibilidade de obter informações nas sociedades anónimas é tutelada pelos artigos seguintes: 23.°, n.° 1, alínea *c*) – direitos dos sócios; 320.° – direito mínimo do sócio individual; 321.° – informações preparatórias de uma determinada assembleia; 322.° – informações solicitadas no decurso da própria assembleia; e 323.° – direito colectivo à informação (direito de minoria qualificada)[160].

Qualquer accionista que detenha, no mínimo, 5% do capital social tem direito à informação geral mínima[161]. Por conseguinte, os accionistas

---

[157] João Labareda, «Direito à Informação», ob. cit., p. 134, chama a atenção para o facto de que *«o direito à informação não pode estar sujeito ao livre jogo dos interesses dos sócios e dos órgãos sociais, e menos ainda aos humores de uns e outros, impondo-se-lhes...».*

[158] Ver António Menezes Cordeiro, *Manual de Direito das Sociedades*, ob. cit., p. 565. É de igual entendimento, Paulo Duarte Pereira Almeida, ob. cit., p. 11, nota (15), acrescendo referências esclarecedoras quanto ao regime das sociedades em comandita, em sede de direito à informação do sócio.

[159] Neste sentido, ver João Labareda, «Direito à informação», ob. cit., p. 135.

[160] Ver Armando Manuel Triunfante, *A Tutela das Minorias nas Sociedades Anónimas: Direitos Individuais*, ob. cit., p. 111 e Manuel António Pita, "Protecção das Minorias", ob. cit., p. 362 e ss..

[161] José de Oliveira Ascensão, «Invalidades das Deliberações dos Sócios», ob. cit., p. 40, apoiando-se no artigo 58.°, n.° 2, c) do CSC, refere ser *«anulável a deliberação que não tenha sido precedida do fornecimento ao sócio dos elementos mínimos de informação.»*

Ver Ac. do TRC de 6/12/2005, disponível em http://www.dgsi.pt, que se pronunciou no sentido de que:

«I – O artigo 288.° do CSC estabelece um direito mínimo à informação, tendo por principais destinatários pequenos accionistas, permitindo-lhes a consulta de alguma documentação da sociedade. II – Nas situações em que as informações solicitadas tenham sido recusadas, prevê o artigo 292.° do CSC o recurso aos tribunais, através da instaura-

que detenham esse capital podem pedir ao órgão de administração informações sobre quaisquer assuntos referentes à gestão da sociedade.

Segundo nos lembra ARMANDO MANUEL TRIUNFANTE[162], a lei não parece prever qualquer possibilidade de recusa legítima à efectivação desse direito, quando se tratar do seu exercício concreto, salvo em casos do seu exercício abusivo. Nestes casos, a recusa de tais informações é legítima, bem como a responsabilidade do accionista que utilizar as informações obtidas de modo a causar um prejuízo à sociedade ou a outros accionistas.

Por conseguinte, para evitar devassas injustificadas e atitudes de mera chicana, o legislador foi, nesta matéria, particularmente exigente, como nos refere ANTÓNIO CAEIRO[163].

Podem individualizar-se três vias diferentes para propiciar informação ao sócio: antes da assembleia, no decurso e depois[164]. Nas SA acresce ainda o que se designa por *direito mínimo à informação* (artigo 320.°) e *direito colectivo à informação* (artigo 323.°)[165].

Assim, de modo a preparar convenientemente a assembleia geral, o legislador entendeu ser pertinente permitir, a qualquer accionista, a consulta de alguns documentos que visam fornecer-lhe certas informações que lhe permita votar com conhecimento dos assuntos a tratar (ou decidir) na assembleia e, eventualmente, requerer a inclusão de assuntos na agenda do dia[166] que tenham a ver com essa assembleia: são as informações preparatórias.

ção de acção especial em que se formule pedido de inquérito à sociedade, nos termos do artigo 1479.° do CPC».

[162] Ver ARMANDO MANUEL TRIUNFANTE, *A Tutela das Minorias nas Sociedades Anónimas: Direitos Individuais,* ob. cit., p. 115 e MARIA REGINA GOMES REDINHA, ob. cit., p. 198. Como nos lembra igualmente ABÍLIO NETO, *Código das Sociedades Comerciais...,* ob. cit., p. 728: *"O direito à informação dos sócios ou accionistas é um dos princípios básicos em que assenta o Código das Sociedades Comerciais, sancionando com anulabilidade as deliberações tomadas sem que o dever de informação se mostre satisfeito".*

[163] Seguimos ANTÓNIO CAEIRO, «Princípios fundamentais...», ob., cit., p. 24.

[164] Ver, neste sentido, JOÃO LABAREDA, « Direito à Informação», ob. cit., p. 120.

[165] Ver, neste sentido, RAÚL VENTURA, *Comentário ao Código das Sociedades Comerciais – Novos Estudos Sobre Sociedades Anónimas e em Nome Colectivo* (Reimpressão da edição de 1994), Almedina, 2003, p. 133 e ss..

[166] Tais documentos e informações colocadas à disposição do accionista não são tão relevantes a ponto de comprometer a gestão do ente societário. À semelhança do direito à informação mínima, são informações genéricas, tais como a identificação dos participantes (membros dos órgãos de administração, fiscalização e mesa da assembleia), propostas

No entanto, este direito geral à informação só pode ser exercido por quem detenha, pelo menos, 1% do capital – o que, como nos refere RAÚL VENTURA, «*talvez não seja justo, pois mesmo quem possua uma só acção tem um interesse respeitável na sociedade*»[167] – desde que solicite, por escrito, os documentos enumerados no n.º 1 do artigo 321.º alegando um motivo justificado. Nada impede, no entanto, que o accionista ou qualquer outra pessoa vá consultar os documentos depositados no registo comercial.

Como é evidente, os accionistas que não tenham direito de voto, por não possuírem o número mínimo de acções fixado nos estatutos, não irão certamente incomodar-se a consultar os referidos documentos. Trata-se, efectivamente, de um direito limitado mas indispensável à tutela individual e minoritária nas sociedades anónimas e por essa razão também irrenunciável e sem possibilidade de ser derrogado por vontade dos sócios[168].

Daí ser nula, nos termos do artigo 61.º, n.º 1, alínea *d*), a deliberação que pretender derrogar este direito[169]. Ao passo que a deliberação que seja tomada sem que os accionistas tenham tido acesso aos elementos mínimos de informação, nos termos do artigo 63.º, n.º 1, alínea *c*) e n.º 4, alínea *b*), é anulável[170]. Por seu turno, a violação do direito mínimo ou do direito colectivo à informação poderá originar a abertura de um inquérito judicial à sociedade (artigo 324.º); o inquérito judicial à sociedade também pode ter lugar, nos termos do artigo 450.º, em caso de abuso de informação de membros do órgão de administração ou do órgão de fiscalização[171].

---

a apresentar e assuntos inscritos ou a inscrever na ordem do dia, contas da sociedade (quando se trate da assembleia geral anual, a decorrer nos termos do artigo 378.º). Ver ARMANDO MANUEL TRIUNFANTE, *A Tutela das Minorias nas Sociedades Anónimas: Direitos Individuais*, ob. cit., p. 116 e nota 142.

[167] Ver RAÚL VENTURA, *Comentário ao Código das Sociedades Comerciais – Novos Estudos Sobre Sociedades Anónimas e em Nome Colectivo,* ob. cit., p. 135.

[168] É a posição de ARMANDO MANUEL TRIUNFANTE, *A Tutela das Minorias nas Sociedades Anónimas: Direitos Individuais*, ob. cit., p. 118, também por nós partilhada, aliás.

[169] O Ac. STJ de 04-05-99, disponível em http://www.dgsi.pt, acesso aos 22-02-2008, chama atenção para a necessidade de se distinguir claramente os vícios que determinam a nulidade ou a anulação de uma deliberação viciada. No mesmo sentido, já se havia pronunciado o Ac. do STJ de 11-06-71, disponível em http://www.dgsi.pt, acesso aos 22-02-2008.

[170] Para maiores desenvolvimentos, ver ARMANDO MANUEL TRIUNFANTE, *A Tutela das Minorias nas Sociedades Anónimas: Direitos Individuais*, ob. cit., p. 119 e nota 146 e autores aí citados.

[171] Ver ABÍLIO NETO, *Código das Sociedades Comerciais...,* ob. cit., p. 733.

Também estamos de acordo com as reflexões profundas feitas por MENEZES CORDEIRO[172], relativamente às informações preparatórias da assembleia geral, na medida em que as mesmas podem ser aproveitadas, *mutatis mutandis*, para a solicitação e prestação de informações na própria assembleia geral.

SECÇÃO I
O Direito à Informação em Sede de Fusão e Cisão

A informação que se pretende na própria assembleia é também muito importante: ela permite a correcta compreensão dos pontos inscritos na agenda do dia e, sobretudo, é vital para o «*...voto que se pretende esclarecido e convicto. (...) Só dessa forma a decisão social pode ir ao encontro dos interesses dos sócios e da própria sociedade*»[173].

No que tange às informações em assembleia geral, o artigo 322.º dispõe que qualquer accionista pode requerer que lhe sejam prestadas as informações de que necessite para formar uma opinião fundamentada sobre os assuntos a submeter à deliberação, as quais apenas poderão ser recusadas se a sua prestação puder causar grave prejuízo para a sociedade e para a sociedade com que se encontre coligada, ou se a prestação de informação for susceptível de violar o segredo imposto por lei. Sem ser nestes casos, a recusa injustificada de prestar informação ou a prestação de informação falsa[174],

---

[172] Quanto ao direito mínimo à informação, ver ANTÓNIO MENEZES CORDEIRO, *Manual de Direito das Sociedades*, II, ob. cit., p. 570.

[173] Ver ARMANDO MANUEL TRIUNFANTE, *A Tutela das Minorias nas Sociedades Anónimas: Direitos Individuais*, ob. cit., pp. 120-121 e notas 150 e 151.

[174] O artigo 507.º prevê o ilícito penal da recusa ilícita de informações e o artigo 508.º aplica-se à situação de informações falsas. Assim, todo aquele que estiver legalmente obrigado a prestar algum tipo de informação e não o fizer de forma adequada, poderá incorrer nos ilícitos penais tipificados nos artigos atrás referidos, podendo estar sujeito às sanções aí previstas. Entretanto, se se tratar de um incumprimento da obrigação de informar não prevista na lei mas apenas nos estatutos, o responsável por tal incumprimento não incorrerá em qualquer ilícito penal, podendo apenas responder civilmente. No mesmo sentido, ARMANDO MANUEL TRIUNFANTE, *A Tutela das Minorias nas Sociedades Anónimas: Direitos Individuais*, ob. cit., p. 129 e ANTÓNIO MENEZES CORDEIRO, *Manual de Direito das Sociedades*, II, ob. cit., p. 576. ALBINO MATOS, ob. cit., p. 193, insiste, igualmente, na necessidade duma informação verdadeira.

insuficiente ou confusa constituem fundamento para a arguição da anulabilidade da deliberação.

Esta é a reacção à violação do direito de informação, por acção ou omissão que deveria ser generalizada, reservando à casuística aquilo que realmente é específico ou próprio de cada caso[175].

E do confronto entre o n.º 4 do artigo 322.º e o n.º 4 do artigo 63.º parece-nos possível extrair duas ideias fundamentais: (*i*) o n.º 4 do artigo 63.º não deve ser interpretado como uma delimitação rigorosa do campo de aplicação da alínea *c*) do n.º 1, mas como um esclarecimento, com valor exemplificativo, de tal modo que a falta não só desses como de outros elementos mínimos de informação tornará anulável uma deliberação social; (*ii*) o n.º 4 do artigo 322.º deve ser entendido como um princípio geral de anulabilidade para o caso de recusa em assembleia geral da informação necessária para o sócio poder intervir e votar conscientemente.

No entanto, da leitura do artigo 322.º resulta claro não consagrar a lei um direito à informação absoluta, podendo, por conseguinte, ser recusado se a sua prestação puder causar grave prejuízo para a sociedade.

Outra das modalidades de informação referidas para as sociedades anónimas é a prevista no artigo 323.º – *direito colectivo à informação*[176] – o qual é atribuído aos accionistas que sejam titulares de acções representativas de, pelo menos, 10% do capital social. Resulta claro o carácter irrenunciável deste direito nas sociedades anónimas, ao contrário do que acontece aos titulares de acções representativas de, pelo menos, 10% do capital social.

Compreende-se a exigência duma participação importante no capital social para a atribuição desse direito, dada a amplitude do direito de informação conferido. Tal informação será solicitada por escrito ao órgão da administração que, igualmente, a prestará por escrito.

A sociedade, através dos seus órgãos, embora de modo ilícito, pode optar por não prestar[177] as informações a que está juridicamente obrigada.

---

[175] Acompanhamos JOÃO LABAREDA, «Direito à Informação», ob. cit., p.145.

[176] Para maior desenvolvimento, ver ARMANDO MANUEL TRIUNFANTE, *A Tutela das Minorias nas Sociedades Anónimas: Direitos Individuais*, ob. cit., p. 123-124 e ANTÓNIO MENEZES CORDEIRO, *Manual de Direito das Sociedades*, ob. cit., p. 575.

[177] Ver nesse sentido Ac. STJ, de 28-02-2002, disponível em http://www.dgsi.pt.

A Tutela dos Direitos dos Sócios

E, no entanto, o sócio lesado, ante esta atitude, pode também não reagir, ficando desse modo frustrado o seu direito[178].

Esta, *mutatis mutandis*, foi igualmente a solução vertida nos Acórdãos do TRP, de 14-09-2006, e do STJ, de 08-07-2003 e de 29-04-2003[179].

De tudo quanto ficou dito em sede de sociedades anónimas, e analisando apenas casos concretos, parece, à primeira vista, que os sócios minoritários podem correr o risco de ficar totalmente marginalizados. Por outro lado, o sócio menos esclarecido quanto a determinado assunto sobre o qual é chamado a pronunciar-se – seja a aprovação de contas sociais ou outro qualquer evento subordinado à decisão da assembleia – pode não pedir quaisquer informações necessárias à formação mais segura e fundamentada da sua opinião[180].

Com JOÃO LABAREDA, criticamos igualmente o facto de o legislador não ter consagrado uma disciplina geral da figura[181], concluindo, com o autor, nos termos seguintes: *"Por isso, o direito à informação revela-se sobremaneira como um poder ao serviço das minorias e, assim, em certo sentido, como um contrapoder.*

Aliás, é isto o que a prática corporativa amiudadamente evidencia, num processo dialéctico permanente, em que as minorias procuram defender e exercer o direito à informação, e as maiorias procuram limitá-lo"[182].

Outras conclusões se impõe extrair de tudo quanto ficou dito, antes de discorrermos sobre o direito à informação em sede de transformação:

1.ª Os sujeitos da obrigação de informar são, respectivamente, os sócios e a própria sociedade. O sujeito activo é o sócio e o sujeito

---

[178] Estamos com JOÃO LABAREDA, «Direito à Informação», ob. cit., p. 132.

[179] Ver Acs. STJ, de 08-07-2003, disponível em http://www.dgsi.pt, acesso aos 16/03/2008 e de 29-04-2003, disponível em http://www.dgsi.pt, acesso aos 16/03/2008 e ainda do TRP, de 14-09-2006, disponível em http:// www.dgsi.pt, acesso aos 04/04/2008.

[180] Estamos com JOÃO LABAREDA, «Direito à Informação», ob. cit., p. 132.

[181] Ver JOÃO LABAREDA, «Direito à Informação», ob. cit., p. 143.

[182] Ver JOÃO LABAREDA, «Direito à Informação», ob. cit., p. 142. Sobre o conceito de direitos da minoria, ver entre outros, FRAGA REDINHA, *Contribuição para o conceito de direitos da minoria nas Sociedades Anónimas,* Lisboa, 1987, p. 22 e ss., ARMANDO MANUEL TRIUNFANTE, *A Tutela das Minorias nas Sociedades Anónimas – Quórum de Constituição e Maiorias Deliberativas (e autonomia estatutária),* ob. cit., p. 62 e ss., ARMANDO MANUEL TRIUNFANTE, *A Tutela das Minorias nas Sociedades Anónimas – Direitos de Minoria Qualificada: Abuso de Direito,* Coimbra Editora, 2004, p. 73 e ss..

98 A Tutela dos Direitos dos Sócios em Sede de Fusão, Cisão e Transformação

passivo a sociedade, representada pelos administradores ou gestores[183]. O pedido de informação pode ser oral ou escrito: não depende de forma especial, salvo quando a lei diga ao contrário.

2.ª Objecto da obrigação é a informação em jogo: autodeterminada ou heterodeterminada, substancial ou formal, aberta ou reservada, conforme as circunstâncias[184].

3.ª O direito à informação é, em princípio, irrenunciável e inderrogável. Não pode haver renúncias prévias ao seu exercício, visto o disposto no artigo 809.º do CC, aqui aplicável. Possível é, sim, o seu não exercício *in concreto* e, dentro dos limites dos bons costumes e ordem pública, a assunção, subsequente, do dever de não o exercer. Também não pode haver derrogações: quer pelos estatutos, quer por deliberação social. O artigo 236.º, 3 admite que o pacto social "regulamente" o direito à informação, desde que não ponha em causa o seu exercício efectivo ou o seu âmbito[185].

4.ª A falta de fornecimento das informações necessárias e convenientes pode determinar a anulabilidade da deliberação sobre a fusão (ou cisão) [artigo 63.º, n.º 1, alínea *c*) e 4]; e

5.ª O sócio que, entretanto, utilizar as informações para prejudicar injustamente a sociedade ou outros sócios, incorre em responsabilidade extracontratual e fica sujeito a ser excluído da sociedade.

SECÇÃO II
O Direito à Informação em Sede de Transformação

O direito de informação dos sócios em sede da transformação vem consagrado no artigo 132.º Manda aplicar aquele preceito, no seu n.º 3, o disposto para a fusão, no que toca à fiscalização do projecto (artigo 104.º)

---

[183] Ver ANTÓNIO MENEZES CORDEIRO, *SA: Assembleia Geral e Deliberações Sociais*, ob. cit., p. 214.

[184] Ver ANTÓNIO MENEZES CORDEIRO, *SA: Assembleia Geral e Deliberações Sociais*, ob. cit., p. 215.

[185] Ver ANTÓNIO MENEZES CORDEIRO, *SA: Assembleia Geral e Deliberações Sociais*, ob. cit., p. 215 e JOÃO LABAREDA, «Direito à Informação», ob. cit., p. 135.

bem como à consulta dos documentos a serem apreciados na reunião da assembleia geral (artigo 106.°)[186].

Desta feita, em relação à transformação, exige-se que a gerência ou a administração da sociedade elabore um relatório justificativo da transformação, o qual deverá ser acompanhado, além do balanço do último exercício da sociedade a transformar, do projecto de contrato social pelo qual a sociedade passará a reger-se (artigo 132.°).

Este relatório e seus anexos deverão ser comunicados ao órgão de fiscalização da sociedade, caso haja, e à reunião da assembleia geral. Os referidos documentos devem estar, igualmente, à disposição dos sócios, a partir da data em que for convocada a respectiva assembleia geral, ao contrário do que está estabelecido em sede de fusão, onde se exige que os documentos fiquem à disposição dos sócios, a partir da data do aviso da publicação do projecto de fusão, aviso este que não existe em sede de transformação.

Este direito à informação não é extensivo aos credores, como sucede na fusão, pois na transformação os credores, não podendo opor-se à transformação, não carecem de os consultar. Aliás, o próprio legislador limita a consulta aos sócios (artigo 132.°, 3).

Poder-se-á questionar se, em sede da transformação, o direito dos sócios à informação está garantido de modo absoluto ou se não disporá a assembleia geral de poderes de deliberar, em certos casos, no sentido de afastar os direitos dos sócios à informação, no interesse da sociedade[187].

O direito à informação visa permitir ao sócio a participação activa e efectiva na vida societária, no interesse de ambos. No entanto, casos há em que a revelação de determinadas informações pode expor a sociedade ao risco da utilização indevida, pelo sócio, de tais informações.

Por essa razão, a solução legal parece apontar para a consagração de limites ao direito à informação. Com efeito, a assembleia geral pode deliberar, em certos casos, no sentido de afastar os direitos dos sócios à informação, no interesse da sociedade.

---

[186] Ver no mesmo sentido, RAÚL VENTURA, *Fusão, Cisão, Transformação de Sociedades...*, ob. cit., p. 491-492.

[187] Ver no mesmo sentido, entre outros, o Ac. STJ, de 29-04-2003, disponível em http://www.dgsi.pt, acesso aos 10/04/2008.

Quanto ao mais, remetemos para o que se disse quanto ao direito de informação em sede de fusão e cisão, pois, *mutatis mutandis*, parece aplicar-se igualmente à transformação.

A concluir esta matéria, diríamos, com PAULO DUARTE PEREIRA DE ALMEIDA, que *"o direito do sócio à informação constitui um direito essencial, que deriva da causa do contrato de sociedade, enquanto expressão do sócio na organização social. É assim que apesar das fortes diferenças de regulamentação (âmbito), o fundamento do direito do sócio colectivo à informação (que é ilimitado), é idêntico ao do accionista (que é, ao invés, muito limitado)"*[188].

---

[188] Ver PAULO DUARTE PEREIRA DE ALMEIDA, ob. cit., p. 14.

CAPÍTULO III
O Direito dos Sócios aos Lucros

Uma das características das sociedades comerciais é o seu fim lucrativo, pois têm por objecto a prática de actos de comércio e adoptam um dos tipos previstos na lei. Por conseguinte, salvo norma ou convenção em contrário, os sócios têm o direito de quinhoar nos bens da sociedade, após terem sido garantidos os pagamentos aos credores e reembolsadas as entradas realizadas[189].

Um dos objectivos do sócio, quando adere a uma sociedade, é vir a quinhoar nos rendimentos obtidos pela sociedade e repartíveis pelos sócios[190]. Assim sucede, desde logo, com os lucros obtidos pela sociedade, os quais, salvo disposição legal ou do pacto social diversa, são distribuídos entre os sócios na proporção das suas entradas na socie-

---

[189] Sobre o direito quer aos lucros de exercício quer aos lucros finais de exploração, ver, a título de exemplo, MENEZES CORDEIRO, *Manual de Direito das Sociedades* II, ob. cit., p. 239. O autor dá-nos a noção de lucro distribuível. Ver ainda PAULO OLAVO CUNHA, *Os Direitos Especiais nas Sociedades Anónimas: As Acções privilegiadas,* ob. cit., p. 16, PUPO CORREIA, *Direito Comercial – Direito da Empresa,* ob. cit., p. 227, PAULO DE TARSO DOMINGUES, *Do Capital Social – Noção, Princípios e Funções,* 2.ª Edição, Universidade de Coimbra, Coimbra Editora, 2004, p. 249 e ss. e LOURENÇO PIRES MENDONÇA, "Parecer", in *Regesta,* Ano XI, n.º 4/90, Revista de Direito Registral, Associação Portuguesa de Conservadores dos Registos (63-78), 1990, p. 77.

[190] Sobre o escopo lucrativo da sociedade, designadamente da sociedade anónima, COUTINHO DE ABREU, «A Sociedade Anónima, A Sedutora (Hospitais, S.A., Portugal, S.A.)», in *IDET,* Miscelâneas, n.º 1, Almedina, 2003, p. 13, refere: *«A sociedade anónima nasceu para lucrar.»;* sobre o direito geral ao lucro, ver, entre outros, FILIPE CASSIANO DOS SANTOS, «O Direito aos Lucros no Código das Sociedades Comerciais (à luz de 15 anos de vigência)», in *IDET, Problemas do Direito das* Sociedades, Livraria Almedina (185-189), 2002, p. 185 e ss.; no mesmo sentido, MANUEL ANTÓNIO PITA, *Direito aos Lucros,* Livraria Almedina, Coimbra, 1989, p. 18, ao referir ser a repartição dos lucros *«… a razão que determina as partes a celebrar o contrato de sociedade…».*

dade[191]. É pela proporção que as suas participações representam relativamente ao capital social que os sócios vêem quantificados os seus direitos fundamentais e outros direitos muito importantes.

Este parece, pois, ser igualmente outro direito essencial de qualquer sócio de uma sociedade comercial, tendo sido identificado por alguns autores com o conceito de interesse social[192].

Daí poder assistir-se, por vezes, a conflitos de interesses entre, por um lado, a função social e de produtividade da sociedade[193] que, normalmente, pensa a longo prazo, e, por outro, o desejo de alguns sócios de retirarem dividendos imediatos da actividade social[194]. Entre a maioria e a

---

[191] Ver, no mesmo sentido, por exemplo, o Ac. STJ, de 18 de Maio de 1983, in *BMJ* 323, p. 398, cujo sumário se transcreve: *"I – Dispondo os estatutos duma sociedade por quotas que pelo balanço e contas aprovadas se verificarão os resultados do exercício comercial, dividindo-se os lucros e prejuízos entre os sócios e na proporção das suas quotas, depois de deduzidos 5% para o fundo de reserva legal, é anulável a deliberação da assembleia geral, tomada sem o voto concorde de todos os sócios, que destinou os lucros apurados a transitarem para a conta do novo exercício.*

II – Violando tal deliberação as regras estatutária e legal relativas à distribuição dos lucros, o vício afecta a deliberação no seu todo, não devendo limitar-se a anulação à parte que respeita ao direito do sócio autor".

[192] Ver PAULO DUARTE PEREIRA DE ALMEIDA, ob. cit., p. 70, nota 60 e autor aí citado. PAULO OLAVO CUNHA, *Direito das Sociedades Comerciais*, ob. cit., p. 225, oferece-nos, de modo lapidar, o conceito de lucro nos termos seguintes: *«O lucro é o benefício da actividade social resultante das contas; é a diferença positiva entre as receitas geradas num certo exercício e as despesas e custos suportados em igual período»* e aponta a distinção entre lucro do exercício e lucro distribuível; para MANUEL ANTÓNIO PITA, *Direito aos Lucros,* ob. cit., p. 24 e 25, a sociedade existe não apenas para produzir mas também para repartir lucros. Sobre se o *interesse social* é um interesse colectivo dos sócios como defendem alguns autores ou se se trata de um interesse comum, como defendem outros, ver a posição de MANUEL ANTÓNIO PITA, *Direito aos Lucros,* ob. cit., p. 120 e 121. Por sua vez FILIPE CASSIANO DOS SANTOS, ob. cit., p. 187, referindo-se ao direito ao lucro, expende: *«Trata-se não de um direito no sentido do direito privado comum, mas de um direito social, no sentido de que a sua concretização depende do jogo das demais regras que regem a actividade».*

[193] Para MANUEL ANTÓNIO PITA, *Direito aos Lucros,* ob. cit., p. 99, este fim parece merecer o acolhimento solidário de todos os sócios. Salvo o devido respeito, parece, no entanto, que nem sempre será assim.

[194] Ver ANTÓNIO CAEIRO, *As Sociedades de Pessoas no Código das Sociedades Comerciais,* Livraria Almedina, Coimbra, 1988, p. 48, a propósito daqueles sócios minoritários que se queixam frequentemente de nada receberem da sociedade ao longo de muitos anos.

A *Tutela dos Direitos dos Sócios*

minoria surge, pois, um conflito acerca da maneira como deve ser utilizado o lucro.

Da análise crítica, pormenorizada e aprofundada, de vários autores que se pronunciaram acerca da existência ou não de um direito dos sócios à repartição do lucro e da análise da jurisprudência respectiva, MANUEL ANTÓNIO PITA[195] extrai duas conclusões:

a) a doutrina portuguesa analisada reconhece, no silêncio dos estatutos, o poder de a maioria, em assembleia geral de aprovação de contas, definir o destino do lucro apurado;

b) os critérios de repartição dos lucros de exercício podem ser modificados, em qualquer altura, mediante processo de alteração dos estatutos.

E aponta uma solução: ser anulável a deliberação social contrária ao direito do sócio ao lucro, cabendo aos sócios discordantes o direito de recurso judicial para anulação de tal deliberação, caso se verifique abuso de direito.

Assim, MANUEL ANTÓNIO PITA[196], relativamente à repartição periódica do lucro, acompanha aquela doutrina que defende a repartição anual do lucro apurado, mantendo-se, no entanto, o funcionamento normal da sociedade anónima por ser esse não só o motivo dos sócios como também o fim legal do contrato. A protecção do sócio far-se-ia através do pedido de nulidade da cláusula estatutária que permitisse à sociedade deliberar, por maioria simples, não distribuir aos sócios o lucro apurado anualmente [artigos 23.º, 1, *a*) e 239.º].

Parece pacífico, como reconhece o autor[197], que, aprovado o balanço e verificando-se a existência de um determinado lucro de exercício, 30% [nas SQ (artigo 240.º, 1)] e 5% [nas SA (artigo 327.º)] são destinados ao fundo de reserva legal, até que este atinja a quinta parte do capital social.

Sobre o destino a dar ao restante, delibera a assembleia geral, em conformidade com as cláusulas contratuais pertinentes, se as houver, ou delibera por maioria de três quartos dos votos correspondentes ao capital social. Na falta duma tal cláusula ou duma deliberação tomada pela refe-

---

[195] Ver MANUEL ANTÓNIO PITA, *Direito aos Lucros,* ob. cit., pp. 104 e 111.

[196] Ver MANUEL ANTÓNIO PITA, *Direito aos Lucros,* ob. cit., p. 112 e ss..

[197] Ver MANUEL ANTÓNIO PITA, *Direito aos Lucros,* ob. cit., p. 115 e ss..

104 A Tutela dos Direitos dos Sócios em Sede de Fusão, Cisão e Transformação

rida maioria, não pode deixar de ser distribuída aos sócios metade do lucro do exercício que, nos termos da lei, seja distribuível (artigo 239.°, 1). Assim, a assembleia delibera, por maioria simples, sobre a distribuição aos sócios de, pelo menos, metade desses lucros[198].

Ao sócio descontente com tal deliberação reconhece-se o direito de a impugnar, invocando abuso de direito.

As dificuldades surgem quando a deliberação, sem a maioria de 3/4, viola o direito ao lucro de exercício distribuível[199], distribuindo menos que metade ou, pura e simplesmente, nada distribuindo.

Neste caso, apurado o lucro de exercício distribuível, a maioria não tem poder de deliberar no sentido de distribuir menos que metade ou, pura e simplesmente, nada distribuir, devendo, por conseguinte, limitar-se à sua concretização na totalidade, sendo nula ou anulável a deliberação social que deliberar nesse sentido (n.° 1 do artigo 239.° e artigo 326.°, n.° 1)[200].

Contrapõe-se desta forma às críticas dos autores que privilegiam a salvaguarda do interesse social como fundamento para a maioria poder deliberar no sentido da não distribuição dos lucros de exercício distribuíveis[201].

Para o autor[202], o interesse social não pode justificar o poder da maioria de não distribuir lucros distribuíveis, porquanto o funcionamento da sociedade sempre estará salvaguardado pelas disposições relativas ao capital social e às reservas obrigatórias. A lei, ao exigir a maioria qualificada, procurou acautelar não só os interesses dos sócios minoritários como permitir o auto-financiamento, embora limitado, da empresa[203]. Tal exigência constitui, como enfatiza ANTÓNIO CAEIRO «... *garantia bastante contra o abuso de poder por parte dos sócios maioritários*»[204].

---

[198] Neste sentido, ver ANTÓNIO CAEIRO, *As Sociedades de Pessoas no Código das Sociedades Comerciais*, ob. cit., p. 48.

[199] Nem todos os lucros de exercício são distribuíveis. Antes deve-se retirar os lucros necessários para cobertura de prejuízos transitados, caso os mesmos existam, ou para reconstituir ou reforçar as reservas legais e estatutárias, se existentes (artigo 34.°). No mesmo sentido, PAULO OLAVO CUNHA, *Direito das Sociedades Comerciais*, ob. cit., p. 225.

[200] Neste sentido, ver FILIPE CASSIANO DOS SANTOS, ob. cit., p. 195.

[201] Ver MANUEL ANTÓNIO PITA, *Direito aos Lucros*, ob. cit., p. 122 e ss..

[202] Ver MANUEL ANTÓNIO PITA, *Direito aos Lucros*, ob. cit., p. 101 e ss..

[203] Neste sentido, ver ANTÓNIO CAEIRO, *As Sociedades de Pessoas no Código das Sociedades Comerciais,* ob. cit., p. 48.

[204] Ver ANTÓNIO CAEIRO, *As Sociedades de Pessoas no Código das Sociedades Comerciais,* ob. cit., p. 48.

É necessário, pois, encontrar um equilíbrio entre ambos os interesses em jogo.

Todos os sócios têm direito de receber, *anualmente, pelo menos, metade dos lucros distribuíveis*. No entanto, o lucro periódico distribuível pode ou não ser distribuído, dependendo de vários factores, sendo o mais importante aquele que permite a uma maioria qualificada de 3/4 do capital social deliberar no sentido da não distribuição de metade do lucro de exercício legalmente distribuível, com fundamento em situação excepcional da sociedade, conforme dispõe o artigo 239.°, 3[205]. Mas já a deliberação tomada por maioria de 2/3 dos votos correspondentes ao capital social que não procedeu à distribuição pelos sócios de metade dos lucros de exercício de harmonia com o disposto no artigo 239.° enferma do vício de anulabilidade [artigo 63.°, n.° 1, alínea *b*)].

Ainda a respeito da distribuição dos lucros distribuíveis, MENEZES CORDEIRO – atento às disposições dos artigos 217.°, n.° 1 e 294.°, n.° 1, ambos do CSC – entende que: *"Nos termos gerais, o pacto social pode afastar a regra da lei estipulando, por exemplo, que cabe à sociedade, por maioria simples, deliberar a não distribuição dos lucros"*[206]. E acrescenta: *"A deliberação que, fora do que a lei permite, não proceda à distribuição dos lucros, é anulável"*[207].

Podemos, pois, concluir que a lei garante aos sócios a participação num mínimo de metade dos lucros de exercício distribuíveis.

Um outro problema é saber se o direito ao lucro pode ser contratualmente suprimido (ou restringido) ou se, tendo sido deliberada a distribuição dos lucros, a administração pode recusar a sua concretização.

O direito dos sócios que pretendemos caracterizar tem por objecto primeiro *o lucro de exercício*. Duas questões se nos colocam: a primeira é a de saber se o direito ao lucro deve constar do contrato; a segunda, se a concretização do direito ao lucro deve ou não depender do interesse social, o qual deve prevalecer face ao direito do sócio.

---

[205] No mesmo sentido, ARMANDO MANUEL TRIUNFANTE, *A Tutela das Minorias nas Sociedades Anónimas: Direitos Individuais*, ob. cit., p. 71.

[206] Ver ANTÓNIO MENEZES CORDEIRO, *Manual de Direito das Sociedades*, II, ob. cit., p. 293, nota 785 e arestos aí citados.

[207] Ver ANTÓNIO MENEZES CORDEIRO, *Manual de Direito das Sociedades*, II, ob. cit., p. 293 e nota 786 e arestos aí citados.

106 *A Tutela dos Direitos dos Sócios em Sede de Fusão, Cisão e Transformação*

Quanto à primeira questão, ARMANDO TRIUNFANTE[208] entende ser a resposta negativa. Muito embora alguns argumentos parecerem indicar no sentido da supressão total do direito ao lucro tendo como fundamento, desde logo, o artigo 326.°, n.° 1, ao aceitar a validade da autonomia privada, aparentemente, sem limites a suspensão de todos os direitos, sem excluir os direitos patrimoniais, característica das acções próprias [artigo 346.°, 1, alínea *a*)] e do regime de participações recíprocas simples (artigo 485.°, 3 CSC) e qualificadas (artigo 325.°-B, 1 CSC).

Relativamente à primeira questão posta, comecemos, antes de mais, por indagar se, entre as cláusulas que a lei impõe, encontramos alguma referência, directa ou indirecta, ao lucro... no preceito que é de natureza geral (artigo 10.°). Da análise do seu conteúdo resulta não haver qualquer referência ao lucro.

Analisando um pouco mais em pormenor os preceitos especiais dos diversos tipos de sociedades, temos o seguinte quadro.

Apenas nas SNC, o artigo 177.°, n.° 1, b) impõe que nele conste o valor atribuído à indústria com que os sócios contribuam, para o efeito de repartição dos lucros e das perdas. Todavia, em nossa opinião, esta norma não tem por objecto directo o lucro, mas sim, a entrada do sócio[209].

Quanto à desnecessidade de cláusula sobre lucros, decorre também dos artigos correspondentes das SC (artigo 202.°), SQ (artigo 219.°) e SA (artigo 302.°). Uma cláusula relativa ao lucro apenas será obrigatória se o contrato de sociedade criar direitos especiais para algum sócio (artigo 26.°, 1). Trata-se, porém, de uma situação especial que não configura um elemento obrigatório de carácter geral.

Somos, desta forma, levados a concluir, à partida, que o contrato de sociedade comercial não precisa de conter uma cláusula sobre lucros[210]. A razão é a seguinte: o direito aos lucros é um direito geral e abstracto [artigo 23.°, alínea *b*)] e forma-se na esfera jurídica de cada sócio com a

---

[208] Ver ARMANDO MANUEL TRIUNFANTE, *A Tutela das Minorias nas Sociedades Anónimas: Direitos Individuais*, ob. cit., p. 76 ss..

[209] Ver MANUEL ANTÓNIO PITA, *Direito aos Lucros,* ob. cit., p. 21.

[210] Estamos com MANUEL ANTÓNIO PITA, *Direito aos Lucros,* ob. cit., p. 21. E mais adiante (p. 22) conclui dizendo que: « *...para a criação de uma sociedade comercial não é necessário incluir uma cláusula relativa ao lucro*».

A Tutela dos Direitos dos Sócios 107

deliberação da assembleia geral que decide distribuir lucros (artigo 32.º, n.º 1). Neste mesmo sentido se pronunciou o Ac. do STJ, de 28-05-92[211]. Mas tal facto não impede que, estatutariamente, os sócios estabeleçam um mínimo superior ao mínimo legal e, ao mesmo tempo, prevejam que a derrogação possa ser deliberada, mas apenas relativamente a níveis superiores a metade dos lucros de exercício distribuíveis, por uma maioria inferior à legalmente prevista.

Os sócios podem estipular no contrato limitações à distribuição de lucros de exercício. Mas tais limitações não podem agravar (e muito menos suprimir) o direito que os sócios têm a receber uma parte – ainda que mínima – dos lucros do exercício que sejam distribuíveis.

Passemos agora à análise da segunda questão posta. Podem os administradores não executar a deliberação, ou seja não distribuir lucros, cuja distribuição foi previamente aprovada mediante deliberação social? Dissemos anteriormente que a regra é a de que nenhuma distribuição de lucros poder ser efectuada sem ter sido objecto da prévia deliberação dos sócios (artigo 32.º, 1). A questão que se coloca agora é saber se os gerentes e administradores estão vinculados à deliberação de distribuição de dividendos ou se, em certas circunstâncias, podem deixar de executar tal deliberação. É natural que os gerentes e administradores estejam vinculados à deliberação dos sócios, de distribuição de dividendos.

No entanto, podem ser apontados alguns casos em que o dividendo a que o sócio tem direito não deva ser distribuído; assim, os administradores não devem executar uma deliberação que se encontra anulada ou judicialmente suspensa (artigo 32.º, 4). Neste caso, os administradores têm o dever de não pagar (de não executar a deliberação); não devem igualmente executar a deliberação se tiverem conhecimento de que a mesma viola o princípio da intangibilidade do capital social consagrado no artigo 33.º ou se as alterações entretanto ocorridas no património da sociedade ocasionarem que essa distribuição viole tal princípio [artigo 32.º, 2, alínea a)].

Nesse caso, os administradores deverão, nos oito dias seguintes à resolução tomada, requerer, em nome da sociedade, inquérito judicial, a menos que a sociedade tenha sido citada para a acção de invalidade da deliberação por motivos coincidentes com os desta resolução (artigo 32.º, 3).

---

[211] Ver Ac. STJ, de 28-05-92, disponível em http://www.dgsi.pt, acesso aos 25-04-2008.

108 A Tutela dos Direitos dos Sócios em Sede de Fusão, Cisão e Transformação

Outra hipótese em que ao sócio pode não ser pago o dividendo a que tem direito, tem lugar quando este não tenha pago integralmente a sua entrada e esteja em mora. Nestas situações, os dividendos não são pagos, embora possa haver compensação (artigo 34.°, 2)[212].

Tirando esses casos, com a deliberação de distribuição de dividendos nasce um direito de crédito para os sócios, direito esse que não pode ser prejudicado nem por acto da administração nem por uma nova deliberação revogatória.

Qual a sanção em caso de recusa da distribuição dos lucros distribuíveis e aprovados mediante deliberação válida? Esta questão conduz-nos a uma outra, que é a de saber como se repõe o direito violado, caso a deliberação conclua, contra a lei ou os estatutos, pela não distribuição de lucros.

Já a LSQ, ao enunciar, no seu artigo 20.° o direito aos lucros, consagrava o que é tão fundamental para o sócio como a obrigação das perdas. Por conseguinte, padece de nulidade a cláusula que exclua um sócio da comunhão nos lucros – artigo 22.°, n.° 3.

Desta sorte, pode conceber-se como direito corporativo geral do sócio o direito aos lucros apurados anualmente, desde que exista cláusula no pacto social a prescrever a sua atribuição.

Diversamente, uma outra situação pode ser configurada como segue: os estatutos da sociedade são omissos quanto à distribuição dos lucros. Neste caso que posição tomar?

Por força do que dispõe o artigo 217.°, n.° 1 do CSC (redacção do Decreto-Lei n.° 210/87, de 8 de Julho), a menos que haja uma cláusula contratual expressa que dê à assembleia geral poderes para proibir a distribuição de lucros e determinar a sua afectação total a fundos especiais, só uma maioria de três quartos dos votos correspondentes ao capital social pode impedir a distribuição pelos sócios de, pelo menos, metade do lucro de exercício distribuível. Neste mesmo sentido se pronuncia igualmente ABÍLIO NETO em comentário ao artigo 217.° CSC[213].

Esta solução é aplicável às SA por força da remissão do artigo 294.°, 1 do CSC e com ela pretende-se atingir duas finalidades: a) proteger as *«minorias que, afastadas dos centros de decisão, estão ligadas à socie-*

---

[212] Neste sentido, ver FILIPE CASSIANO DOS SANTOS, ob. cit., p. 193.
[213] Ver ABÍLIO NETO, *Código das Sociedades Comerciais* (Jurisprudência e Doutrina), 4.ª Edição, EDIFORUM, Edições Jurídicas, Lda., Lisboa, 2007, nota 13, p. 480.

A Tutela dos Direitos dos Sócios 109

dade principalmente pelo interesse na obtenção de um dividendo que remunere o capital investido»[214]; *b)* facultar uma regra ao tribunal que permita *«resolver imediatamente o conflito entre a maioria e a minoria»*[215].

Como nos refere ainda MANUEL PITA, a título de conclusão: *«Uma vez aprovado o balanço, o direito do sócio contra a sociedade depende apenas da aplicação da lei aos factos. Assim, a deliberação de atribuição de lucros tem natureza declarativa do direito do sócio»*[216].

A orientação da jurisprudência lusa também não é uniforme. Em alguns arestos, ainda na vigência da LSQ, decidiu-se no sentido de a assembleia geral não ter poderes de dar aos lucros apurados um destino diverso da sua distribuição pelos sócios, à luz do disposto no artigo 20.º da mesma LSQ. Só com o consentimento unânime dos sócios seria lícito deliberar nesse sentido[217], sendo anulável a deliberação da assembleia geral, tomada sem o voto concordante de todos os sócios[218]. Assim, os tribunais portugueses, nesta situação, têm decidido no sentido de a assembleia geral não dispor de poderes de excluir os sócios dos seus direitos aos lucros ou de dar aos referidos lucros destino diverso ao estipulado no pacto social[219].

Em outros arestos, ainda na vigência daquele diploma, decidiu-se no sentido de a assembleia geral poder deliberar, por simples maioria, o destino a dar aos lucros apurados, designadamente afectando a reservas a totalidade ou parte dos lucros[220], e o sócio ofendido com tal delibera-

---

[214] Neste sentido, ver MANUEL ANTÓNIO PITA, *Direito aos Lucros,* ob. cit., p. 154 ss. e ANTÓNIO CAEIRO, *As Sociedades de Pessoas no Código das Sociedades Comerciais,* ob. cit., p. 48. Ver ainda ABÍLIO NETO, ob. cit., comentário ao artigo 294.º, nota 7, p. 736, bem como os Ac. STJ, de 28-05-92, disponível em http://www.dgsi.pt, acesso aos 16/3/2008, do TRP, de 07-12-99 e de 11-01-90, disponíveis em http:// www.dgsi.pt, acesso aos 04/04/2008.

[215] Neste sentido, ver MANUEL ANTÓNIO PITA, *Direito aos Lucros,* ob. cit., p. 154 e ss..

[216] Neste sentido, ver MANUEL ANTÓNIO PITA, *Direito aos Lucros,* ob. cit., p. 139 e ss..

[217] Ver, por exemplo, o Ac. do STJ, de 5 de Fevereiro de 1963, in *BMJ,* 124, de 21 de Junho de 1979, p. 719.

[218] Ver, por exemplo, o Ac. STJ, de 18-01-83, disponível em http://www.dgsi.pt, acesso aos 16/03/2008).

[219] Ver, por exemplo, os Acs. do STJ, de 18-01-83, disponível em http://www.dgsi.pt, acesso aos 25-04-08, do TRP, de 17-01-1948, in *BMJ,* n.º 6, p. 273 e do TRL, de 05-01-1982, in *CJ,* 1982, tomo II, p. 149.

[220] Ver, por exemplo, os Acs. TRL, de 24-11-1978, in *CJ,* 1978, p. 1558 e do TRC, de 30-11-1982, in *Colectânea,* cit., 1982, t. V, p. 33.

110   *A Tutela dos Direitos dos Sócios em Sede de Fusão, Cisão e Transformação*

ção ter legitimidade activa para pedir a anulação da mesma, não apenas na parte em que não lhe distribuiu os lucros que lhe cabiam mas de toda a deliberação, assim como a condenação da sociedade a pagar-lhe a parte que lhe corresponde nos lucros distribuíveis do exercício.

Qual a solução dada pela LSC?

A solução dada pela LSC enquadra-se na esteira da solução legal lusa. Parece ter o legislador angolano, atento à solução do direito luso, consagrado uma solução que procura harmonizar os interesses da sociedade e aqueles que pertencem aos sócios.

Para as SQ, parece haver duas saídas: ou a metade atribuível aos sócios é apenas afectada se tal estiver no pacto social; ou se uma maioria qualificada de três quartos do capital social deliberar a não distribuição de metade do lucro de exercício legalmente distribuível (artigo 239.º, n.º 1). Esta norma é igualmente aplicável às SA, por força da remissão do artigo 326.º.

A opção legislativa radica na visão contratualista: a causa da participação dos sócios no contrato de sociedade é a partilha dos lucros e essa partilha tem de ser efectiva e não apenas teórica.

Independentemente da solução legislativa, parece ser importante tomar posição relativamente às duas correntes contrapostas acima referenciadas: a assembleia geral dispõe ou não de poderes de deliberar face às circunstâncias concretas que se verificam em cada ano, no sentido de afastar os direitos dos sócios aos lucros distribuíveis, no interesse da sociedade e/ou se, com base nesse mesmo interesse, pode dar destino diverso do estipulado no pacto social.

Eis aqui o grande desafio, nesta área, iniciado nas duas últimas décadas do século passado e que, certamente, ganhará ainda mais corpo neste novo milénio, qual seja o de compatibilizar o interesse social que é mais que o lucro (é uma função social e de produtividade), por um lado, com o respeito aos princípios do direito dos sócios aos lucros, por outro.

Parece-nos que, dentro de uma visão moderna do Direito Societário, não mais se concebe a mera hipótese de obtenção apenas do lucro por parte dos sócios – imprescindível para remunerar o capital e potenciar novos investimentos –, a qualquer preço.

Por isso, entendemos que, entre sacrificar o interesse imediatista do sócio ao lucro ou o interesse da sociedade (por exemplo constituir ou reforçar as reservas), há que prevalecer este último.

Neste sentido, em nada repugna que a assembleia possa deliberar, por maioria qualificada de 3/4 do capital social, o destino a dar aos lucros apurados, designadamente afectando a reservas a totalidade ou parte dos lucros e, por simples maioria, a não distribuição de metade do lucro de exercício legalmente distribuível.

Todavia, o sócio que, porventura, se sentir lesado com tal deliberação, tem legitimidade activa para pedir a anulação da mesma, não apenas na parte em que não lhe distribuiu os lucros que lhe cabiam, mas de toda a deliberação[221], como também que a sociedade seja condenada a pagar-lhe a parte que lhe corresponde nos lucros distribuíveis do exercício.

Acrescente-se ainda que, embora os estatutos possam limitar o campo de manobra da assembleia geral, não podem, todavia, retirar-lhe totalmente o poder de decisão, pelo que, qualquer que seja a estipulação estatutária, a deliberação sobre a aplicação de resultados deverá ser sempre fundamentada. Mas não pode a deliberação, com base nesse mesmo interesse, dar destino diverso do estipulado validamente no pacto social.

De tudo o que foi exposto e à guisa de conclusão podemos dizer o seguinte:

1. O lucro é o factor primordial – não se nega – para quem decide realizar actos empresariais, mesmo porque o sócio investe o seu capital, o seu trabalho e a sua tecnologia, correndo todos os riscos naturais decorrentes dessa actividade.

2. Já não se pode conceber mais a ideia de que os sócios apenas vejam a sociedade como uma mera empresa geradora de lucros para serem distribuídos periodicamente entre si, ignorando que, hoje talvez mais do que ontem, a sociedade tem uma função social e de produtividade e, como tal, tem obrigatoriamente de cuidar do seu aprimoramento constante, podendo, por conseguinte, deliberar no sentido da não distribuição do lucro de exercício legalmente distribuível.

3. Daí a assembleia poder deliberar, por maioria qualificada de três quartos do capital social, o destino a dar aos lucros apurados, designadamente afectando a reservas a totalidade ou parte dos

---

[221] Ver L. P. MOITINHO DE ALMEIDA, *Anulação e Suspensão de Deliberações Sociais*, 2.ª Edição Revista, Coimbra Editora, Limitada, 1990, p. 48 e ss..

mesmos e, por simples maioria, a não distribuição de metade do lucro de exercício legalmente distribuível.

4. O sócio que se sentir lesado com tal deliberação tem legitimidade activa para pedir a anulação da mesma, não apenas na parte em que não lhe distribuiu os lucros que lhe cabiam, mas de toda a deliberação e ainda a condenação da sociedade a pagar-lhe a parte que lhe corresponde nos lucros distribuíveis do exercício.

TÍTULO II
A Tutela dos Sócios Titulares de Direitos Especiais

CAPÍTULO I
Direitos Especiais: Regime Jurídico Relevante Aplicável

Parece haver, na generalidade, um entendimento comum sobre a necessidade de os sócios consagrarem no contrato, no pacto social ou nos estatutos da sociedade comercial, direitos que não podem ser suprimidos nem coarctados sem que aquele a quem são atribuídos nisso consinta, sob pena de a respectiva deliberação ser ineficaz: são os chamados direitos especiais dos sócios[222].

Aos direitos especiais é consagrado o artigo 26.º, que lhes dedica seis números. Este preceito aparece na óptica de que os direitos gerais dos sócios só poderão ser prejudicados pelo direito especial de algum sócio, desde que tal se encontre estipulado no contrato de sociedade, ou seja, tendencialmente, desde que tal faça parte da própria decisão de formar a sociedade[223].

Os seus seis números, no entanto, desempenham diferentes tipos de funções. Enquanto os n.os 1 e 2 têm disposições de carácter geral, os restantes contemplam particularidades de um ou outro tipo de sociedade – e,

---

[222] Sobre o conceito de direitos especiais dos sócios, ver, entre outros, PAULO OLAVO CUNHA, *Os Direitos Especiais nas Sociedades Anónimas: As Acções Privilegiadas*, ob. cit., p. 20 e ss. e NOGUEIRA SERENS, «Notas sobre a sociedade anónima», in RDE, Coimbra, Ano XV (1-454), 1989, p. 214.

No entanto, estamos com DIOGO COSTA GONÇALVES, ob. cit., p. 317 e nota 8 e autores aí citados, ao referir ser mais importante que o conceito de direitos especiais o regime especial que lhes está associado e a *ratio* que justifica esse regime.

[223] No mesmo sentido, JOSÉ ALLEN FONTES, *Direitos Especiais Dos Sócios Nas Sociedades Comerciais*, Tese de Mestrado, FDL, 1989, p. 3.

114   *A Tutela dos Direitos dos Sócios em Sede de Fusão, Cisão e Transformação*

por isso, poderiam muito bem não se situar nesta parte, transladando-se para cada um dos títulos respectivos do Código, como também é sugestão, aliás, de JOSÉ ALLEN FONTES[224].

O n.º 5 fornece o aspecto principal do regime dos direitos especiais, que o n.º 1 determinou apenas poderem ser criados por estipulação no contrato de sociedade: só podendo ser coarctados ou suprimidos desde que haja consentimento do respectivo titular.

Ressalva-se a possibilidade de a lei dispor, nalgum caso, em sentido inverso – e, claro está, aquilo que nos parece o desvirtuamento dos direitos especiais, que é a permissão da supressão ou da limitação de tais direitos por maioria, embora não se duvide que tal deva ser deixado à liberdade de estipulação dos "contratantes".

Os n.os 2, 3 e 4 debruçam-se sobre a transmissibilidade dos direitos especiais. Tanto o n.º 2 como o n.º 3 contêm normas supletivas, traduzindo a visão do legislador sobre o que é normal ou desejável que seja a vontade das partes.

Nas SNC, dado o seu carácter fortemente pessoal, os direitos especiais atribuídos a sócios são intransmissíveis, salvo estipulação em contrário (n.º 2)[225]; a cada sócio pertence um voto, mas o contrato pode estabelecer outro critério com o único limite de não poder suprimir o direito de voto (artigo 192.º, 1). Exemplo: direito especial à gerência (artigo 197.º, 1).

Nas SQ, a sua "especialidade" assenta no facto de só poderem ser conferidos direitos especiais a *alguns sócios*[226], razão pela qual não podem ser atribuídos a todos os sócios: os direitos especiais de natureza patrimonial são, regra geral, transmissíveis com a respectiva quota, sendo intrans-

---

[224] Ver JOSÉ ALLEN FONTES, ob. cit., p. 33.

[225] No mesmo sentido ANTÓNIO MENEZES CORDEIRO, *Manual de Direito das* Sociedad*es* I, ob. cit., p. 505.

[226] A favor desta posição, ver, entre outros, PAULO OLAVO CUNHA, *Direito das Sociedades Comerciais*, ob. cit., p. 222, PAULO OLAVO CUNHA, *Os Direitos Especiais nas Sociedades Anónimas: As Acções Privilegiadas*, ob. cit., p. 21 e nota 20, PINTO FURTADO, *Código Comercial Anotado,* vol. I, Coimbra, 1975, p. 516 e ss., em especial p. 508 e RAÚL VENTURA, «Direitos especiais dos sócios», in Separata *O Direito,* ano 121.º, 1989, I (207--222), p. 215. Contra esta solução, ver ANTÓNIO MENEZES CORDEIRO, *Manual de Direito das Sociedades* I, ob. cit., p. 501, como se disse. Na jurisprudência, ver Ac. do STJ, de 18-04-2008, já citado supra, e de 12-01-73, disponível em http://www.dgsi.pt, acesso aos 25-04-2008, que se pronunciam, a nosso ver, no sentido da especialidade.

missíveis os restantes direitos, salvo cláusula em contrário (artigo 26.º, n.º 3). Como exemplos de direitos especiais nas SQ, podemos apontar, entre outros, o direito de voto duplo (artigo 278.º, 2) e o direito de nomeação à gerência (artigo 290.º, 3).

Sobre as SC não há preceito especial neste artigo, o que significa que serão de aplicar as regras sobre sociedades anónimas aos sócios comanditários accionistas, por força do disposto no artigo 214.º e as regras sobre sociedades por quotas aos comanditários de sociedades em comandita simples, de acordo com o artigo 211.º, e as regras sobre sociedades em nome colectivo aos sócios comanditados, segundo o artigo 210.º[227].

No extremo oposto estão as SA, em que, por causa da sua especial natureza, os direitos especiais são atribuídos a categorias de acções e transmitem-se, injuntivamente, com as acções a que dizem respeito. Em sede de SA, os direitos especiais não se referem directamente a um ou outro sócio; aferem-se, sim, pela titularidade de determinadas acções [cfr. artigo 302.º, alínea *d*)]. Como exemplos de direitos especiais nas SA, podemos aludir, entre, outros aos seguintes:

– o direito a uma parte acrescida dos lucros periódicos ou a uma parte favorecida na partilha do saldo de liquidação (artigo 333.º);
– as acções privilegiadas sem voto (artigo 364.º);
– as acções privilegiadas remíveis.

---

[227] A acreditar-se que as sociedades em comandita são um tipo em via de extinção, julgamos, sem querer ser futuristas, que, em Angola, as mesmas nem sequer chegarão a desabrochar.

CAPÍTULO II
Direitos Especiais: Âmbito

A questão que aqui se coloca é, por um lado, a de saber se os direitos especiais podem ser atribuídos a todos os sócios ou apenas a certo sócio ou a sócios titulares de acções privilegiadas, e, por outro, se tais direitos apenas revestem conteúdo patrimonial.

Como as acções a que correspondem iguais direitos formam uma categoria, o n.º 6 do citado artigo 26.º vem determinar por que forma há-de ser dado o consentimento necessário para a supressão ou limitação dos direitos especiais que lhes são inerentes[228].

Por conseguinte, nas SA, como nos lembram vários autores, os direitos especiais[229], ao contrário de outras sociedades, só podem ser atribuídos a categorias de acções[230] (não aos seus titulares) e transmitem-se com estas, denominando-se acções privilegiadas ou preferenciais, distinguindo-se dessa forma das acções ordinárias[231].

---

[228] Ver JOSÉ ALLEN FONTES, ob. cit., p. 34. No mesmo sentido ANTÓNIO MENEZES CORDEIRO, *Manual de Direito das Sociedades* I, ob. cit., p. 505.

[229] Sobre a origem e conceito de direitos especiais, referindo-se especificamente às sociedades anónima, em que os direitos especiais são atribuídos a acções, ver ARMANDO MANUEL TRIUNFANTE, *A Tutela das Minorias nas Sociedades Anónimas: Direitos Individuais*, ob. cit., p. 397 e ss. e nota 637 e autores aí citados e 399 e ss..

[230] Ver ANTÓNIO MENEZES CORDEIRO, *Manual de Direito das Sociedades* I, ob. cit., p. 645. PAULO OLAVO CUNHA, *Direito das Sociedades Comerciais*, ob. cit., p. 222, refere expressamente que os direitos especiais *"só podem ser atribuídos a categorias de acções (cfr. artigos 24.º, n.os 1 e 4 e 302.º), designadamente a acções privilegiadas; e nunca a accionistas"*.

[231] Para maiores desenvolvimentos, ver ARMANDO MANUEL TRIUNFANTE, *A Tutela das Minorias nas Sociedades Anónimas: Direitos Individuais*, ob. cit., p. 397 e notas 637 e 368 e autores aí citados, PAULO OLAVO CUNHA, *Direito das Sociedades Comerciais*, ob. cit., p. 222 e PAULO OLAVO CUNHA, *Os Direitos Especiais nas Sociedades Anónimas: As Acções Privilegiadas*, ob. cit., p. 40 e nota 20. Já JOSÉ DE OLIVEIRA ASCENSÃO, citado pelo

118   *A Tutela dos Direitos dos Sócios em Sede de Fusão, Cisão e Transformação*

Por outro lado, há que ter em conta ainda que, em sede de SA, tal como o CSC, a LSC proíbe expressamente determinados privilégios não patrimoniais, como seja o direito de designação de administrador (artigo 411.º, n.º 2) e o direito de voto plural (artigo 404.º, n.º 5), privilégios permitidos no caso das sociedades por quotas (direito especial de nomeação à gerência e direito de voto duplo).

Parece-nos, pois, que a lei estabelece o princípio da inderrogabilidade dos direitos especiais, ainda que a título supletivo (artigo 26.º, n.º 5). Ora, ao fazê-lo, pretendeu o legislador tutelar as legítimas expectativas das partes que celebram o negócio constitutivo da sociedade, dando um conteúdo útil ao privilégio atribuído a um ou alguns sócios[232-233].

Constituem exemplos de direitos especiais nas SA, entre outros, os seguintes: em primeiro lugar, direitos especiais sobre os lucros, os quais serão permitidos, como resulta do carácter supletivo do n.º 1 do artigo 24.º, mas com um limite: não podem os lucros reverter inteiramente para um ou mais sócios, ficando algum ou alguns outros, à partida, excluídos de ter parte neles.

O n.º 3 do artigo 24.º também impede que alguém fique isento de participar nas perdas da sociedade.

Estão, igualmente, consagrados alguns direitos especiais não patrimoniais, tais como o direito previsto no artigo 411.º, n.º 2, segundo o qual pode ser estipulado no contrato de sociedade que a aprovação da eleição de alguns administradores deve ser também feita pela maioria dos votos atribuídos a certas acções, e o direito de preferência no caso de acções nominativas que sejam alienadas, previsto no artigo 350.º, n.º 2, alínea *b*).

No entanto, tanto o contrato como a lei podem dispor diferente solução, contribuindo para lhe retirar uma certa efectividade. E tal acontece nas SA – embora por razões que visam viabilizar o seu funcionamento, considerando-se que os direitos são atribuídos às múltiplas fracções do

---

autor, perfilha entendimento contrário ou seja também nas sociedades anónimas atribuírem direitos especiais ou faculdades de índole pessoal. Estamos com o autor.

[232] Ver Paulo Olavo Cunha, *Os Direitos Especiais nas Sociedades Anónimas: As Acções Privilegiadas*, ob. cit., p. 40 e ss..

[233] Veja-se o exemplo supra apresentado por Paulo Olavo Cunha, *Direito das Sociedades Comerciais*, ob. cit., p. 218, relativo ao direito especial aos lucros de exercício que permite aclarar a diferença existente entre direitos gerais e direitos especiais, pois estes apenas podem ser atribuídos a alguns sócios no seu interesse próprio e exclusivo.

A Tutela dos Direitos dos Sócios 119

capital social (as acções) –, em que o consentimento «*é dado por delibe-ração tomada em assembleia especial dos accionistas titulares de acções da respectiva categoria*» (artigo 26.º, n.º 6), por uma maioria qualificada de dois terços de votos (cfr. artigo 409.º, em especial n.º 2; e artigos 403.º, n.º 2 e 406.º, n.º 3).

Mas outros preceitos há que merecem referência, apesar de o seu estudo aprofundado e exaustivo não caber na dimensão deste trabalho e o seu âmbito exorbitar o tema que nos propomos abordar, que é apenas o do regime geral dos direitos especiais dos sócios.

No entanto, nem a doutrina nem a jurisprudência que se têm pronun-ciado sobre os direitos especiais dos sócios têm entendimento unânime: para uns autores, são direitos especiais os que são atribuídos apenas a um ou a alguns sócios ou categorias de sócios conferindo-lhes uma vantagem relativamente aos demais. É o caso, por exemplo de RAÚL VENTURA[234], BRITO CORREIA[235], PEREIRA DE ALMEIDA[236], PAULO OLAVO CUNHA[237], JOÃO LABAREDA[238], ARMANDO MANUEL TRIUNFANTE[239] e de alguma juris-prudência que se pronunciou nesse sentido: entre outros, vejam-se os Acórdãos do STJ de 17-04-2008 e de 12-01-1973 (já referidos supra), de 09-06-92[240] e do TRP, de 25-10-2007[241-242].

Como lembra RAÚL VENTURA, os direitos especiais, enquanto "*direi-tos (...) atribuídos pelo contrato de sociedade a um ou mais sócios, con-*

---

[234] Ver RAÚL VENTURA, *Alterações do Contrato de Sociedade*, ob. cit., p. 80, RAÚL VENTURA, «Direitos Especiais dos Sócios. Parecer», ob. cit., p. 212-213.

[235] Ver BRITO CORREIA, *Direito Comercial, Sociedades Comerciais*, II, ob. cit., p. 306.

[236] Ver PEREIRA DE ALMEIDA, *Sociedades Comerciais*, ob. cit., p. 105.

[237] Ver PAULO OLAVO CUNHA, *Os Direitos Especiais nas Sociedades Anónimas: Acções Privilegiadas*, ob. cit., p. 20 e ss..

[238] Ver JOÃO LABAREDA, *Das Sociedades Anónimas*, ob. cit., p. 223.

[239] Ver ARMANDO MANUEL TRIUNFANTE, *A Tutela das Minorias nas Sociedades Anónimas: Direitos Individuais*, ob. cit., p. 398.

[240] Ver Ac. do STJ, de 09-06-92, disponível em http://www.dgsi.pt, acesso aos 20/03/2008.

[241] Ver Ac. TRP, de 25-10-2007, disponível em http://www.dgsi.pt, acesso aos 04/04/2008.

[242] Ver, a título exemplificativo, o Ac. STJ, de 17-04-08, disponível em http://www.dgsi.pt, acesso aos 25-04-08.

120 *A Tutela dos Direitos dos Sócios em Sede de Fusão, Cisão e Transformação*

ferindo-lhe uma vantagem relativamente aos demais"[243-244], em virtude do regime que lhes está associado, configuram verdadeiros redutos de interesses próprios que, se não contrariam, pelo menos condicionam o próprio interesse social.

Comparando as várias definições de direitos especiais apresentadas por vários autores e face ao CSC, RAÚL VENTURA[245] parece chegar à conclusão de que no conceito de direitos especiais não deve ser incluída a inderrogabilidade.

Com efeito, segundo o autor[246], embora a lei refira que quando não haja o consentimento do seu titular, os direitos especiais não podem ser suprimidos ou coarctados, permite a derrogação dos direitos especiais quando isso resulte da lei ou quando tal seja expressamente estipulado no contrato de sociedade.

> *"Não há direitos especiais pertencentes a todos os sócios, mas apenas a algum sócio; de contrário, a inderrogabilidade seria a característica única do «direito especial» e a «especialidade» desaparecia"*, observa ainda o autor[247].

---

[243] Ver RAÚL VENTURA, « Direitos Especiais dos Sócios. Parecer», ob. cit., pp. 212--213 e autores aí citados; PAULO OLAVO CUNHA, *Direito das Sociedades Comerciais*, ob. cit., p. 25, elucida-nos sobre a diferença existente entre *direitos especiais* e *vantagens especiais*. Para o autor, as vantagens constituem *«privilégios atribuídos aos sócios como recompensa pelo papel desempenhado na constituição da sociedade»* (cf. artigos 16.°, n.° 1, e 19.°, n.° 4). Já os *direitos especiais* segundo o autor *«...podem ser atribuídos ab initio, pressupõem necessariamente a qualidade de sócio, sem o que não podem subsistir...»*. No mesmo sentido ALBINO MATOS, ob. cit., p. 103 e ss.. Ver, igualmente, PINTO FURTADO, *Curso de Direito das Sociedades*, ob. cit., p. 254; PINTO FURTADO, *Deliberações dos Sócios – Comentário ao Código das Sociedades Comerciais*, ob. cit., p. 263 e ss.. Ver, a título exemplificativo, o entendimento no mesmo sentido, vertido no Ac. STJ, de 17-04-08, disponível em http://www.dgsi.pt, acesso aos 25-04-08.

[244] Quanto à distinção entre direitos especiais e vantagens especiais, ver, entre outros, ARMANDO MANUEL TRIUNFANTE, *A Tutela das Minorias nas Sociedades Anónimas, Direitos individuais,* ob. cit., p. 398.

[245] Ver RAÚL VENTURA, « Direitos Especiais dos Sócios. Parecer», ob. cit., p. 212 e ss. e autores aí citados.

[246] O n.° 5 do artigo 29.° do CSC dispõe: *«os direitos especiais não podem ser suprimidos ou coarctados sem o consentimento do respectivo titular, salvo regra legal ou estipulação expressa em contrário.»*. Estamos, neste sentido, com RAÚL VENTURA, « Direitos Especiais dos Sócios. Parecer», ob. cit., p. 213.

[247] Ver RAÚL VENTURA, « Direitos Especiais dos Sócios. Parecer», ob. cit., p. 213 e ALBINO MATOS, ob. cit., 2001, p. 106 e ss..

A Tutela dos Direitos dos Sócios   121

E mais adiante, desenvolvendo esta visão parece concluir no sentido de ser possível a estipulação, num contrato de sociedade, de direitos especiais de *«conteúdo idêntico, a favor de mais de um sócio; isso é possível, mas (desde que) não extensível a um direito igualmente pertencente a todos os sócios*[248]", remata.

Para ARMANDO MANUEL TRIUNFANTE[249], os direitos especiais não podem visar direitos não patrimoniais (ou seja direitos políticos ou administrativos, salvo o direito de voto) mas tão-somente direitos patrimoniais ou económicos.

E para sustentar esta sua tese, socorre-se do artigo 531.º, n.º 1 CSC. Com efeito, para o autor, a norma do mencionado preceito não permite a admissão genérica de direitos especiais administrativos ou não patrimoniais, por ser nítido que o seu regime mostra não ser desejável, pelo legislador, a manutenção *ad aeternum*, destas figuras[250].

Por essa razão, não constituem direitos especiais as estipulações que constem de acordos parassociais[251], previstos no artigo 19.º da lei angolana (artigo 17.º do CSC). Esta posição afasta também opiniões, como de alguns autores alemães[252], que admitem, por exemplo, a criação do direito especial na deliberação de nomeação do gerente de sociedade de quotas.

---

[248] Ver RAÚL VENTURA, «Direitos Especiais dos Sócios. Parecer», ob. cit., p. 214.

[249] Ver ARMANDO MANUEL TRIUNFANTE, *A Tutela das Minorias nas Sociedades Anónimas: Direitos Individuais*, ob. cit., p. 398 e ss..

[250] Neste sentido ARMANDO MANUEL TRIUNFANTE, *A Tutela das Minorias nas Sociedades Anónimas: Direitos Individuais*, ob. cit., p. 402, nota 646 e autor aí citado e p. 407.

[251] Sobre a validade e eficácia dos acordos parassociais de voto, JOÃO CALVÃO DA SILVA, *Estudos Jurídicos* (Pareceres), Livraria Almedina, 2001, p. 42, expende: *"Tais acordos de eficácia relativa, inter-partes, não podendo, por isso, com base neles, impugnar-se actos da sociedade ou dos sócios para com a sociedade..."*. Ainda sobre deliberações parassociais, ver PINTO FURTADO, *Deliberações dos Sócios, Comentário ao Código das Sociais Comerciais,* ob. cit., pp. 18 e ss. e 36, PINTO FURTADO, *Curso de Direito das Sociedades,* ob. cit., p. 396. No direito italiano, ver, a título exemplificativo, FRANCESCO GALGANO, *La Società per Azioni,* CEDAM, Padova, 1984, p. 94 e ss..

[252] Os autores alemães entendem – julgamos que com razão – não ser necessária a estipulação expressa do direito especial, bastando que a existência deste resulte da interpretação do contrato. Neste sentido, ver RAÚL VENTURA, «Direitos Especiais dos sócios. Parecer", in Revista *O Direito,* ano 121.º, I (Janeiro-Março), (207-222), 1989, p. 218.

Na mesma linha, lembra Paulo Olavo Cunha[253] que os direitos especiais são aqueles que são atribuídos pelo contrato de sociedade a um ou mais sócios-accionistas (cfr. artigo 24.º, n.º 1), conferindo-lhes vantagens relativamente aos demais. Apenas pelo contrato podem, pois, ser criados direitos especiais, os quais não podem ser suprimidos sem o consentimento do respectivo titular, refere o n.º 5 do artigo 24.º. Daí que as pessoas podem mudar mas os direitos acompanham sempre as acções.

Uma deliberação que vise coarctar um direito especial de um sócio será ineficaz, *"enquanto o interessado não der o seu acordo expresso ou tácito"*, dispõe o artigo 60.º. Pense-se, a título exemplificativo, no direito especial à gerência, previsto no artigo 290.º, n.º 3; no direito a quinhoar nos lucros segundo uma proporção superior à que resultaria do percentual da participação detida (artigo 24.º, n.º 1).

Já a deliberação de supressão do direito legal de preferência na subscrição de aumentos de capital em dinheiro não só não é ineficaz, como é lícita, se existir interesse social que assim o justifique (artigos 296.º, n.º 4 e 458.º).

Igualmente, a deliberação de supressão da cláusula que atribui o direito de preferência na transmissão de acções nominativas não é ineficaz em relação aos titulares porquanto, nos termos do n.º 3 do artigo 350.º, pode ser atenuado ou extinto o direito mediante a alteração do contrato social efectuada nos termos gerais, isto é, por uma maioria qualificada de dois terços dos votos emitidos (artigo 406.º, n.º 3).

Parece-nos não haver qualquer impedimento de estas regras serem aplicadas, por analogia às sociedades por quotas: o direito de preferência atribuído aos sócios na transmissão de quotas pode, deste modo, ser suprimido ou limitado por uma maioria de votos correspondentes a 3/4 do capital social ou por um número mais elevado de votos, se exigido pelo contrato de sociedade (artigo 295.º, n.º 1). Isto, no entanto, apenas poderá ocorrer se o direito de preferência pertencer a todos os sócios; caso contrário, se tiver sido atribuído apenas a um ou a algum dos sócios, estar-se-á perante um direito especial, o qual apenas pode ser suprimido ou limitado mediante o acordo do seu titular[254].

---

[253] Ver Paulo Olavo Cunha, *Direito das Sociedades Comerciais*, ob. cit., p. 215. No mesmo sentido, Armando Manuel Triunfante, *A Tutela das Minorias nas Sociedades Anónimas: Direitos Individuais,* ob. cit., p. 397.

[254] Neste sentido, ver Taveira da Fonseca, «Deliberações sociais: Suspensão e Anulação», in Separata da Revista *TEXTOS* do Centro de Estudos Judiciários, Conselho

A constituição de direitos especiais tem de ser prevista no contrato social, seja de forma original, seja de forma derivada, isto é, por alteração sucessiva. É desta maneira que são criadas as acções privilegiadas ou preferenciais[255].

No sentido de uma ampla definição de direitos especiais, apontam-se entre outros, VAZ SERRA[256], PINTO FURTADO[257] e MENEZES CORDEIRO[258] e também alguma jurisprudência[259].

Neste mesmo sentido, embora numa caracterização menos ampla, se expressa PINTO FURTADO[260], ao definir direitos especiais como sendo aqueles direitos da sociedade da mais diversa natureza, os quais não podem ser suprimidos ou sequer limitados sem o consentimento do titular (salvo estipulação convencional ou estatuição legal em contrário), atribuídos no contrato de sociedade a algum sócio ou categoria de sócios.

Já MENEZES CORDEIRO aceita expressamente o seu sentido amplo. Entende o autor que se o primeiro objectivo da sociedade é *«servir os interesses das pessoas que nela se tenham organizado ou que a ela tenham aderido, o que é dizer: os interesses dos diversos sócios»*[261], então os direitos especiais serão os direitos de *« "qualquer sócio" inseridos no contrato de sociedade e que – salvo disposição legal ou estipulação contratual expressa em contrário – não podem ser suprimidos ou coarctados sem o consentimento do respectivo titular»*[262].

Distrital do Porto da Ordem dos Advogados, 1994-1995, sem indicação da página, em virtude de, inadvertidamente, não a termos feito constar na obra fotocopiada e em nosso poder.

[255] Ver PAULO OLAVO CUNHA, *Os Direitos Especiais nas Sociedades Anónimas: As Acções Privilegiadas*, ob. cit., p. 27 e ss.; sobre o conceito de acções privilegiadas, ver também JOSÉ DE OLIVEIRA ASCENSÃO, *Direito Comercial, Vol. IV, Sociedades Comerciais (Parte Geral)*, Lisboa, 2000, p. 513.

[256] Ver VAZ SERRA, citado por PAIS DE VASCONCELOS, ob. cit., p. 230 e nota 260.

[257] Ver PINTO FURTADO, *Curso de Direito das Sociedades*, ob. cit., pp. 234-236.

[258] Ver MENEZES CORDEIRO, *Manual de Direito das Sociedades*, I, ob. cit., p. 505 e ss..

[259] Ver, a título de exemplo, o Ac. STJ, de 20-12-1974, citado por PAIS DE VASCONCELOS, ob. cit., p. 230.

[260] Ver PINTO FURTADO, *Deliberações dos Sócios – Comentário ao Código das Sociedades Comerciais*, ob. cit., p. 40.

[261] Ver ANTÓNIO MENEZES CORDEIRO, *Manual de Direito das Sociedades* I, ob. cit., p. 497.

[262] Ver ANTÓNIO MENEZES CORDEIRO, *Manual de Direito das Sociedades* I, ob. cit., p. 501 e ss..

124   A Tutela dos Direitos dos Sócios em Sede de Fusão, Cisão e Transformação

PAIS DE VASCONCELOS pretendeu encontrar uma terceira via que nós, entretanto, julgamos não deixar de estar integrada na solução ampla. Opina o autor ser o mais importante, não tanto a atribuição formal de tais direitos a todos ou apenas a alguns dos sócios, *«mas sim que, no seu exercício, no momento aplicativo, se destinem a ser exercidos apenas por um ou por um número reduzido restrito de sócios, contra os demais»*[263].

Apesar das duas posições contrapostas acima referidas, é pacífico que o direito especial pode ser criado no contrato inicial ou ser introduzido no contrato através de posterior alteração. Neste segundo caso, contudo, a deliberação de alteração deve ser tomada por unanimidade dos sócios, uma vez que, contrariando um direito especial, o princípio da igualdade de tratamento dos sócios, o princípio da unanimidade só pode ser afastado por vontade de todos eles[264]. Voltaremos a esta questão, mais adiante, quando discorrermos sobre os direitos especiais em sede das vicissitudes das sociedades.

A primeira questão que se nos coloca é a de saber se os direitos especiais se aplicam a todos os sócios ou apenas a algum ou alguns e como se garante tal direito ou o interesse por ele assegurado quando a própria sociedade comercial opera modificação profunda da sua estrutura empresarial.

A doutrina e a jurisprudência não encontraram ainda consenso, como se disse.

Face às várias posições adoptadas, estamos de acordo no seguinte: o direito especial é o direito que a um sócio pertence nesta qualidade e, nessa base, apenas pode ser criado pelo contrato de sociedade. Ou seja, preferimos, assim, abraçar a posição, se não contrária, em absoluto, pelo menos mitigada de ARMANDO MANUEL TRIUNFANTE.

Estamos, por isso, igualmente de acordo nesta parte, com RAÚL VENTURA[265], quando refere que os direitos especiais não podem pertencer a todos os sócios, mas apenas a alguns. Por outro lado, sendo os direitos especiais direitos corporativos ou direitos de sociabilidade, os direitos de terceiro ou os direitos de sócio como terceiro (é o caso dos direitos de sócio como credor da sociedade) não constituem nenhum direito especial.

---

[263] Ver PAIS DE VASCONCELOS, ob. cit., p. 233.
[264] Ver RAÚL VENTURA, «Direitos Especiais dos Sócios. Parecer», ob. cit., p. 215.
[265] Ver RAÚL VENTURA, "Parecer", ob. cit., p. 214.

Perfilhamos, igualmente, a ideia de que o direito atribuído a um sócio é especial pelo facto de ser diferente dos direitos gerais atribuídos a todos os demais sócios e, nessa qualidade, beneficiar apenas o seu titular. Na verdade, os direitos especiais apenas podem ser atribuídos a um só sócio ou a alguns sócios, mas no seu interesse próprio e exclusivo.

Quanto às SA, a autonomia da vontade contratual, na sua máxima amplitude, permite fundamentar a admissibilidade da criação de direitos especiais, patrimoniais e de natureza não patrimonial, os quais podem ser atribuídos a todo um grupo de accionistas ou a um só accionista, desde que seja titular de todas as acções de uma mesma categoria.

PARTE III
Efeitos da Fusão, Cisão e Transformação em Relação aos Sócios

INTRODUÇÃO

Igualmente debatida é a questão de saber quais os efeitos da fusão, cisão e transformação não só na esfera das sociedades participantes como também na esfera de terceiros interessados, nomeadamente as sociedades beneficiárias, os sócios, os credores e os próprios trabalhadores[266].

Referindo-se aos efeitos da fusão, na esteira do artigo 112.º CSC, o artigo 114.º, 2 indica idênticos efeitos, a saber: (*i*) *extinção* das sociedades incorporadas ou, no caso de constituição de nova sociedade, de todas as sociedades fundidas [alínea *a*)]; (*ii*) *transferência* dos seus direitos e obrigações para a sociedade incorporante ou para a nova sociedade [alínea *a*)]; (*iii*) *aquisição* por parte dos sócios das sociedades extintas da posição de sócio da sociedade incorporante ou da nova sociedade [alínea *b*)][267].

São três os efeitos da cisão enunciados no artigo 17.º, n.º 1 da Sexta Directiva: *a*) a «**transmissão** do conjunto do património activo e passivo da sociedade cindida para as sociedades beneficiárias», por partes, nos termos da repartição prevista no projecto de cisão ou no artigo 3.º, 3; *b*) **a aquisição** pelos sócios da sociedade cindida da qualidade de sócios «*de uma ou das sociedades beneficiárias nos termos da repartição prevista no projecto*»; *c*) a **extinção d**a sociedade cindida[268].

São semelhantes aos da fusão e cisão os efeitos da transformação.

---

[266] Ver MANUELA DURO TEIXEIRA, ob. cit., p. 637, RAÚL VENTURA, *Fusão, Cisão, Transformação de Sociedades*, ob. cit., p. 222 e JOANA VASCONCELOS, ob. cit., p. 19 e ss. e 234 e ss..

[267] Neste sentido, parece haver unanimidade na doutrina e na jurisprudência lusas. Na doutrina, entre outros, ver RAÚL VENTURA, *Fusão, Cisão, Transformação...*, ob. cit., p. 222, JOSÉ DRAGO, ob. cit., p. 17; na jurisprudência ver, entre outros, o Ac. TRL, de 02-10-2007, disponível em http://www.dgsi.pt, acesso aos 28/02/2008.

[268] Neste mesmo sentido, ver RAÚL VENTURA, *Fusão, Cisão, Transformação de Sociedades*, ob. cit., p. 362 e ss..

Outro efeito da fusão, cisão e transformação de sociedades, que tem a ver com os sócios, é o direito de exoneração. Com efeito, se, por um lado, os sócios permanecem na sociedade uma vez operada a fusão, cisão ou a transformação da sociedade, por outro, os sócios que não estiverem de acordo com tal operação têm o direito de sair da sociedade.

A fusão, a cisão e a transformação da sociedade constituem ou não um meio normal de tutela dos sócios? A questão é pertinente porquanto, com tais modificações do ente societário, visa-se a sua *reorganização,* em termos de o interesse da sociedade se sobrepor ao interesse individual do sócio (ou grupo de sócios) que vote contra o projecto de tal operação[269].

Vamos agora analisar e tentar dar resposta a três questões: (*i*) a primeira é a de saber se, face à fusão, cisão e transformação, o sócio mantém a sua qualidade de sócio com todos os seus direitos e obrigações, na nova sociedade a cujo regime jurídico passará a estar submetido; (*ii*) a segunda consiste em apurar se, face à fusão, cisão e transformação, o sócio tem a possibilidade de sair da sociedade caso não esteja de acordo com tal operação; (*iii*) a terceira, finalmente, traduz-se em saber qual a eficácia da solução legal relevante aplicável.

---

[269] Neste sentido JOANA VASCONCELOS, ob. cit., p. 179.

TÍTULO I

Os Efeitos da Fusão e Cisão
em Relação aos Sócios

O que se verifica quanto às sociedades fundidas (ou incorporadas) é a sua *extinção*, extinção esta que se dá com a inscrição da fusão no registo comercial[270], a *transferência* dos seus direitos e obrigações para a sociedade incorporante ou para a nova sociedade e a *aquisição* por parte dos sócios das sociedades extintas da posição de sócio da sociedade incorporante ou da nova sociedade.

E o que acontece com os sócios da sociedade fundida?

Como se referiu *supra*, a lei dispõe na alínea *b*) do n.º 2 do artigo 114.º que, com o registo definitivo da inscrição da fusão no Registo Comercial, os sócios da sociedade *fundida* «tornam-se» sócios da sociedade *incorporante* ou da nova sociedade, ou seja: adquirem a sua posição de sócio, com todos os direitos e obrigações a ela inerentes em igualdade de circunstâncias com os sócios da sociedade beneficiária, incluindo os direitos especiais, se tal constar do contrato. Os sócios descontentes têm o direito de sair da sociedade.

É sobre o direito de manutenção do sócio da sociedade fundida na sociedade *incorporante* ou na nova sociedade que iremos discorrer de seguida, deixando de fora, apesar do interesse e importância que reveste, os efeitos da fusão, designadamente em certos vínculos contratuais (em sede laboral e arrendatícia) e na responsabilidade penal ou contravencional preexistente da sociedade fundida.

---

[270] Neste sentido se expressa o Ac. TRL, de 2-10-2007, disponível em http://www. dgsi.pt, acesso aos 28/02/2008.

CAPÍTULO I
Manutenção da Qualidade de Sócio

Para uma melhor compreensão do fundamento do direito da manutenção da qualidade do sócio na sociedade beneficiária, parece ser imperioso uma reflexão – ainda que breve – acerca da natureza da *extinção* da sociedade fundida e da *transmissão* do seu património para a sociedade final.

Há duas teses contrapostas quanto ao entendimento acerca desta questão.

A primeira tese vê na fusão um fenómeno de *sucessão universal*, que desencadeia a «extinção» das sociedades incorporadas ou de todas as participantes, quando se trate de fusão por constituição de nova sociedade, e a consequente sucessão da sociedade final em todo o acervo patrimonial àquelas pertencente[271]. É, por exemplo, a posição de RAÚL VENTURA[272], que perfilha a tese da transmissibilidade – como património universal – dos patrimónios das sociedades incorporadas para as sociedades incorporantes ou para as novas sociedades.

Uma outra tese, mais recente, veio negar a «extinção» das sociedades participantes na fusão, afirmando a continuidade das mesmas, embora unificadas. A fusão será, no entender deste sector da doutrina, compaginável com a persistência das sociedades anteriores, ocorrendo uma *«integração recíproca dos contratos preexistentes»*[273-274].

---

[271] É este o pensamento de FERRI, G., citado por NUNO BARBOSA, *Competência das Assembleias de Accionistas*, Almedina, 2002, p. 162 (407).

[272] RAÚL VENTURA, *Cisão de Sociedades*, ob. cit., p. 236 e ss.. No mesmo sentido HENRIQUE MESQUITA, in *RLJ*, ano 131, p. 153 e PESSOA JORGE, «Transmissão do arrendamento comercial por efeito da incorporação da sociedade arrendatária», in *O Direito,* ano 122.º (1990), p. 463 e ss. e JOSÉ DRAGO, ob. cit., p. 30.

[273] É este o pensamento de F. GALGANO, ibid., cit. p. 526, citado por NUNO BARBOSA, ob. cit., p. 162 (407). Esta última posição transalpina teve acolhimento, segundo o mesmo

134 *A Tutela dos Direitos dos Sócios em Sede de Fusão, Cisão e Transformação*

Para os defensores desta corrente, as sociedades não se extinguem, mas apenas se *dissolvem* ou *transformam*, em princípio, negando, assim, a existência da transmissão, e muito menos, a *título de sucessão universal*. É o caso, por exemplo, de MENEZES CORDEIRO[275].

Reconhecemos o valor das teses que defendem que, com a fusão, as sociedades incorporadas formalmente se *extinguem,* mantendo, embora, a sua personalidade, ainda que transformada. No entanto, inclinamo-nos perante aquela outra que defende que a extinção das sociedades incorporadas implica a extinção da sua personalidade, em virtude da fusão, com a transmissão, a título universal, dos seus patrimónios para a sociedade resultante. E parece ser à luz desta doutrina que há a preocupação de garantir o direito do sócio a manter-se na nova sociedade. Se houvesse apenas uma *"mera transformação"*, julgamos que tal preocupação não se poria.

Nesta ordem de ideias, a fusão implica a aquisição pelos sócios das sociedades dissolvidas da qualidade de sócio das sociedades beneficiárias, nas condições determinadas pelo contrato de fusão; os accionistas da sociedade absorvida trocam os seus títulos pelos da sociedade incorporante segundo paridade de troca[276].

---

autor, em PINTO FURTADO, *Curso de Direito das Sociedades*, ob. cit., p. 554, o qual nota que *« a extinção das sociedades fundidas integra o que, na terminologia comunitária, se designa por dissolução sem liquidação, constituindo mais propriamente uma simples cessação de existência autónoma, que aproxima a fusão da transformação, afastando-a da dissolução com liquidação».*

[274] NUNO BARBOSA, ob. cit., p. 164 (407) aponta ainda a posição defendida por G. F. CAMPOBASSO, ibid., p. 557, que, não obstante sustentar a natureza jurídica do acto de fusão como modificação estatutária, mostra-se renitente em aquiescer à continuidade das sociedades incorporadas ou participantes, tratando-se de fusão por constituição de nova sociedade; e do alemão KLAUS-PETER MARTENS, na perspectiva da continuidade dos direitos e deveres inerentes à fusão.

[275] Ver ANTÓNIO MENEZES CORDEIRO, *Manual de Direito das Sociedades, I Das Sociedades em Geral*, ob. cit., p. 789. No mesmo sentido, PINTO FURTADO, *Curso de Direito das Sociedades,* ob. cit., p. 550.

[276] No mesmo sentido, G. COTTINO, *Diritto Commerciale*, ob. cit., p. 752, refere: *«Em consequência da criação de uma nova sociedade ou da incorporação de uma sociedade na outra (que é a hipótese normalmente recorrente) a sociedade preexistente e a sociedade incorporada extinguem-se...»* e MICHELE PERRINO, «La riforma della disciplina delle fusioni di società», in *Rivista delle Società*, anno 48.° (Março-Junho 2003), Giuffrè editore – Milano, 2003, p. 527 e ss..

As suas obrigações, por conseguinte, perduram[277]. O número de accionistas da sociedade incorporante aumenta, donde o surgimento de incidentes eventuais sobre o equilíbrio de forças. Esta entrada de novos sócios no clube dos associados não deveria estar sujeita ao consentimento dos sócios da sociedade incorporante, mas ser resultado natural da transmissão universal da fusão.

Com efeito, a fusão faz perder a sua existência jurídica à sociedade incorporada (absorvida); o seu património é, em consequência, transmitido de maneira universal para a sociedade absorvente (incorporante)[278]. Mas além da transmissão do património, são igualmente transmitidas as garantias que seguem a sorte das dívidas e não desaparecem por efeito da fusão, a qual não realiza uma novação.

A primeira garantia dá-se por transferência global do património de uma ou mais sociedades para outra sociedade já existente (com atribuição aos sócios daquelas de partes, acções ou quotas desta)[279]; a segunda dá--se através da constituição de uma nova sociedade, para a qual se transferem globalmente os patrimónios das sociedades fundidas (sendo aos sócios destas atribuídas partes, acções ou quotas da nova sociedade).

A manutenção da posição de sócio constitui, de igual modo, o principal meio de tutela dos sócios da sociedade cindida que, em resultado da cisão, passam a participar, independentemente do concurso da sua vontade individual, numa ou várias sociedades distintas da sociedade originária.

Em relação à cisão, a lei não disciplina directamente os seus efeitos. Todavia, a sua regulamentação resulta do disposto no artigo 114.º, 2 para a fusão, ao abrigo da remissão geral do artigo 120.º, pelo que se remete *mutatis mutandis* para a análise feita relativamente aos efeitos da fusão, com as observações que se seguem.

O artigo 114.º, 2 determina que com a inscrição da fusão no registo comercial: (*i*) se extinguem as sociedades incorporadas, ou as sociedades fundidas; (*ii*) se transmitem os seus direitos e obrigações para a sociedade

---

[277] Ver na doutrina francesa, MAURICE COZIAN, ALAIN VIANDIER, FLORENCE DEBOISSY, ob. cit., p. 639.

[278] A propósito da transmissão universal do património de uma sociedade, ver, por todos, MAURICE COZIAN, ALAIN VIANDIER, FLORENCE DEBOISSY, ob. cit., pp. 640-641 e MICHEL JEANTIN, ob. cit., p. 355.

[279] Ao que parece, as incorporações, normalmente, são feitas para aumentar o monopólio empresarial e diminuir a concorrência.

136 *A Tutela dos Direitos dos Sócios em Sede de Fusão, Cisão e Transformação*

incorporante ou para a nova sociedade; e (*iii*) os sócios da ou das sociedades extintas tornam-se sócios da sociedade incorporante ou da nova
sociedade.

Nos termos dos artigos 103.°, n.° 1, alínea *e*) e 102.°, n.° 4, alínea *b*),
por remissão do artigo 120.°, quer na cisão simples quer na cisão por destaque para fusão, as novas participações têm que ser atribuídas aos sócios
da sociedade cindida e não à sociedade[280].

Assim, JOANA VASCONCELOS escreve: «*Traduzindo-se no direito de
cada sócio da sociedade cindida conservar o seu nível de participação,
não já relativamente àquela, mas a cada uma das sociedades beneficiárias, a garantia da manutenção da posição social em caso de cisão pos-
tula, afinal, que o sócio receba uma participação no capital de todas as
novas sociedades proporcional àquela que detinha no capital da sociedade cindida ou, no caso de cisão-fusão, de a repartição das acções das
sociedades beneficiárias preexistentes se fazer segundo essa mesma proporção e, bem assim, que tal direito não possa ser afectado sem o consentimento dos sócios interessados*»[281].

Com a figura da cisão, permite-se que uma sociedade, por esta operação, crie uma ou mais sociedades novas: sem que haja, portanto, a vontade de dois sujeitos de direito, pelo menos para a constituição de tal sociedade. E permitindo-se que a sociedade cindida (no caso de cisão simples)
mantenha em carteira as participações nas novas sociedades, está também
a permitir a unipessoalidade[282] destas últimas.

---

[280] Todavia, em 1975, face à previsibilidade do recurso à cisão pelas sociedades que
operavam em Portugal e nos territórios ultramarinos e perante a iminência do acesso
à independência por parte destes mesmos territórios ultramarinos, foi aprovado o DL
n.° 153/75, de 25 de Março, o qual veio estabelecer a possibilidade de as participações
poderem ser atribuídas aos sócios da sociedade cindida ou serem por esta conservadas em
carteira. Ver neste sentido DURVAL FERREIRA, ob. cit., p. 34.

[281] JOANA VASCONCELOS, ob. cit., pp 176-177.

[282] A formação de uma sociedade sempre esteve ligada ao princípio da pluralidade
de sócios. Sendo assim, a questão da sociedade unipessoal torna-se um problema bem can-
dente sobre o qual se debruçam doutrinadores e legisladores. A favor das sociedades unipessoais, ver, entre outros, OLIVEIRA ASCENSÃO, *Direito Comercial*, Vol. IV, ob. cit., pp.
135-136, para quem a SUQ corresponde à criação de um «*novo tipo, que em rigor já não
é um tipo societário*», OLIVEIRA ASCENSÃO, *Direito Civil – Teoria Geral*, ob. cit., p. 316 e
ss.. RICARDO COSTA, «Unipessoalidade Societária», in *IDET*, Miscelâneas n.° 1, Almedina,
2003, p. 64 e ss., entende ser a unipessoalidade «*como uma circunstância meramente con-
tingente que pode ocorrer nesse tipo, de modo permanente ou transitório, tendo para*

Efeitos da Fusão, Cisão e Transformação em Relação aos Sócios 137

Mas se a nova sociedade for dum tipo legal que exija determinado número de sócios – por exemplo, tratar-se de uma SA em que, por regra, se exige um número mínimo de cinco accionistas (artigo 304.º, 1) – e se as participações forem atribuídas aos sócios da sociedade cindida, ter-se-á ainda assim que respeitar esse número mínimo exigido?

A resposta só pode ser afirmativa, pois sendo aquela disposição de carácter imperativo tem de se respeitar.

Imagine-se, no entanto, uma SQ com dois sócios apenas que pretenda cindir-se e dar lugar a uma SA. Não tendo a sociedade resultante da cisão um número igual ou superior ao mínimo exigível, parece que não deve, consequentemente, ser permitida a adopção desse tipo legal, ainda que mantenha as participações em carteira[283].

Deste modo, a sociedade a cindir-se, ou conserva as participações em carteira ou adopta para a nova sociedade outro tipo legal de sociedade que não seja a SA, sob pena de ser dissolvida por iniciativa do sócio ou de terceiro, pois a dissolução não opera automaticamente.

A SA assim constituída pode ser, por conseguinte, judicialmente dissolvida se, decorrido um ano, não regularizar o número de accionistas exigido por lei (artigo 462.º, 3). Durante esse período, a sociedade resultante de tal operação, se tiver apenas um único sócio, manter-se-á com esse estatuto[284], ou seja, será, de facto, uma sociedade unipessoal superve-

---

esse efeito que se moldar, adaptando-se, sobre uma forma de sociedade preexistente». Quanto às sociedades unipessoais de capitais públicos, PAULO OTERO, ob. cit., p. 120 e ss., aponta dois tipos: (*i*) as sociedades cuja totalidade do respectivo capital social pertence directa e imediatamente ao Estado; e (*ii*) as sociedades em que todo o respectivo capital social pertence a uma entidade diferente do Estado, apesar de por ele controlada ou integrante da sua administração indirecta (pública ou privada). No direito angolano, CARLOS EDUARDO FERRAZ PINTO, ob. cit., p. 21 e ss., perfilha a unipessoalidade societária. Contra, TERESINHA LOPES, «Revisão da Legislação Comercial. Sociedades Comerciais», ob. cit., p. 122, opina que, apesar das vantagens das sociedades unipessoais, não é de encorajar a sua consagração, devido, especialmente *«à falta de hábito da utilização deste tipo de sociedades e alguns insucessos enfrentados por alguns países que acolheram a figura.».* No sentido de que a transformação da sociedade por quotas pluripessoal numa sociedade por quotas unipessoal não implica a extinção da primitiva sociedade e a criação de uma nova sociedade, ver Ac. TRL, de 20-09-2007, disponível em http:www.dgsi.pt, acesso aos 28/02/2008.

[283] Neste sentido DURVAL FERREIRA, ob. cit., pp. 35-36.

[284] Em Angola, a lei concedeu igualmente prazos para a reconstituição da sociedade pluralista, admitindo tacitamente uma sociedade unipessoal transitória. Porém, não resta-

138 A Tutela dos Direitos dos Sócios em Sede de Fusão, Cisão e Transformação

niente (artigo 477.°, 3); manter-se-á igualmente com esse estatuto, caso a dissolução não seja requerida judicialmente por sócio ou terceiro, pois esta não opera automaticamente ou seja, não é imediata (artigo 144.°, 2); a mesma só terá lugar desde que haja impulso do sócio ou de terceiro, impulso que parece ser, aliás, *facultativo*, atento ao disposto no artigo 142.°, 1[285], *«convertendo a situação transitória em potencialmente eterna»*[286].

Assim, as SA podem ser judicialmente dissolvidas quando, por período superior a um ano, o número de accionistas for inferior ao número exigido por lei ou seja cinco (artigos 462.°, 3 e 304.°).

Em países como a Alemanha e França, que superaram o dogma tradicional da sociedade como contrato celebrado entre duas ou mais pessoas, como bem apontado (na nossa modesta opinião) por IVA CARLA VIEIRA, foi mais fácil a admissão da possibilidade de criar uma sociedade com sócio único, *«quer em razão da limitação da responsabilidade deste, quer ainda em face das vicissitudes de uma sociedade que se constitui ab initio com mais de dois sócios, pode acontecer que o seu substrato fique reduzido a um só elemento»*[287]. A SUQ permite aos agentes económicos que não queiram laborar em associação encontrar nesta figura a tutela da separação do património, isolando-se o particular ou pessoal daquele que é afectado ao seu negócio[288].

---

belecida a pluralidade no prazo fixado, não se produz a extinção automática da pessoa jurídica, senão mediante provocação dos interessados (sócios ou terceiros), proposição aceite pela doutrina e jurisprudência estrangeiras dominantes. No mesmo sentido, CARLOS EDUARDO FERRAZ PINTO, ob. cit., p. 19 e ss..

[285] No mesmo sentido CARLOS EDUARDO FERRAZ PINTO, ob. cit., p. 20 e notas 72 e 73.

[286] Como nos refere MENEZES CORDEIRO, «Da Alteração das Circunstâncias», *in Estudos em Memória do Professor Doutor Paulo Cunha*, Lisboa, (293-371), 1989, p. 478: *«Deveriam ser admitidas situações de unipessoaliade transitória. Pois seria razoável a não extinção imediata de sociedades que perdessem supervenientemente, a pluralidade dos seus sócios. A sua imediata extinção a ser admitida, desencadearia, inclusivamente efeitos retroactivos: atingiria as obrigações contraídas ainda em tempo de plurissocialidade imputando-as, parece que sem limites, ao sócio "sobrevivente"»*.Ver ainda CARLOS EDUARDO FERRAZ PINTO, ob. cit., p. 20 e ss.. Além desta, há outras situações que podem permitir a conversão de sociedades unipessoais de situação transitória em definitiva.

[287] Ver IVA CARLA VIEIRA, *Guia Prático de Direito Comercial*, Almedina, 2007, p. 91.

[288] Ver IVA CARLA VIEIRA, ob. cit., p. 91.

RICARDO SANTOS COSTA admite a possibilidade de transformação de uma sociedade pluripessoal por quotas numa sociedade unipessoal também por quotas e equipara a *transformação* à *alteração* dos estatutos[289] e vice-versa[290]. Seja qual for o entendimento que se tiver acerca da natureza jurídica[291] das sociedades unipessoais, o certo é que o ordenamento jurídico português já ultrapassou[292] o dogma da «*...pluralidade na criação dos entes societários...*»[293]: prevê expressamente não só a criação da sociedade unipessoal por quotas (artigo 270.°-A/1 do CSC) como a *transformação* de uma SUQ em sociedade plural, através da entrada de novos sócios (artigo 270.°-D do CSC)[294]. Igualmente o legislador alemão[295] foi sensível à criação das sociedades unipessoais *ab initio*.

Parece, pois, haver mais vantagens que desvantagens na consagração das sociedades unipessoais. Porém, o legislador angolano mantém-se ainda arreigado ao princípio contratualista, embora de forma mais mitigada, ao estabelecer como número mínimo de partes o de duas (artigo 8.°, 2) e ao admitir as duas excepções legais [exigência de um número supe-

---

[289] Ver RICARDO COSTA, *A Sociedade por Quotas Unipessoal no Direito Português,* Coimbra, Almedina, 2002, p. 278 e RICARDO COSTA, «Unipessoalidade Societária», ob. cit., p. 80 e ss..

[290] Ver RICARDO COSTA, *A Sociedade por Quotas Unipessoal no Direito Português,* ob. cit., p. 278 e FRANCISCO MENDES CORREIA, ob. cit., p. 845 e ss..

[291] As limitações e o âmbito próprio deste tipo de trabalho não nos permitem discorrer sobre a natureza jurídica das sociedades unipessoais por quotas, ou seja, saber se são ou não equiparáveis às sociedades pluripessoais por quotas. No entanto, sempre se dirá que, quanto a nós, se trata de um tipo autónomo de sociedade.

[292] Como nos revela IVA CARLA VIEIRA, ob. cit., p. 91 e ss., acerca das SUQ: *«Este tipo societário, regulamentado pelo DL n.° 262/86, de 2 de Setembro, com as alterações introduzidas pelo DL n.° 36/2000, de 14 de Março, que introduziu o capítulo X ao Título III do CSC, e o DL n.° 76-A/2006, de 29 de Março, permite a qualquer interessado, pessoa singular ou colectiva, criar uma sociedade de que é o único sócio»*. No mesmo sentido FRANCISCO CORREIA MENDES, ob. cit., p. 843 e ss..

[293] Ver RICARDO COSTA, «Unipessoalidade Societária», in *IDET*, Miscelâneas n.° 1, Almedina, 2003, p. 65.

[294] Neste sentido, JOSÉ DE OLIVEIRA ASCENSÃO, *Direito Comercial*, Vol. IV, ob. cit., p. 114 e ss., RICARDO COSTA, ob. cit., p. 131 e FRANCISCO CORREIA MENDES, ob. cit., p. 845 e ss..

[295] Ver MARIA ÂNGELA COELHO, "A reforma da sociedade de responsabilidade limitada (GmbH) pela lei alemã de 4 de Julho de 1980 (GmbH-Novelle)", in Separata da *Revista de Direito e Economia (RDE)*, anos 6/7 (1980/1981), (41-71), p. 51 e ss..

rior e admissão de uma única parte (pessoa singular ou colectiva)][296]; por outro lado, reconhece já, ainda que de forma tácita, a possibilidade e a necessidade de fazer surgir a unipessoalidade superveniente, com carácter excepcional, sempre que não ocorra uma deliberação ou não se requeira a competente acção judicial com vista à sua dissolução[297]. Há que encorajar o legislador a enveredar por vias mais claras e vigorosas.

Acreditamos, pois, ser uma questão de tempo, para que, à semelhança do legislador português e alemão, o legislador angolano venha igualmente consagrar expressamente a constituição, originária e superveniente, de sociedades unipessoais.

---

[296] Neste sentido, JOSÉ DE OLIVEIRA ASCENSÃO, *Direito Comercial,* Vol. IV, ob. cit., p. 114 e ss. e RICARDO COSTA, ob. cit., p. 42 e ss..

[297] No mesmo sentido, CARLOS EDUARDO FERRAZ PINTO, ob. cit., p. 18 e ss..

CAPÍTULO II
Direitos Especiais dos Sócios

Os direitos especiais dos sócios, estipulados no contrato de sociedade, não podem ser suprimidos ou limitados sem o consentimento do seu titular, consentimento indispensável para a eficácia de tal supressão ou coarctação, salvo disposição legal ou contratual expressa em contrário (artigo 26.º, 5).

Ao consagrarem estatutariamente um direito com as características referidas, nomeadamente a de se traduzir num privilégio para o seu titular, os demais sócios intervenientes na celebração do contrato de sociedade, admitindo-o sem ressalvas, estão implicitamente a reconhecê-lo e renunciam a dispor dele, ainda que maioritariamente[298].

Por conseguinte, as deliberações que, visando eliminar ou coarctar direitos especiais, não obtenham o consentimento necessário, são ineficazes[299] (artigo 60.º), isto é, são irrelevantes para o titular do direito especial afectado. Significa dizer que tal deliberação, sendo embora perfeitamente válida, carece, todavia, de eficácia, não produzindo efeitos para nenhum dos sócios. Se o sócio afectado, pura e simplesmente, ignorar essa deliberação, ela será como que "inexistente" até ao momento da sua (eventual) confirmação[300].

---

[298] Ver PAULO OLAVO CUNHA, *Direito* Comercial, ob. cit., p. 218.

[299] Sobre a distinção entre deliberações inválidas e deliberações ineficazes, ver, entre outros, JOSÉ DE OLIVEIRA ASCENSÃO, "As Invalidades das Deliberações dos Sócios", *in Separata de Estudos em Homenagem ao PROF. DOUTOR RAÚL VENTURA,* Edição da Faculdade de Direito da Universidade de Lisboa, Coimbra Editora, 2003, p. 21 e ss., CARLOS ALBERTO DA MOTA PINTO, ob. cit., p. 615 e ss., ANTÓNIO MENEZES CORDEIRO, *Tratado de Direito Civil Português, I Parte Geral,* ob. cit., p. 856 e ss. e CARLOS ALBERTO B. BURITY DA SILVA, ob. cit., p. 601 e ss..

[300] Ver PAULO OLAVO CUNHA, *Direito* Comercial, ob. cit., pp. 218-219. No mesmo sentido, ARMANDO MANUEL TRIUNFANTE, *A Tutela das Minorias nas Sociedades Anónimas, Direitos Individuais,* ob. cit., p. 437.

142   *A Tutela dos Direitos dos Sócios em Sede de Fusão, Cisão e Transformação*

Apreciado o regime jurídico aplicável à tutela dos sócios titulares de direitos especiais, fixado pelos artigos 26.°, 103.°, 1, *j*) e 119.°, *j*) e a remissão operada pelo artigo 120.°, procuremos determinar quem são os sócios afectados pela deliberação de Fusão e Cisão [artigo 107.°, 2, *b*)].

A lei previu hipóteses especiais, no que se refere à limitação ou supressão dos direitos especiais. Para essas, entendeu o legislador atribuir uma protecção expressa aos titulares dos referidos direitos. O primeiro desses casos está previsto na parte geral da LSC e diz respeito à fusão e cisão de sociedades.

Em primeiro lugar, no projecto de fusão e cisão deve constar a referência aos *direitos assegurados*[301] aos sócios titulares de direitos especiais por parte da sociedade incorporante ou da nova sociedade, no caso da fusão [artigo 103.°/1, *j*)], ou por parte das sociedades resultantes da cisão [artigo 119.°, *j*)].

Sucede, porém, que nem todos os processos de cisão conduzem à extinção da sociedade cindida, como é o caso da cisão simples. Não havendo, por isso, extinção da sociedade cindida, para além das situações previstas quanto às sociedades resultantes da cisão, poderão existir direitos especiais que devam ser assegurados na própria sociedade cindida.

Com efeito, no projecto de cisão devem constar os direitos assegurados aos sócios titulares de direitos especiais, não só pelas sociedades resultantes da cisão, mas também pela sociedade cindida, sempre que a cisão não envolva a sua extinção[302].

Relativamente à execução da deliberação da fusão e cisão, o artigo 107.°, n.° 2, alínea *b*), refere que esta deliberação apenas pode ser executada depois de obtido o consentimento dos sócios titulares dos direitos especiais que sejam prejudicados por ela. Entendendo-se por sócios prejudicados aqueles que vêem afectados os seus direitos especiais. E no caso de os sócios afectados não consentirem nessa operação de mudança?

Se os titulares de direitos especiais afectados não consentirem na fusão ou na cisão, não poderá haver escritura pública (artigo 114.°) nem o

---

[301] A obrigação de fazer constar no Projecto de Fusão ou de Cisão os direitos assegurados aos sócios titulares de direitos especiais, resulta dos artigos 5.°, f) e 3.° f) das 3.ª e 6.ª Directivas da Comunidade Europeia, respectivamente, que preconizam *o critério da equivalência material* e *não meramente formal*. Com maior desenvolvimento, ver RAÚL VENTURA, *Fusão, Cisão, Transformação*, ob. cit., p. 66 e DIOGO COSTA GONÇALVES, ob. cit., p. 322 e ss..

[302] Seguimos de perto DIOGO COSTA GONÇALVES, ob. cit., p. 324.

consequente registo, uma vez que, nos termos do artigo 107.º, 2, tal deliberação não pode ser executada[303].

Sem escritura e registo da fusão e da cisão, como se viu, nenhuma vicissitude opera na sociedade, vendo o sócio, assim, tutelada a sua posição jurídica, prevalecendo a sua tutela sobre o eventual interesse objectivo do fenómeno inviabilizado. O processo de fusão (ou o de cisão) fica impedido de prosseguir[304].

Da análise das regras gerais, em conjugação com as regras especiais, parece poder concluir-se que se chega à mesma solução na ausência das regras especiais, ou seja: os sócios prejudicados por não verem os seus direitos especiais assegurados seriam os mesmos que veriam os seus direitos suprimidos ou coarctados, para efeitos do artigo 26.º, 5.

Por conseguinte, a exigência do consentimento prevista no artigo 107.º seria redundante, face ao disposto no artigo 26.º, 5 já referido[305].

Os efeitos da ausência do consentimento em sede de fusão e cisão quando exigido, são a ineficácia da deliberação social, na qual se exija o consentimento do sócio (artigo 60.º). E a não execução da deliberação, prevista no artigo 107.º para a ausência do consentimento, parece nada inovar face ao artigo 60.º, por confirmar apenas a ineficácia estatuída neste artigo.

Mas a realidade é bem diferente: não existe, em nossa opinião, qualquer paralelismo entre os artigos 26.º e 60.º ou entre estes e o regime dos direitos especiais em geral. O equilíbrio pretendido entre as exigências do princípio do interesse da sociedade e a salvaguarda do interesse próprio ou privilégio de um dos sócios – que o regime dos direitos especiais consagra – só se justifica no quadro da normalidade social.

Ora, quer a fusão quer a cisão, quer igualmente a transformação – como se verá mais adiante – não são subsumíveis a esse quadro de normalidade. Pelo contrário, constituem fenómenos que se reconduzem à *alterabilidade das sociedades comerciais*[306], cuja análise exige muita cautela e ponderação.

---

[303] No mesmo sentido, DIOGO COSTA GONÇALVES, ob. cit., p. 326.

[304] Ver RAÚL VENTURA, *Fusão, Cisão, Transformação*, ob. cit., p. 120 e DIOGO COSTA GONÇALVES, ob. cit., p. 319.

[305] No mesmo sentido, RAÚL VENTURA, *Fusão, Cisão, Transformação...*, ob. cit., p. 120, entendendo ser o artigo 103.º, 2, b) do CSC a aplicação do princípio consagrado no artigo 24.º, 5 CSC. Já em sentido contrário, cf. DIOGO COSTA GONÇALVES, ob. cit., p. 324 e ss..

[306] Ver DIOGO COSTA GONÇALVES, ob. cit., p. 320 e nota 13 e autores aí citados.

144 *A Tutela dos Direitos dos Sócios em Sede de Fusão, Cisão e Transformação*

Já o n.° 3 do mesmo artigo 107.° exige, nas SA, a aprovação de cada categoria especial de acções para a deliberação de fusão poder ser eficaz. Essas normas são igualmente aplicáveis à cisão de sociedades, por força da remissão do artigo 120.°

Esta matéria, estando prevista na parte geral da LSC, é aplicável, portanto, a todos os tipos de sociedades sem qualquer excepção. Nessa medida, teria de referir-se ao consentimento individual, regra geral para a derrogação de direitos especiais em todas as sociedades, que não apenas as sociedades anónimas. Para estas, valerá o disposto no artigo 107.°, n.° 2, alínea *b*). Já para as sociedades anónimas, não deixará de valer aqui o ensinamento do artigo 26.°, n.° 6.

No que tange às SA, e de acordo com o autor[307], sempre que a lei se referir a consentimento individual, deve ser entendido como uma referência feita às assembleias especiais. Na verdade assim é, porquanto, nas SA, o consentimento individual foi substituído pelo consentimento maioritário em assembleia especial de categoria.

Não foi configurado regime diferente para a fusão de sociedades. Assim sendo, foi preciso, para a fusão das sociedades anónimas, a autonomização do artigo 107.°, n.° 3. E lembra, a propósito, ARMANDO TRIUNFANTE: *"Desta forma, quando uma sociedade, onde existam várias categorias de acções, se pretenda fundir ou cindir deverá obter o consentimento da maioria dos sócios das categorias que sejam afectadas por aquela operação. Esse consentimento deve ser alcançado sempre que a fusão ou a cisão suprimam o direito especial, ou, apenas, o limitem – bastará que ele seja afectado por essa operação social[308]."*

Daí que, tendo tais direitos assento no contrato de sociedade, este regime terá inteira aplicação quando estiver em causa a alteração da cláusula que os consagre, por via do mecanismo de alterações do contrato previsto no capítulo VIII da Parte Geral da LSC (artigos 90.° a 101.°).

As operações de fusão e cisão de sociedades em virtude de poderem conduzir à limitação ou supressão de direitos especiais, não poderão reali-

---

[307] Ver ARMANDO TRIUNFANTE, *A Tutela das Minorias nas Sociedades Anónimas: Direitos Individuais*, ob. cit., p. 433 e nota 692. O autor expressa a posição de RAÚL VENTURA, *Fusão, Cisão, Transformação* …, ob. cit., p. 120, segundo a qual para as sociedades anónimas não se aplica o n.° 2 mas o n.° 3, ambos do artigo 103.° do CSC.

[308] Ver ARMANDO TRIUNFANTE, *A Tutela das Minorias nas Sociedades Anónimas: Direitos Individuais*, ob. cit., p. 433.

zar-se em "oposição" aos direitos especiais existentes. O artigo 107.º, n.º 2, alínea *b*) – pertencente ao regime da fusão, mas aplicável à cisão, por força da remissão promovida pelo artigo 120.º – estabelece que a deliberação respectiva não pode ser executada, enquanto não for obtido o consentimento dos sócios prejudicados, se afectar direitos especiais.

Como se pode ver, tais operações, ainda que de forma indirecta, podem limitar ou até mesmo excluir os direitos especiais existentes. Daí, a particular atenção do legislador em tutelar tais interesses.

Assim, a conclusão a extrair, acompanhando ARMANDO TRIUN-FANTE[309], é a de que se a fusão (ou a cisão) colocar em causa algum direito especial, parece não poder ser executada enquanto não houver consentimento dos sócios prejudicados.

Relativamente à cisão, há a acrescer o seguinte. Sempre que na sociedade cindida existam sócios com direitos especiais, há que indagar se, com a constituição da nova sociedade, resulta aumento de obrigações de sócios ou afectação de seus direitos especiais.

Se houver aumento de obrigações de sócios ou afectação dos seus direitos especiais, a deliberação da cisão, para ser executada, precisa do consentimento dos sócios prejudicados. A sua situação é, pois, acautelada pela exigência do seu consentimento, nos termos do disposto no artigo 107.º, n.os 2 e 3, por força do princípio enunciado no artigo 26.º, n.º 5, segundo o qual «*os direitos especiais não podem ser suprimidos ou limitados sem o consentimento do respectivo titular.*»[310]

Compreende-se perfeitamente que, no projecto de cisão, devam ser tomadas as medidas de protecção que sejam adequadas ao prejuízo concreto que tal operação possa causar, não apenas aos credores como também aos próprios sócios.

Em conformidade, o artigo 119.º, alínea *j*) da LSC, na esteira da sua congénere lusa, inclui entre os elementos obrigatórios do projecto de cisão, «*os direitos assegurados pelas sociedades resultantes da cisão aos sócios da sociedade cindida, que sejam titulares de direitos especiais*»[311].

---

[309] Ver ARMANDO TRIUNFANTE, *A Tutela das Minorias nas Sociedades Anónimas: Direitos Individuais*, ob. cit., pp. 432-433.

[310] Já o mesmo entendimento era perfilhado, à luz do DL n.º 598/73, por DURVAL FERREIRA, ob. cit., pp. 29-30.

[311] No mesmo sentido, JOANA VASCONCELOS, ob. cit., p. 178.

O consentimento dos sócios cujos direitos especiais sejam afectados, deve ser dado individualmente, por cada sócio afectado, como dispõe o artigo 107.º, n.º 2, alínea *b*). Sempre que a sociedade cindida seja uma SA, e porque tais direitos corresponderão necessariamente a uma categoria de acções (artigos 26.º, n.º 4 e 333.º), esse consentimento será prestado através de deliberação tomada em assembleia especial dos accionistas titulares de acções da respectiva categoria, deliberando por maioria qualificada, nos termos das disposições conjugadas dos artigos 26.º, 6 e 409.º, 1 e 2.

Quanto às consequências da falta de consentimento dos titulares de direitos especiais, dos artigos 107.º, n.º 2, alínea *b*) e 60.º, resulta ser impossível a execução de tal deliberação, nos termos acima referidos. Assim, não dando tal consentimento, o processo de cisão fica impedido de prosseguir[312].

Seguindo DIOGO GONÇALVES[313], dúvidas não nos restam de que o sócio prejudicado que vota a favor da fusão ou da cisão consente expressamente que os seus direitos especiais sejam afectados.

Já quando o sócio prejudicado vota contra a fusão ou cisão, duas situações podem ocorrer. A primeira consiste em saber se o voto negativo do sócio prejudicado implica a recusa de consentimento ou não; a segunda consiste em saber se o voto negativo do sócio prejudicado faz nascer na sua esfera jurídica o direito de exoneração[314]. Nós pensamos que o voto negativo do sócio prejudicado faz nascer na sua esfera jurídica o direito de exoneração.

É sobre este outro efeito da fusão e da cisão que passaremos a discorrer de seguida.

---

[312] Neste mesmo sentido, ver RAÚL VENTURA, *Fusão, Cisão, Transformação...,* ob. cit., p. 121 e ss. e JOANA VASCONCELOS, ob. cit., p. 179.

[313] Ver DIOGO COSTA GONÇALVES, ob. cit., p. 328.

[314] Sobre o direito de exoneração do sócio, ver, entre outros, OLIVEIRA ASCENSÃO, *Direito Comercial,* Vol. IV, ob. cit., p. 371 e ss. e PAULO VIDEIRA HENRIQUES, «A Desvinculação Unilateral *ad nutum* nos Contratos Civis, de Sociedade e de Mandato», in *Boletim da Faculdade de Direito, Studia Iuridica 54,* Universidade de Coimbra, Coimbra Editora, 2001, p. 30 e ss..

CAPÍTULO III
O Direito de Exoneração
e a Compensação Pecuniária dos Sócios

SECÇÃO I
O Direito de Exoneração

Relativamente à fusão (e cisão) de sociedades comerciais, discute-se na doutrina portuguesa se esta, em si mesma, constitui uma causa de exoneração ou se, pelo contrário, aquilo que se consagra no artigo 105.º do CSC, paralelo ao artigo 109.º, é apenas o regime da exoneração do sócio no caso de fusão.

A falta de consentimento traduz-se, no caso da fusão e cisão[315], em votar contra a deliberação de tal operação; no caso de transformação, significa não apenas votar desfavoravelmente ou abster-se de votar a deliberação de transformação, bem como a ausência[316].

No sentido de que no artigo 105.º do CSC não se consagra uma causa legal de exoneração, pronunciam-se, entre outros, RAÚL VENTURA, MARIA AUGUSTA FRANÇA e JOANA VASCONCELOS.

Segundo RAÚL VENTURA[317], o artigo 105.º CSC não atribui qualquer direito de exoneração aos sócios no caso de fusão de sociedades, antes se limita a regular o exercício de tal direito no caso de ele ser conferido pelo contrato. Se assim não se entender, dificilmente teria qualquer sentido útil a referência à atribuição legal do direito à exoneração feita nesse artigo.

---

[315] Ver JOSÉ DRAGO, ob. cit., p. 70.

[316] Ver RAÚL VENTURA, *Fusão, Cisão, Transformação…*, ob. cit., p. 522 e FRANCISCO MENDES CORREIA, ob. cit., pp. 876-877.

[317] Ver RAÚL VENTURA, *Fusão, Cisão, Transformação de Sociedades*, ob. cit., p. 523. Igual posição era já defendida à luz do artigo 9.º do DL n.º 598/73, de 8 de Novembro; ver RAÚL VENTURA, *Cisão de Sociedades*, ob. cit., p. 54 e ss..

148 *A Tutela dos Direitos dos Sócios em Sede de Fusão, Cisão e Transformação*

De igual modo, JOANA VASCONCELOS[318] entende que, apesar de o artigo 105.° do CSC ter por epígrafe *«direito de exoneração dos sócios»*, tal preceito não atribui qualquer direito de exoneração aos sócios que tenham votado contra a deliberação de fusão (ou de cisão), com fundamento na própria fusão (ou cisão) em si, limitando-se a regulamentar, no contexto do procedimento de fusão/cisão, o exercício de tal direito, quando este seja eventualmente conferido pela *«lei ou o contrato de sociedade»* para tal hipótese.

MARIA AUGUSTA FRANÇA[319] assume posição um tanto diversa daquelas duas anteriores, mas não diferente. A autora defende que o direito de exoneração é pressuposto do artigo 105.° CSC, mas este não o atribui. No entender da autora, o legislador não considerou que a fusão, em si mesma, justificasse o afastamento voluntário do sócio.

Segundo este sector da doutrina, os sócios minoritários dissidentes, salvo disposição legal ou estatutária em contrário, estão obrigados a aceitar a deliberação social de fusão.

Contra a visão referida anteriormente, destaca-se, entre outros, BRITO CORREIA[320] e ALBINO MATOS[321]. Para estes autores, a fusão/cisão de sociedades apresenta-se como uma causa legal de exoneração dos sócios, em virtude de o artigo 105.° do CSC estabelecer a possibilidade de a lei ou o contrato atribuir o direito de exoneração ao sócio que tenha votado contra o projecto.

A fonte imediata do artigo 105.° do CSC seria o artigo 9.° do Decreto-Lei n.° 598/73, de 8 de Novembro, e as exigências constantes do artigo 28.° da 3.ª Directiva (comunitária) para a configuração do direito de exoneração[322].

---

[318] Neste sentido JOANA VASCONCELOS, ob. cit., p. 174.

[319] Ver MARIA AUGUSTA FRANÇA, ob. cit., p. 209.

[320] Ver BRITO CORREIA, *Direito Comercial – Sociedades Comerciais*, ob. cit., p. 454 e ss.. No mesmo sentido, parece propender JORGE M. COUTINHO DE ABREU, *Curso de Direito Comercial, Das Sociedades*, Vol. II, ob. cit., p. 415; como lembra ANTÓNIO CAEIRO, «Princípios fundamentais da reforma...», ob. cit., p. 26, o sócio pode ainda exonerar-se nos casos em que a cessão de quotas for contratualmente proibida, uma vez decorridos dez anos sobre o seu ingresso na sociedade [artigo 252.°, 1, alínea *a*)].

[321] Ver ALBINO MATOS, ob. cit., p. 168.

[322] Ver DIOGO COSTA GONÇALVES, ob. cit., p. 341 e JOANA VASCONCELOS, ob. cit., p. 179.

Ora, nessa disposição não se pretendia consagrar uma causa de exoneração, mas apenas o seu regime, uma vez que a causa legal de exoneração por motivo de fusão já decorria de outras disposições legais.

Com efeito, se no regime anterior, o direito de exoneração era reconhecido às sociedades por quotas, de forma expressa, no artigo 41.°, 3 da Lei das Sociedades por Quotas, agora nem sequer nestas sociedades se encontra reconhecido.

De duas uma: ou se concluiu que o legislador disse mais do que aquilo que pretendia dizer no artigo 105.°, 1 CSC e, por conseguinte, o direito de exoneração, no caso de fusão, apenas se dá quando previsto nos estatutos; ou se entende, pelo menos, que no artigo 240.° CSC, o legislador disse menos do que aquilo que pretendia dizer. A ser assim, deve acrescentar-se aos casos de exoneração previstos na alínea *a*) do seu n.° 1, a exoneração nos casos de voto contra projectos de fusão. Inclinamo-nos para esta última interpretação.

Depois do que ficou dito, importa referir, agora, em que medida, no direito societário angolano, é possível a consagração legal das causas de exoneração[323]. Da análise da parte geral da lei das sociedades comerciais parece chegar-se à conclusão da sua admissibilidade. Da leitura, no entanto, do artigo 109.°, n.° 1, verifica-se ter esta norma estabelecido apenas o procedimento a adoptar pelo sócio que (no caso da lei ou do contrato de sociedade atribuírem ao sócio o direito de exoneração), em consequência de ter votado contra o projecto de fusão (cisão), pretenda exonerar-se, caso queira, e nos termos estipulados no respectivo contrato.

Por seu lado, no regime legal exoneratório fixado para as SNC determina-se, no artigo 187.°, n.° 1, que todo o sócio tem o direito de se exonerar nos casos previstos na lei ou no contrato de sociedade. Além destes casos, os sócios das SNC podem ainda exonerar-se quando a duração da sociedade não tiver sido fixada no contrato, quando a sociedade tiver sido constituída por toda a vida de um sócio ou por período supe-

---

[323] Deixamos de fora as relativas à *transferência da sede efectiva* da sociedade para o estrangeiro quando o sócio não tenha votado a favor da referida deliberação (artigo 3.°, 6 e artigo 264.° (SQ)), aos *vícios da vontade* (artigo 47.° (SQ, SCA e SA) e ao *regresso à actividade* da sociedade dissolvida (artigo 161.°, 5) em virtude de não constituírem objecto do nosso trabalho. Entretanto, para maiores desenvolvimentos, ver ARMANDO MANUEL TRIUNFANTE, *A Tutela das Minorias nas Sociedades Anónimas, Direitos Individuais*, ob. cit., pp. 291-295 e 302-311 e TIAGO SOARES DA FONSECA, ob. cit., p. 7 e ss..

150 *A Tutela dos Direitos dos Sócios em Sede de Fusão, Cisão e Transformação*

rior a 30 anos, desde que o sócio interessado tenha esta qualidade há, pelo menos, 10 anos[324].

O sócio pode também exonerar-se quando ocorra justa causa. Mas não consta que a fusão seja causa de exoneração.

O n.º 2 do citado artigo 187.º explicita o sentido de *justa causa*[325]. O respectivo normativo estabelece três situações em que se verifica a exoneração por justa causa.

Este regime pretende conciliar vários interesses, todos atendíveis, mas nem sempre confluentes. Na verdade, dado que as SNC implicam a responsabilidade pessoal e ilimitada dos sócios, não é justo que algum deles seja obrigado a continuar vinculado à sociedade quando ocorram factos na vida social que destruam a confiança mútua que deve existir entre todos.

Por outro lado, aquela responsabilidade é um gravame muito forte e também parece justo que um sócio não esteja obrigado a ficar toda a vida ligado a ela. Mas quem entra a fazer parte duma sociedade celebra um contrato que não pode distratar a seu bel-prazer. Por isso, a lei impõe que, nos casos de duração indefinida ou superior a 30 anos, o sócio que se quer afastar tenha sido sócio durante, pelo menos, 10 anos.

A exoneração de sócio está também prevista nas SQ, embora em termos mais restritivos, como bem se compreende (artigo 264.º). Aparecem-nos quatro ou cinco tipos de casos em que o sócio se pode exonerar. Não existindo aqui a responsabilidade pessoal dos sócios pelas dívidas sociais, bem se entende que a questão da duração da sociedade não releve para este efeito.

Já a causa legal de exoneração de accionista, em sede de fusão (e cisão), não está prevista, nem sequer em termos restritivos. No entanto, o legislador permite aos accionistas admiti-lo, desde que esteja previsto expressamente no contrato de sociedade[326].

Dada a omissão de causas legais de exoneração nas sociedades anónimas, ante a fusão e cisão, seria de aceitar que, *de iure condendo,* fosse

---

[324] No mesmo sentido, ver MARIA AUGUSTA FRANÇA, ob. cit., p. 209.

[325] Sobre a interpretação do n.º 2 do artigo 187.º acompanhamos a posição de MARIA AUGUSTA FRANÇA, ob. cit., p. 210 e ss., nos mesmos termos da interpretação feita ao n.º 2 do artigo 185.º do CSC que lhe serviu de fonte.

[326] Ver ARMANDO MANUEL TRIUNFANTE, *A Tutela das Minorias nas Sociedades Anónimas, Direitos Individuais,* ob. cit., pp. 314-315. No mesmo sentido, ver DIOGO COSTA GONÇALVES, ob. cit., pp. 340-341.

Efeitos da Fusão, Cisão e Transformação em Relação aos Sócios 151

admitida a existência de uma cláusula geral de exoneração como bem defendido por ARMANDO TRIUNFANTE[327]. A acolher-se tal proposta, facilitar-se-ia, além da operação de transmitir as acções cuja operação à luz do actual regime não permite desenvolver-se eficazmente, as operações de fusão e cisão[328].

No entanto, e sem prejuízo, sempre se dirá, qualquer que seja a conclusão a que se chegue, que esta não será, por si só, suficiente para saber se a fusão constitui ou não uma causa legal de exoneração nas sociedades anónimas[329-330].

O legislador não consagrou, pois, directamente o direito de exoneração dos accionistas. No entanto, permite aos sócios admiti-lo, em preceito expressamente vertido no contrato de sociedade.

Se em todos os casos de mudanças significativas na vida das sociedades se tutelaram sempre os interesses dos sócios discordantes ou que não votaram favoravelmente tais deliberações, atribuindo-lhes o direito de exoneração, não se compreenderia nem justificaria que, em caso de fusão, os interesses dos sócios discordantes não fossem de igual modo tutelados. Parece ser a conclusão que se poderia extrair.

Havendo, por isso, alteração dessas circunstâncias, é normal que ao sócio discordante seja permitida a saída da sociedade e que, em contrapartida, lhe seja atribuído um montante da participação social. O sócio que

---

[327] Ver ARMANDO MANUEL TRIUNFANTE, *A Tutela das Minorias nas Sociedades Anónimas: Direitos Individuais*, ob. cit., p. 318.

[328] À sombra do actual regime, os accionistas ou não conseguem encontrar comprador ou então apenas as poderão transmitir a um preço abaixo do que resulta do mercado, esclarece, fundamentalmente, ainda o autor. Daí que na prática, os sócios maioritários sejam obrigados a permitir a exoneração do sócio face à ameaça de dissolução da sociedade, situação, sem dúvida alguma, mais gravosa para a sociedade.

Posição sustentada, à semelhança do ordenamento italiano, por ARMANDO MANUEL TRIUNFANTE, *A Tutela das Minorias nas Sociedades Anónimas: Direitos Individuais*, ob. cit., pp. 319-320, notas 525 e 526 e autores aí citados e p. 322 e ss.. Assim, o autor defende – na falta de qualquer cláusula geral de exoneração para as sociedades anónimas – a admissão de disposições contratuais que possam minorar tal situação.

[329] Neste sentido, acompanhamos TIAGO SOARES DA FONSECA, *Do Direito de Exoneração nas Sociedades Anónimas – Causas, Exercício e Efeitos*, FDL, 2004, p. 14 ss..

[330] Igualmente ARMANDO MANUEL TRIUNFANTE, *A Tutela das Minorias nas Sociedades Anónimas, Direitos Individuais*, ob. cit., p. 314, defende não ter o legislador, em determinadas circunstâncias, garantido o direito de exoneração, «...permitindo aos sócios admiti-lo, se previsto expressamente no contrato de sociedade».

152 A Tutela dos Direitos dos Sócios em Sede de Fusão, Cisão e Transformação

se exonerar da sociedade terá, desse modo, direito a receber o valor da sua participação social, calculada de acordo com o disposto no artigo 109.º.

Sendo perfeitamente legítimo o direito do sócio se afastar da sociedade, parece, caso a sociedade não o permita, poder requerer judicialmente a sua dissolução. Foi neste sentido que se pronunciou o Acórdão do STJ, de 6 de Outubro de 1981, que mereceu a concordância de FERRER CORREIA e LOBO XAVIER[331].

É sobre o montante a atribuir ao sócio exonerado em sede de fusão e cisão que iremos discorrer seguidamente.

SECÇÃO II
A Compensação Pecuniária

Como calcular o valor a atribuir ao sócio exonerado da sociedade[332]? No que diz respeito ao momento da avaliação da participação social do sócio exonerado será, nos casos de fusão (artigo 109.º, n.º 2) e cisão (artigo 109.º, n.º 2, *ex vi* artigo 120.º), o da deliberação, respectivamente da fusão ou cisão.

Não prevendo a LSC o cálculo do montante a atribuir ao sócio discordante, há que recorrer ao artigo 109.º, aplicável aos casos em que o contrato de sociedade ou uma lei especial concedam ao sócio discordante de uma fusão (cisão) o direito de exoneração.

Assim, quer na fusão (artigo 109.º, 2) quer na cisão (artigo 105.º, 2 *ex vi* artigo 120.º), o modo de cálculo do valor das participações é feito segundo o disposto no artigo 1021.º CC.

Nos termos do n.º 2 do referido dispositivo normativo, o montante a atribuir ao sócio discordante será calculado nos termos do contrato de sociedade ou do acordo expresso das partes ou, na falta de estipulação, segundo a regra constante do artigo 1021.º do CC[333]. Neste último caso,

---

[331] Ver, na vigência da LSQ, a anotação de FERRER CORREIA/LOBO XAVIER, «Dissolução de sociedade por quotas; o caso especial do direito do sócio a requerer a dissolução como garantia do seu direito de exoneração», in *RDE,* Coimbra, Ano IX, n.ºs 1-2 (273- -305), p. 303 e ss..

[332] Ver OLIVEIRA ASCENSÃO, *Direito Comercial,* Vol. IV, ob. cit., pp. 373-374.

[333] Neste sentido, ver ARMANDO MANUEL TRIUNFANTE, *A Tutela das Minorias nas Sociedades Anónimas: Direitos Individuais,* ob. cit., p. 317 e MARIA AUGUSTA FRANÇA, ob. cit., p. 222.

Efeitos da Fusão, Cisão e Transformação em Relação aos Sócios   153

o valor da participação social deverá ser fixado por um contabilista ou perito contabilista (designado por mútuo acordo ou, na sua falta, pelo tribunal) com base *no estado da sociedade no momento da deliberação que aprova a fusão.*

Esta solução encontra-se consagrada nos artigos 109.º, 2, 187.º, 5 e 265.º, 1.

Nas SNC, estabeleceu-se que o cálculo do valor da participação social é feito tendo por referência o momento em que a exoneração se torna efectiva (artigo 187.º, 5 *in fine*)[334].

Nas SQ, estabeleceu-se que o cálculo do valor da contrapartida tem por referência a data em que o sócio comunique à sociedade a intenção de se exonerar (artigo 265.º, 1).

E quanto às sociedades anónimas?

Nas SA *os direitos dos sócios não são iguais:* o direito dos sócios é desigual em razão dos vários tipos de acções e da participação no capital social (acção com voto e sem voto, sócio maioritário e sócio minoritário, etc.).

Excluindo os casos de fusão e cisão, à semelhança do estabelecido para as sociedades por quotas, o momento para efeitos de avaliação da participação social do accionista exonerado é o da declaração da intenção de se exonerar (artigo 264.º, 3) e não o momento da aprovação de quaisquer deliberações sociais que façam nascer tal direito.

Assim, o accionista que pretenda exonerar-se da sociedade deve declará-lo nos noventa dias seguintes ao conhecimento do facto que lhe atribua tal faculdade.

---

[334] Neste sentido, ver PAULO VIDEIRA HENRIQUES, ob. cit., p. 92 e ss..

TÍTULO II
Os Efeitos da Transformação em Relação aos Sócios

CAPÍTULO I
Manutenção da Qualidade de Sócio

A sociedade é constituída para, mediante o exercício em comum de uma actividade económica criadora de riquezas, obter e partilhar benefícios por aqueles que a formaram[335].

Havendo transformação, um dos seus efeitos é, como se disse, a manutenção do sócio que aprovou tal operação, pois nisso teve interesse. Ora, conforme a espécie de sociedade que vier a ser adoptada, por efeito de tal operação de transformação, passará a haver acções, quotas, outros tipos de participações que anteriormente não existiam, como deixará de haver acções, quotas, outras espécies de participações correspondentes ao tipo de sociedade antes da transformação.

Por essa razão, haverá troca de acções por acções entre as SA e as SCA; nos outros casos, não haverá uma troca de acções por quotas ou quinhões ou vice-versa pois as quotas e os quinhões nem podem ser representados por títulos de crédito nem por simples certificados.

Nos termos do artigo 135.º, n.º 1, o montante nominal da participação social de cada sócio, bem como a proporção de cada participação relativamente ao capital social, não podem ser alterados com operação, *salvo acordo de todos os sócios interessados*.

---

[335] Neste sentido, ver JOÃO LABAREDA, *Das Acções das Sociedades Anónimas, AAFDL*, Lisboa, 1988, p. 201.

O consentimento do sócio é fundamental para ultrapassar o problema colocado pelo n.º 2 do citado artigo, que manda atribuir aos sócios de indústria uma participação no capital social, reduzindo-se proporcionalmente a participação dos restantes sócios.

Na transformação de SNC em sociedades de capitais, há a considerar a situação especial dos sócios de indústria. Sabido que a indústria não pode ser considerada válida contribuição para SA ou para SQ, em virtude de o seu valor não ser computado no capital social [artigo 179.º, 1)] fica afastada a hipótese de, na transformação da sociedade, corresponder à indústria do sócio certo número de acções ou uma quota.

Perante esta dificuldade, qual a solução a seguir, em caso de transformação de uma SNC em SQ, por exemplo?

Três soluções têm sido apresentadas: (*i*) a exclusão do sócio de indústria; (*ii*) o convite ao sócio de indústria para participar com capital na nova sociedade, cujo capital seria correlativamente aumentado; (*iii*) não permitir a transformação de SNC em que haja sócios de indústria.

A exclusão do sócio de indústria constituiria uma injustiça, pois colocá-lo-ia numa posição de inferioridade que pode nem sequer corresponder à sua contribuição para a formação do património social. Com efeito, ele pode não ter contribuído com *capital* para o *capital social*, mas ter contribuído mais do que os sócios de capital para o património que a sociedade apresenta na altura da transformação.

Quanto à possibilidade que é concedida ao sócio de indústria na nova sociedade com capital, parece ser uma solução mais justa, pois permite a manutenção do sócio na sociedade. No entanto, tal participação apenas poderia ser atribuída mediante o *acordo unânime*[336] de todos os sócios interessados. Atribuída tal participação no capital ao sócio de indústria, este não deve contribuir com quaisquer bens para a respectiva realização, pois o mesmo já está inteiramente realizado e a atribuição de nova participação far-se-á à custa da redução das participações dos sócios de capital, como nos refere, com eloquente lógica, FRANCISCO MENDES CORREIA[337].

---

[336] Estamos com FRANCISCO MENDES CORREIA, ob. cit., pp. 875-876, nota 86 e autores aí citados.

[337] Ver FRANCISCO MENDES CORREIA, ob. cit., p. 876.

A terceira solução – não permitir a transformação de SNC em que haja sócios de indústria – parece ser pouco eficaz, porquanto os sócios, querendo, procurariam, na prática, modificar a organização da sociedade, como por exemplo, transformar os sócios de indústria em sócios de capital, antes de a lançar no caminho da transformação[338]. E aí, se algum sócio não quisesse a transformação, esta não se efectuaria por falta de unanimidade e não por existirem sócios de indústria.

Na verdade, como para esta transformação é exigida a *unanimidade* dos sócios ou pelo menos *3/4 dos votos* de todos os sócios, se previsto no contrato (artigo 198.º, 1) – incluindo os sócios de indústria – o problema parece ter pouca importância, pois se todos os sócios quiserem verdadeiramente a transformação, bastará proceder previamente às operações necessárias no capital e nas participações para transformar os sócios de indústria em sócios de capital; se algum deles não quiser a transformação, esta é impedida, por não se atingir a *unanimidade* ou, pelo menos, *3/4 dos votos* e não por existirem sócios de indústria.

O sócio, ao aceitar a transformação da sociedade, aceita, consequentemente, aderir à espécie de sociedade que vier a ser adoptada. Os direitos que o sócio tinha sobre uma acção continuam a existir sobre a quota correspondente e vice-versa; os direitos de terceiros existentes sobre uma quota de sociedade em comandita por acções passam a incidir sobre as acções correspondentes e vice-versa.

O consentimento do sócio é importante e a sua ausência unânime parece impedir a transformação.

Transformada uma sociedade doutro tipo em sociedade por quotas pode perguntar-se se a um sócio podem ser atribuídas duas ou mais quotas, que somem o valor da sua participação por a quota ser unitária.

A determinação dos direitos dos sócios é fácil, dado que o capital nominal da sociedade é o mesmo antes e depois da transformação. Assim, o valor das participações de todos os sócios será também mantido.

---

[338] Segundo RAÚL VENTURA, citado por FRANCISCO MENDES CORREIA, ob. cit., p. 875, nota 85, os sócios teriam duas opções: ou realizar os acertos no capital e nas participações, em momento anterior à transformação; ou deliberar no sentido da não transformação por acordo unânime dos sócios interessados. No entanto tal posição é repudiada pelo autor, ob. cit., p. 876, nota 87, por entender *«que o sócio de indústria nunca é colocado no dilema de "contribuir com capital caso não queira ser forçado a abandonar a sociedade", mas antes, e no pior dos casos, a aceitar ou recusar a nova participação que os sócios de capital lhe queiram atribuir».*

O interesse fundamental do sócio a proteger na substituição de espécie de participação social é conservar a proporção da sua participação relativamente ao capital; depois, pode ter interesse em manter a sua posição relativa quanto aos outros sócios, a qual não depende exclusivamente da sua participação no capital, mas também da dos outros; pode ainda ter interesse em que à participação seja mantido o valor nominal.

CAPÍTULO II
Direitos Especiais dos Sócios

Além da manutenção da posição relativa dos sócios, nos termos do disposto no artigo 135.º, n.º 1, outra consequência da transformação prende-se com a manutenção ou não dos direitos especiais dos sócios atribuídos à luz do contrato da sociedade transformada.

De uma forma semelhante, o artigo 131.º, n.º 1, alínea c), determina a impossibilidade de transformação de uma sociedade se a ela se opuserem sócios titulares de direitos especiais que não possam ser mantidos depois da transformação[339].

De acordo com o preceito acima referido, uma sociedade não pode transformar-se *«se a ela se opuserem sócios titulares de direitos especiais que não possam ser mantidos depois da transformação»*.

As diferenças de regime entre a transformação e a fusão/cisão, como reconhece DIOGO GONÇALVES[340], são enormes: na transformação, fala-se em oposição, ao passo que na fusão e na cisão se exige o consentimento.

Como interpretar, pois, o disposto no preceito acima referido? Numa análise mais simples, parece ter o legislador dado tutela individual aos sócios titulares de direitos especiais que não possam ser mantidos, protegendo mais intensamente os interesses individualizados de cada um deles. Mas qual o entendimento de direitos mantidos?

Assim, se algum deles entender adequado ou mais benéfico aos seus interesses poderá opor-se à transformação da sociedade que, dessa forma, já não poderá prosseguir, ficando inviabilizado o projecto social.

---

[339] Para maiores desenvolvimentos, ver ARMANDO MANUEL TRIUNFANTE, *A Tutela das Minorias nas Sociedades Anónimas, Direitos Individuais*, ob. cit., p. 419 e ss..

[340] Ver DIOGO COSTA GONÇALVES, ob. cit., p. 333.

Não nos parece ter o legislador feito depender o interesse social[341] da vontade do sócio.

Parecem ser outros os interesses que estarão na génese da previsão legal. Não faria sentido que o legislador tivesse afastado tal regime para as sociedades anónimas e apenas o tivesse previsto para a transformação de sociedades.

Pelo facto de certas leis encararem principalmente a transformação de sociedades anónimas, na doutrina costuma aparecer o problema das acções privilegiadas[342], em caso de transformação. Mas, na realidade, o problema parece ser mais genérico, por respeitar a todo e qualquer direito de natureza social que, em qualquer tipo de sociedade, pertença especialmente a um ou alguns sócios.

Também aqui haverá que harmonizar o interesse que possa existir na transformação e o respeito pelos direitos especiais dos sócios. Não dando estes consentimento à transformação (ou à redução ou extinção dos seus direitos), não havendo preceito legal que imponha a estes sócios a modificação ou supressão dos seus direitos especiais por deliberação da maioria dos seus titulares ou, havendo, não sendo essa modificação ou supressão autorizada pela maioria – a) ou podem ser e de facto são esses direitos mantidos no novo tipo de sociedade; b) ou não podem esses direitos especiais ser mantidos e a transformação não será possível; c) ou não podem esses direitos ser mantidos e a transformação tem na mesma lugar, mas o sócio discordante tem o direito de sair da sociedade.

Em sede de transformação, a lei não exige o consentimento como acontece na fusão/cisão: achou ser suficiente o silêncio. Mas qual a força deste silêncio? Significará que a abstenção ou a ausência do sócio interessado serão suficientes para impedir a transformação, ou, pelo contrário, não terão a virtualidade de afastar o direito de oposição.

Não consideramos solução razoável a inoponibilidade da transformação aos titulares desses direitos, pois consideramos absurdo que uma sociedade seja de um tipo para certas pessoas e de outro tipo para outras, ou até de tipos diferentes para as mesmas pessoas, conforme os direitos destas que em cada caso se considerassem.

---

[341] Partilhamos a posição de ARMANDO MANUEL TRIUNFANTE, *A Tutela das Minorias nas Sociedades Anónimas: Direitos Individuais*, ob. cit., pp. 434-435.

[342] Sobre os regimes excepcionais criados pelo Estado, por via legislativa, para controlar as empresas participadas, ver NUNO CUNHA RODRIGUES, ob. cit., p. 255 e ss. e PEDRO DE ALBUQUERQUE/ MARIA DE LURDES PEREIRA, ob. cit., p. 53 e ss..

Por conseguinte, não sendo esta a interpretação que deve ser atribuída ao preceito acima referido [artigo 131.º, n.º 1, alínea c)], vejamos a alternativa de solução que se sugere.

Inclinamo-nos para esta segunda solução porquanto a lei permite que o sócio discordante possa exercer o direito de oposição nos trinta dias posteriores à publicação da deliberação (artigo 136.º, 1) ou, tratando-se de direitos especiais referentes a certa categoria de acções, nos sessenta dias a contar da mesma publicação (artigo 131.º, 2). Por conseguinte, parece que a abstenção ou a ausência do sócio interessado não afastam o direito de oposição[343].

Conforme lembra, a propósito, ARMANDO TRIUNFANTE, na transformação *«se inverte a iniciativa, uma vez que deixa de ser necessária a obtenção do consentimento para que se possa prosseguir com a transformação, mas esta não poderá verificar-se se algum dos sócios prejudicados a ela se opuser[344]»*.

De acordo com o autor, *«o busílis da questão»* estaria radicado, *«...precisamente, na inversão da iniciativa que a lei promoveu. Tal como o artigo 103.º, n.º 2, alínea b) (CSC) (cisão e fusão), também o artigo 131.º, n.º 1, alínea c) (CSC), se refere a todas as espécies de sociedades. Dessa forma, a ideia referência é o consentimento individual que o artigo 24.º, n.º 5, (CSC) faz exigir[345]»*.

Não havendo consentimento do sócio, a deliberação em causa é ineficaz. O autor, sobre essa questão, é do seguinte entendimento: *"No regime geral, a validade da deliberação depende necessariamente do consentimento do sócio, sem o qual não pode valer. Aqui, se o sócio nada fizer, a deliberação pode ser executada. Apenas na hipótese do sócio tomar a iniciativa de se opor, haverá a criação de um verdadeiro obstáculo à eficácia da deliberação[346]"*.

Transpondo-se esse mesmo entendimento para as sociedades anónimas em que o consentimento individual é substituído pelo consentimento

---

[343] No mesmo sentido, DIOGO COSTA GONÇALVES, ob. cit., p. 334.

[344] Ver ARMANDO MANUEL TRIUNFANTE, *A Tutela das Minorias nas Sociedades Anónimas: Direitos Individuais*, ob. cit., pp. 433-434.

[345] Ver ARMANDO MANUEL TRIUNFANTE, *A Tutela das Minorias nas Sociedades Anónimas: Direitos Individuais*, ob. cit., p. 434.

[346] Ver ARMANDO MANUEL TRIUNFANTE, *A Tutela das Minorias nas Sociedades Anónimas: Direitos Individuais*, ob. cit., pp. 434-435 e L. P. MOITINHO DE ALMEIDA, ob. cit., 1990, p. 44 e ss..

162   A Tutela dos Direitos dos Sócios em Sede de Fusão, Cisão e Transformação

da maioria obtido em assembleia especial de accionistas (artigo 409.º), verifica-se, empregando, uma vez mais, as palavras de ARMANDO TRIUNFANTE que: *«em caso de a deliberação visar a transformação da sociedade anónima numa sociedade de outro tipo, ela poderá valer, independentemente de outro requisito, ainda que os direitos especiais não se mantenham depois de efectuada essa operação»*[347]. E acrescenta: *«Para que a respectiva eficácia possa ser recusada, os accionistas prejudicados terão de convocar uma assembleia especial e aí deliberar se concordam ou não com a deliberação de transformação»*[348].

E qual a posição do sócio interessado que votou contra o especificado no artigo 133.º, 3? A resposta parece apontar no sentido de também ele poder, no prazo de trinta dias subsequentes à publicação da deliberação, deduzir oposição, nos termos do artigo 131.º, 2 ou exonerar-se, nos termos do artigo 136.º, 1.

E quando o sócio vota a favor do conteúdo do artigo 133.º, n.º 3, especialmente quando tenha votado favoravelmente o novo contrato de sociedade [alínea *c*)], pode, ainda assim, vir a deduzir, posteriormente, oposição?

DIOGO GONÇALVES entende que, embora tal comportamento seja deveras contraditório (sócio interessado que, primeiro aprova a transformação e, posteriormente, vem deduzir oposição a essa transformação) *«não tem qualquer relevância jurídica pela ausência manifesta de qualquer confiança tutelável»*[349].

Salvo o devido respeito, julgamos não ser defensável tão inteligente construção. Em primeiro lugar, porque, na verdade, existe mesmo tal contradição que é real e não aparente e, por conseguinte, não harmonizável com o próprio regime: este assegura a possibilidade de o sócio discordante agir mesmo quando se abstém, deduzindo oposição ou exercendo o direito de exoneração, nos prazos estabelecidos; em segundo lugar, depreende-se que o legislador não acolheu (nem poderia, aliás, prever) tal solução, nem nos parece que os próprios sócios a queiram estipular no contrato de constituição; em terceiro lugar, a permitir-se tal solução, a partir de que momento seriam contados os prazos para deduzir a referida oposição?

---

[347] Ver ARMANDO MANUEL TRIUNFANTE, *A Tutela das Minorias nas Sociedades Anónimas: Direitos Individuais*, ob. cit., p. 435.

[348] Ver ARMANDO MANUEL TRIUNFANTE, *A Tutela das Minorias nas Sociedades Anónimas: Direitos Individuais*, ob. cit., p. 434.

[349] Ver DIOGO COSTA GONÇALVES, ob. cit., p. 335.

Efeitos da Fusão, Cisão e Transformação em Relação aos Sócios 163

No campo da jurisprudência, deparamos com um quadro em tudo semelhante ao da doutrina, com maior destaque também para as decisões sobre questões emergentes das SQ e procurando não confundir os direitos especiais nestas e nas SA[350].

Assim, parece poder concluir-se que se o voto favorável à operação social desejada não atingir a maioria de dois terços, então qualquer um dos sócios/accionistas, titulares de direitos especiais, que tenham votado contra, poder-se-á opor à transformação, estando legitimados para o fazer os titulares de direitos especiais que não possam ser mantidos depois da operação social[351].

---

[350] De entre outros arestos que se pronunciaram sobre direitos especiais, ver, por exemplo, Ac. do STJ de 09-02-95, disponível em http://www.dgsi.pt, acesso aos 10/04/2008, Ac. STJ de 09-06-92, disponível em http://www.dgsi.pt, acesso aos 20/03/2008.

[351] Ver ARMANDO MANUEL TRIUNFANTE, *A Tutela das Minorias nas Sociedades Anónimas: Direitos Individuais*, ob. cit., p. 435.

CAPÍTULO III
O Direito de Exoneração
e a Compensação Pecuniária dos Sócios

SECÇÃO I
O Direito de Exoneração

A questão à qual interessa dar resposta agora é a de saber se o sócio que, sem o seu consentimento, viu operarem-se mudanças importantes na relação societária inicialmente assumida, por força da deliberação da maioria dos sócios, tem direitos e se esses direitos incluem o poder de o sócio se afastar da sociedade modificada por virtude desta ter operado a transformação; ou, antes, se o sócio tem o poder de inviabilizar a introdução de tais *alterações* no contrato de sociedade[352].

A exoneração de sócio tem lugar quando este não concorda com a operação de modificação de sociedade, por entender que, com tal medida são prejudicados os seus direitos e decide sair da sociedade, mediante uma contrapartida patrimonial. Também em sede de transformação, o direito de exoneração constitui, pois, uma solução de excepção, pois a regra é, como se viu, a manutenção do sócio na sociedade.

A ideia é a de que a sociedade, enquanto forma jurídica de enquadramento da empresa, tem os seus interesses e fins próprios, pelo que deve ser preservada e continuar a existir, independentemente da manutenção da presença deste ou daquele sócio, como das desavenças entre os próprios sócios[353].

---

[352] Este regime resulta do artigo 2437 do *Codice Civile* italiano, cujo regime, segundo o autor, poderia ser adoptado pelo legislador português, solução por nós partilhada. Ver ARMANDO MANUEL TRIUNFANTE, *A Tutela das Minorias nas Sociedades Anónimas: Direitos Individuais*, ob. cit., p. 325 e RAÚL VENTURA, *Sociedade por Quotas (Comentário ao CSC)*, Vol. II, 2.ª Reimpressão, Almedina, 1999, p. 15 e ss. e ANTÓNIO MENEZES CORDEIRO, *Manual de Direito das Sociedades*, I, ob. cit., p. 63 e ss..

[353] Ver ANTÓNIO CAEIRO, «Princípios Fundamentais...», ob. cit., p. 26. Sobre inte-

166 *A Tutela dos Direitos dos Sócios em Sede de Fusão, Cisão e Transformação*

A este propósito PAULO OLAVO CUNHA, discorrendo sobre o direito de exoneração, escreve: "*A exoneração consiste no abandono unilateral do sócio da sociedade de que fazia parte, sem se fazer substituir, mediante uma contrapartida. Esta operação implica a perda da titularidade da quota ou das acções relativamente às quais se exerceu o direito*[354]".

DIOGO COSTA GONÇALVES compara o direito de exoneração de um sócio, no âmbito do direito das sociedades comerciais, a um verdadeiro *«direito de resistência»* [355] à vontade maioritária. O direito de exoneração representaria um meio de tutela dos sócios minoritários no confronto entre o interesse social (tendencialmente ditado pela maioria) e o interesse próprio do sócio discordante.

ARMANDO TRIUNFANTE, referindo-se ao interesse social, considera também que este pode nem sempre coincidir com o interesse de cada um dos sócios ou grupos de sócios, sendo à maioria dos sócios e apenas a esta que compete decidir sobre o interesse da sociedade. Mas, como também nos refere o autor – e em nossa opinião bem – *«é fácil de ver que a maioria pode sobrevalorizar os seus interesses pessoais em detrimento do interesse colectivo. A doutrina mais recente, imbuída de uma concepção institucional, concebendo a sociedade como uma estrutura jurídica da empresa, veio dissociar o interesse social do interesse dos sócios ou grupos de sócios – o artigo 58.°, 1, alínea b) CSC, é disso reflexo – permitindo à minoria impugnar uma deliberação com fundamento em abuso da maioria*[356]».

---

resse da sociedade e interesse da empresa, ver, entre outros, JOSÉ DE OLIVEIRA ASCENSÃO, «Invalidades das Deliberações dos Sócios», ob. cit., p. 36 e ss..

[354] Ver PAULO OLAVO CUNHA, ob. cit., pp. 267-268.

[355] Ver DIOGO COSTA GONÇALVES, ob. cit., p. 338.

[356] Ainda sobre o conceito de interesse social, ver as opiniões desenvolvidas por ARMANDO M. TRIUNFANTE, *A Tutela das Minorias nas Sociedades Anónimas: Direitos de Minoria Qualificada – Abuso de Direito*, Coimbra Editora, 2004, p. 167 ss.; JOSÉ DE OLIVEIRA ASCENSÃO, «Invalidades das Deliberações dos Sócios», ob. cit., p. 36, que entende ser o *«interesse social o interesse da sociedade, estrutura jurídica, e não o interesse público ou geral.»*, fazendo uma clara distinção entre interesses da sociedade e interesses da empresa e ANTÓNIO PEREIRA DE ALMEIDA, *Sociedades Comerciais,* ob. cit., p. 44 e ss.. Entre os autores franceses, ver GÉRALDINE GOFFAUX-CALLEBAUT, «La Définition de L'Intérêt Social: Retour sur la notion après les évolutions législatives recentes», in *RDTcom.* n.° 1 (Janvier/Mars 2004), (35-45), p. 35 e ss. e PHILIPE BISSARA, «L'intérêt social», in *Revue des Sociétés,* n.° 1 (Janvier-Mars 1999), (5-31), p. 9 e ss..

Efeitos da Fusão, Cisão e Transformação em Relação aos Sócios 167

As sociedades constituídas, segundo um dos tipos enumerados no n.º 1 do artigo 2.º do CSC (SNC, SQ, SA e SCA) podem adoptar, durante a sua existência um outro destes tipos, salvo proibição legal ou estatutária (artigo 130.º, n.º 1)[357].

Para empregar, uma vez mais, as palavras de RAÚL VENTURA[358], a propósito do conceito de sócios discordantes com a operação da transformação, diremos que são, não apenas aqueles sócios que não tenham votado favoravelmente a deliberação de transformação, como também os sócios ausentes, os que se abstiveram na votação ou os que votaram contra a deliberação de transformação.

Os sócios discordantes e que não tenham votado favoravelmente a deliberação que aprovou a transformação da sociedade, seja qual for o tipo de sociedade transformanda ou o novo tipo de sociedade a adoptar[359], podem exonerar-se da mesma, desde que o declarem, por escrito, no prazo de 30 dias seguintes à publicação da deliberação, recebendo o valor da sua participação social calculado nos termos do artigo 109.º (artigo 136.º).

Nas SNC, os sócios podem exonerar-se nos casos previstos no contrato e na lei[360]. Assim, ao transformar-se, por exemplo, numa SQ, a operação de transformação tem de ser objecto de deliberação social (artigo 133.º, n.º 1), aprovada por unanimidade, a não ser que o contrato social preveja a aprovação dessa deliberação por maioria, que não pode ser inferior a 3/4 dos votos de todos os sócios (artigo 198.º)[361]. Por conseguinte, não havendo disposição consensual a permitir a transformação por maioria de 3/4, esta só poderá ocorrer por unanimidade. Ora, não havendo una-

---

[357] Neste sentido, ver JOÃO CURA MARIANO, *Direito de Exoneração dos Sócios nas Sociedades por Quotas*, Almedina, 2005, p. 72 e ss. e nota 113.

[358] Muito embora RAÚL VENTURA, *Fusão, Cisão, Transformação de Sociedades*, ob. cit., p. 522, pareça entender que apenas o voto desfavorável na deliberação parcelar de transformação constitui, na esfera do sócio, o direito de exoneração.

[359] Ver RAÚL VENTURA, *Fusão, Cisão, Transformação de Sociedades*, ob. cit., p. 520 e ss..

[360] Ver ANTÓNIO CAEIRO, «Princípios fundamentais da reforma...», ob. cit., pp. 25-26.

[361] Ver reflexão, com a qual concordamos, de ARMANDO M. TRIUNFANTE, *A Tutela das Minorias nas Sociedades Anónimas: Direitos de Minoria Qualificada; Abuso de Direito*, ob. cit., p. 300, ao referir que o legislador terá sido infeliz com o artigo 133.º, 2, pois parece não ter considerado os efeitos do aumento da responsabilidade *"no aumento das prestações originariamente impostas pelos estatutos"*.

nimidade não há transformação. Logo, não havendo transformação também não há lugar à exoneração.

Nas SQ, não se exige a regra da unanimidade. O artigo 272.º, n.º 1, alínea *i*) da LSC faz depender da deliberação dos sócios (…) a transformação da sociedade. Tal deliberação deve ser tomada por uma maioria qualificada de 3/4 dos votos correspondentes ao capital social, podendo, todavia, os estatutos estabelecer um número mais elevado de votos e *inclusive* a unanimidade, nos termos dos artigos 133.º, n.º 1 e 295.º, n.º 1, ambos da LSC.

Mas o interessante é o facto de o artigo 264.º da LSC não prever, em nenhum dos seus números, a transformação da sociedade como causa de exoneração. Tal não significa, no entanto, que a transformação não seja causa de exoneração. Basta estar prevista na parte geral, como tal, para que se aplique a todas as sociedades. Para o efeito, é necessário que na parte especial não haja uma norma que restrinja a sua aplicação. É o caso dos artigos 3.º n.º 8 e artigo 264.º, n.º 1, alínea *a*).

E é por isso que, ao contrário, por exemplo, daquilo que se exige legalmente para a transferência da sede da sociedade para o estrangeiro, na transformação da sociedade não se condiciona a exoneração do sócio ao seu voto expresso contra a deliberação de transformação. Basta apenas não votar favoravelmente a deliberação (abrangendo os sócios ausentes e os que estando presentes se abstiveram) para que se possa recorrer ao direito à exoneração, mesmo não afectando o seu grau de responsabilização pessoal ou os seus direitos especiais, como esclarece João Cura Mariano[362].

Veja-se um outro exemplo: o caso da transformação de uma SQ em SNC. É evidente que entre aquela e esta há uma grande diferença que não pode ser ignorada pela lei. Na primeira, a responsabilidade dos sócios é limitada e rege-se pela liberdade de cessão de quotas, salvo as restrições do artigo 252.º; na segunda, ela é ilimitada. Por tudo isso, quando se opera a transformação neste sentido, a lei deve ser o mais flexível, para evitar as consequências gravosas de obrigar o sócio a carregar o pesado fardo duma sociedade de responsabilidade ilimitada contra a sua vontade.

---

[362] Ver João Cura Mariano, ob. cit., p. 74. Quanto a saber se a aprovação da deliberação se refere apenas a deliberação que tenha aprovado a transformação propriamente dita, ou a todas as três deliberações enunciadas no artigo 134.º do CSC, o autor entende – e com justeza em nossa opinião – ser bastante a não aprovação da segunda deliberação sobre a operação de transformação do tipo societário para que o sócio discordante tenha direito à exonerar-se da sociedade.

Por conseguinte, a transformação da sociedade acaba por ter um regime exoneratório mais favorável para o sócio que se queira exonerar e mais gravoso para a sociedade. E assim é, pois, na transformação da sociedade verificam-se mudanças fundamentais no modo de relacionamento entre os sócios: até a forma como os sócios respondem pelas dívidas sociais muda. É a própria essência da sociedade que é mudada.

Vejamos um outro exemplo: o caso da transformação de uma SQ em SA. Também aqui há uma grande diferença de regime que não pode ser ignorada. Na primeira, exige-se um número mínimo de dois sócios, ao passo que na segunda de cinco.

Assim, a deliberação de transformação da SQ com apenas três sócios em SA, não tendo, por conseguinte, em conta tal exigência legal (artigo 304.º, 1) é susceptível de ser impugnada judicialmente, por ser nula[363].

Voltemos ao direito de exoneração nas SA. Nas SA, o direito à exoneração tem um âmbito muito mais limitado ainda e atribuído a sócios em situações concretas[364], sendo, de certa forma – para usar a expressão de ARMANDO MANUEL TRIUNFANTE – *paradigmático*[365], pois, por um lado, pretende-se assegurar ao sócio o direito de sair da sociedade (nomeadamente por intermédio da liberdade de transmissão de acções), ao mesmo tempo que se reduzem ao máximo as hipóteses de exoneração (entendidas como situações em que o sócio tem o direito de opor a respectiva saída à sociedade, sem ter a preocupação de garantir, primeiro, alguém para o substituir, na sua posição social).

O direito de saída do sócio da sociedade pode ser exercido por intermédio de dois institutos que obedecem a interesses diferenciados, a saber: a transmissão de acções e a justa causa.

Nesta, o sócio não tem de assegurar a sua substituição, cabendo tal tarefa à sociedade[366]. Por outro lado, referindo-se à exoneração do accionista, ARMANDO MANUEL TRIUNFANTE, a dado passo, escreve: *"Em estado normal o accionista pode abandonar a sociedade por via de transmissão*

---

[363] Neste sentido, cf. o Ac. de TRP de 05-05-2005, disponível em http://www.dgsi.pt, acesso aos 04/04/2008.

[364] Ver MARIA AUGUSTA FRANÇA, ob. cit., p. 219 e ss..

[365] Ver ARMANDO MANUEL TRIUNFANTE, *A Tutela das Minorias nas Sociedades Anónimas: Direitos Individuais*, ob. cit., p. 281.

[366] Para maiores desenvolvimentos, ver ARMANDO MANUEL TRIUNFANTE, *A Tutela das Minorias nas Sociedades Anónimas: Direitos Individuais*, ob. cit., p. 282 e ss..

170 *A Tutela dos Direitos dos Sócios em Sede de Fusão, Cisão e Transformação*

de acções, cabendo-lhe, então, o ónus de encontrar quem venha assumir a sua posição. Contudo, outras situações existem em que o associado tem direito de deixar o ente social sem necessidade de se preocupar em encontrar alguém que venha assumir a sua posição. Neste caso, estamos perante a figura da exoneração do accionista[367-368]. Tal ónus pertence à própria sociedade, embora, continua o autor, *"o legislador não tenha sido muito completo na altura de encontrar a melhor solução para as participações sociais que pertenciam ao sócio exonerado*[369]".

Nas SA, para que a deliberação de transformação de sociedade seja aprovada, a mesma terá de contar com os votos favoráveis de 2/3 dos votos emitidos, quer a assembleia se reúna em primeira, quer em segunda convocação. Nos casos de transformação, a situação é mais simples e o accionista está devidamente protegido pela lei. A exoneração não depende aqui propriamente da colaboração da sociedade: aqui, a lei subordina o cumprimento da respectiva deliberação à possibilidade de pagar a contrapartida das acções.

Assim, se a sociedade não prestar a sua colaboração, o sócio não tem meios legais de reacção, para além de uma possível acção de indemnização, se estiverem reunidos os respectivos requisitos[370].

Os accionistas discordantes com a deliberação de transformação – e que, por conseguinte, não votaram favoravelmente a deliberação de transformação – têm o direito de sair da sociedade mediante contrapartida; a acta deve ter a relação dos sócios que exercem tal direito[371]. O sócio, todavia,

---

[367] Ver ARMANDO MANUEL TRIUNFANTE, *A Tutela das Minorias nas Sociedades Anónimas: Direitos Individuais*, ob. cit., p. 288.

[368] Sobre a definição de exoneração do sócio, ver COUTINHO DE ABREU, *Curso de Direito Comercial – Das Sociedades*, Vol. II, ob. cit., p. 415, que destaca a exoneração do sócio como sendo a *"saída ou desvinculação deste, por sua iniciativa e com fundamento na lei ou no estatuto, da sociedade"* e MARIA AUGUSTA FRANÇA, ob. cit., p. 207, que entende ser o direito de exoneração *«basicamente a faculdade concedida ao sócio de se afastar da sociedade recebendo o valor da sua participação social».*

[369] Ver ARMANDO MANUEL TRIUNFANTE, *A Tutela das Minorias nas Sociedades Anónimas: Direitos Individuais*, ob. cit., p. 289.

[370] Ver MARIA AUGUSTA FRANÇA, ob. cit., p. 224, cuja posição partilhamos. No entanto, se na assembleia reunida em segunda convocação estiverem presentes ou representados accionistas detentores de, pelo menos, metade do capital social, será necessária apenas a maioria dos votos emitidos para a deliberação ser aprovada (artigo 406.º, n.os 3 e 4).

[371] Neste mesmo sentido, TIAGO SOARES DA FONSECA, ob. cit., pp. 11-12 e, em Espanha, FERNANDO SANCHEZ CALERO, ob. cit., p. 274.

não é exonerado *ipso iure*: é constituído na sua esfera jurídica o direito de exoneração, que poderá ou não vir a ser exercido. Se quiser exercê-lo, deve declará-lo, por escrito, à sociedade, nos trinta dias seguintes à publicação da deliberação, como resulta do n.° 1 do artigo 137.°[372].

Findo o prazo de exercício do direito de exoneração, a gerência ou a administração da sociedade verifica se é possível proceder ao pagamento do valor da participação do sócio discordante sem afectar nem o capital social nem a reserva legal. Se afectar, a sociedade fica impedida de se transformar, pelo que os sócios, ou desistem da transformação, revogando a deliberação que haviam aprovado nesse sentido, ou reduzem o capital[373].

Daí o sócio discordante apenas se considerar exonerado na data da escritura pública de transformação (n.° 4 do artigo 136.°), já que pode ser aprovada uma deliberação de transformação sem que seja possível levar a mesma a seu termo. Nestes casos, se a assembleia dos sócios, para o efeito convocada, deliberar a revogação da deliberação de transformação, o sócio irá manter a sua participação na sociedade.

O direito de exoneração permite, por um lado, que a vontade do sócio discordante não prevaleça contra a vontade da maioria mas, por outro lado, que o sócio discordante possa obter a liquidação da sua participação social, pelo menos em parte, já que o que ele quereria era manter-se na sociedade o que não consegue.

Conforme lembra, a propósito ARMANDO TRIUNFANTE[374], se, por um lado, a minoria de sócios, que não esteja de acordo, não poderá opor-se à transformação (trata-se de uma opção legítima da maioria dos sócios para a gestão social), por outro lado, os seus membros também não deverão ser obrigados a permanecer nestas condições. É, por isso, normal que se permita a saída do sócio discordante da sociedade organizada segundo um novo tipo.

Desta feita, na transformação de sociedades, o direito de exoneração existe para todos os sócios: os que votaram contra, os que se abstiveram de votar ou ainda os que estiveram ausentes e não se fizeram representar.

---

[372] No mesmo sentido, ARMANDO MANUEL TRIUNFANTE, *A Tutela das Minorias nas Sociedades Anónimas: Direitos de Minoria Qualificada; Abuso de Direito*, ob. cit., p. 301.

[373] Para maiores desenvolvimentos, RAÚL VENTURA, *Fusão, Cisão, Transformação de Sociedades*, ob. cit., p. 523.

[374] Para maior desenvolvimento, ver ARMANDO MANUEL TRIUNFANTE, *A Tutela das Minorias nas Sociedades Anónimas: Direitos Individuais*, ob. cit., p. 298 e ss..

172 *A Tutela dos Direitos dos Sócios em Sede de Fusão, Cisão e Transformação*

Daí, em sede de transformação, o âmbito de aplicação do direito de exoneração ser também diverso do da fusão e da cisão, em que apenas tem direito de exoneração o sócio que tenha votado contra, respectivamente, o projecto de fusão ou de cisão.

Por conseguinte, enquanto que em sede de fusão e cisão, os sócios que votaram em branco, se abstiveram, ou não compareceram nem se fizeram representar estão impedidos de exercer o direito de exoneração, já no caso de transformação da sociedade, o leque de accionistas com legitimidade para se exonerarem é, por isso, mais amplo.

A razão de ser dessa medida radica no facto de os sócios, quando manifestam a sua adesão a uma determinada sociedade, o fazerem em função de um determinado projecto e em atenção a um conjunto de factores, entre os quais não são de menosprezar o tipo de sociedade e o regime de responsabilidade que lhe anda associado, bem como a afectação de lucros.

Com efeito, apesar de possível, a transformação de sociedades anónimas em sociedades em nome colectivo será uma hipótese académica. E tal como no direito societário português, a transformação de sociedades anónimas em sociedades em comandita, julgamos ser uma hipótese remota, dado o recurso exíguo a este tipo de sociedades no nosso país.

A transformação de uma SA numa SQ implicará, ainda em abstracto, alterações relevantes no modelo societário até então adoptado. Na verdade, ao nível da transmissibilidade das participações sociais, o regime das sociedades por quotas é mais restrito (artigos 247.º ss.) como também é restrito ao nível da representação dos sócios nas deliberações sociais (artigo 245.º, n.º 1) e da administração da sociedade, aspectos essenciais na vida de uma sociedade.

As regras das SQ implicam alterações essenciais ao regime das sociedades anónimas. Com efeito, apesar das sociedades por quotas terem algumas afinidades com as SA, as diferenças existentes, designadamente as assinaladas, justificam, por si só, o reconhecimento do direito de exoneração nas SA.

Nenhum preceito relativo às SA se refere ao direito do accionista à exoneração. A possibilidade de aplicação de tal instituto vamos encontrá-la nas disposições gerais que lhe são aplicáveis, desde que não sejam afectadas por normas especiais ou excepcionais[375], as quais, no caso das SA, não existem.

---

[375] Neste sentido MARIA AUGUSTA FRANÇA, ob. cit., p. 220.

Efeitos da Fusão, Cisão e Transformação em Relação aos Sócios 173

A lei angolana é ela também omissa quanto aos preceitos referentes ao direito de exoneração no título relativo às sociedades anónimas, socorrendo-se, para o efeito, das disposições contidas na parte geral, que, consequentemente, abrangem todos os tipos de sociedade.

A tutela dos sócios face à vontade maioritária[376] pode operar-se de duas maneiras possíveis: ou exigindo-se, para a deliberação, a unanimidade dos votos[377]; ou permitindo a deliberação sem unanimidade, mas conferindo-se o direito de exoneração aos sócios discordantes[378].

Esta última hipótese veio a ganhar extrema relevância no seio do direito comunitário europeu[379], em contraste com a usual reserva do legislador dos estados membros em adoptar a figura[380].

Tal relevância fez do direito de exoneração, como refere Diogo Costa Gonçalves[381], uma *previsão de máxima tutela,* ao abrigo do qual todas as outras concretizações normativas de protecção dos sócios minoritários se tornam dispensáveis e até prejudiciais à regulamentação societária.

Parece-nos que o artigo 109.º – ao admitir a possibilidade de fazer constar do contrato de sociedade a exoneração do sócio que vote contra a fusão ou cisão – prevê que tais sócios têm direito à exoneração. Ficando, assim, afastados os sócios ausentes ou que se abstiveram de votar. Qual o alcance desta imperatividade?

Poderá o contrato social conceder direito de exoneração aos sócios ausentes ou que se abstiveram de votar? Em caso afirmativo, aplicar-se-á

---

[376] Vide Diogo Costa Gonçalves, ob. cit., p. 338, nota 42.

[377] Vide Diogo Costa Gonçalves, ob. cit., p. 338, nota 44.

[378] Estamos com Diogo Costa Gonçalves, ob. cit., p. 339. Entendemos não constituir propriamente um caso de exoneração de sócio mas conseguir o mesmo efeito o regime consagrado para a hipótese de recusa do consentimento da sociedade para a cessão de quotas. Como se sabe, a cessão de quotas não é eficaz em relação à sociedade enquanto esta não prestar o seu consentimento, sem prejuízo de cláusula contratual diversa (artigos 251.º, n.º 3 e 252.º, n.º 3). Se a sociedade recusar o consentimento, deve, no prazo de 10 dias a contar da data em que foi aprovada a deliberação, comunicar a sua recusa ao sócio, por escrito, acompanhada da proposta de aquisição ou de amortização da quota (artigo 254.º, 1).

[379] Posição assumida, de forma clara, na disposição do artigo 28.º da 3.ª Directiva Comunitária. Nos termos da referida disposição, os Estados-membros ficam dispensados de observar um conjunto de disposições destinadas a assegurar a tutela dos sócios desde que os sócios minoritários gozem do direito de exoneração.

[380] Ver, a propósito, Diogo Costa Gonçalves, ob. cit., p. 339, nota 46.

[381] Ver Diogo Costa Gonçalves, ob. cit., p. 339.

174 A Tutela dos Direitos dos Sócios em Sede de Fusão, Cisão e Transformação

o regime do artigo 109.° a tais sócios ou, ao contrário, a lei permite a criação de um regime diverso para esses casos?

Pelo exposto, será de concluir, relativamente ao direito de exoneração o seguinte:

1. À semelhança do legislador português, o legislador angolano, em sede de fusão, cisão e transformação de sociedades, não entendeu o direito de exoneração como uma *previsão normativa de máxima tutela*[382]. Em consequência, não dispensou a aplicação de outras normas destinadas à protecção dos sócios, ante a possibilidade de exoneração; a lei, ao contrário da transformação, não cria qualquer direito de exoneração em caso de fusão e de cisão. Limita-se a regular tal direito, sempre que o mesmo exista por força de lei ou do contrato.

2. Nas SNC, SCA e SQ – salvo se tiver sido acordado outra coisa pelas partes – os sócios têm o direito de se afastarem da sociedade constituída por tempo indeterminado[383]. Em contrapartida, o sócio exonerado tem direito à percepção do correspondente à sua comparticipação social, sem que se prejudiquem as operações sociais pendentes.

3. Nas SA, e no silêncio da lei ou falta de regulamentação específica, parece que o direito de exoneração só existe nos casos directamente previstos na parte geral, bem como nos casos previstos no contrato social por ela consentidos.

4. *De jure condito,* parece que a imperatividade do regime estabelecido no artigo 109.° proíbe a atribuição do direito de exoneração aos sócios ausentes ou que se tenham abstido na votação. Assim, a disposição em contrato de sociedade que dispusesse nesse sentido seria nula por violação de disposição legal imperativa[384].

Havendo alteração dessas circunstâncias, é normal, como se viu acima, que ao sócio discordante seja permitida a saída da sociedade e em contrapartida lhe seja atribuído um montante da participação social.

---

[382] Ver Diogo Costa Gonçalves, ob. cit., p. 340.

[383] Ver Francesco S. Calero, ob. cit., p. 281.

[384] Neste mesmo sentido, cfr. Diogo Costa Gonçalves, ob. cit., p. 341. Em sentido contrário, Armando Manuel Triunfante, *A Tutela das Minorias nas Sociedades Anónimas: Direitos Individuais ...*, ob. cit., p. 316, que não encontra motivos para tal restrição.

É sobre o montante a atribuir ao sócio exonerado em sede de transformação que iremos discorrer seguidamente.

SECÇÃO II
A Compensação Pecuniária

Outro efeito, não menos importante, da exoneração prende-se com a compensação pecuniária. Além de acarretar a perda da qualidade de sócio, o exercício do direito de exoneração tem como efeito o direito ao reembolso do montante da participação social de que o sócio exonerado era titular.

O interesse do sócio que leva à atribuição do direito de saída da sociedade é, sem dúvida, o de não se conformar com a motivação da sociedade. Com efeito, o sócio, quando manifesta a sua adesão a uma determinada sociedade, fá-lo em obediência a um certo número de factos, entre os quais assume particular importância o tipo de sociedade e o regime de responsabilidade que lhe anda associado.

Tal direito de exoneração vem consagrado no artigo 136.º. Assim, quando os sócios deliberam a aprovação da transformação da sociedade noutro tipo legal, o sócio que não estiver de acordo tem o direito de se afastar dela, recebendo, em contrapartida, o valor da sua participação social[385].

Diogo Costa Gonçalves[386] aponta o pagamento de uma contrapartida ao accionista que se exonera como sendo elemento constitutivo do direito de exoneração, por ser seu entendimento que, na generalidade das situações em que a lei consagrou o poder do sócio se separar da sociedade, há comportamentos lícitos desta, mas que tais situações não podem prejudicar o sócio que, quando entrou para a sociedade, não contava que as mesmas situações ocorressem.

Ora, prossegue o autor, "*se o sócio não assume qualquer responsabilidade com tais situações e as mesmas lhe trazem dissabores manifestos,*

---

[385] Neste sentido, Armando Manuel Triunfante, *A Tutela das Minorias nas Sociedades Anónimas: Direitos Individuais*, ob. cit., p. 301 e ss..

[386] É o mesmo entendimento de Maria Augusta França, ob. cit., p. 220 e Armando Manuel Triunfante, *A Tutela das Minorias nas Sociedades Anónimas: Direitos Individuais*, ob. cit., p. 288 e ss..

então serão duas as consequências: permite-se o exercício do direito de exoneração, uma vez que não é exigível a continuação do sócio na sociedade, naquelas circunstâncias; o sócio tem direito a receber uma contrapartida pelo facto de se ver obrigado a sair da sociedade, em recuperação da participação efectuada. A sociedade pode na prossecução do seu escopo social, adoptar determinadas medidas (como por exemplo, a mudança de sede, a transformação, a fusão, a cisão, etc.), mas não é obrigatório, a todos os sócios suportar tais medidas e sobretudo os respectivos efeitos, podendo os discordantes sair da sociedade, assumindo esta a tarefa de obter (pagando ela própria as participações sociais ou encontrando um terceiro que o faça) as contrapartidas necessárias[387]".

Foi longa a transcrição mas necessária. Acompanhamos esta posição. Todavia, convém referir e chamar atenção para o facto de que a maioria, por força do poder que detém e representa dentro de uma SA, está particularmente sujeita à possibilidade de incorrer em abusos do seu direito[388]. Isso explica o facto de a norma que tutela este problema para o âmbito societário demonstrar uma preocupação exclusiva com o abuso perpetrado pela maioria dos sócios[389].

---

[387] Para maiores desenvolvimentos, cf. Armando Manuel Triunfante, *A Tutela das Minorias nas Sociedades Anónimas: Direitos Individuais ...*, ob. cit., p. 289.

[388] A propósito de abuso de maioria e suas consequências, ver, entre outros, Armando Manuel Triunfante, *A Tutela das Minorias nas Sociedades Anónimas: Direitos de Minoria Qualificada; Abuso de Direito ...*, ob. cit., p. 391 e ss. e 399 e ss.; José Nuno Marques Estaca, *O Interesse da Sociedade nas Deliberações Sociais*, Almedina, 2003, p. 143 e ss.; L. P. Moitinho de Almeida, ob. cit., p. 98 e ss. e Maria Regina Gomes Redinha, ob. cit., p. 198 e ss.. Sobre a apreciação oficiosa do abuso de direito, ver José de Oliveira Ascensão, «Invalidades das Deliberações dos sócios», ob. cit., pp. 39 e 40. Ver, igualmente, o Ac. TRE, 27.04.1989, in *CJ, II*, p. 284, ao decidir no sentido de que: *"o abuso de direito consiste em elas* (as deliberações) *serem as apropriadas para satisfazer o propósito de um dos sócios de conseguir, através do exercício do direito de voto, vantagens especiais para si ou para terceiros em prejuízo da sociedade ou de outros sócios ou simplesmente de prejudicar aquela ou estes, a menos que se prove que as deliberações teriam sido tomadas mesmo sem os votos abusivos"*. Neste sentido, cfr. ainda o Ac. STJ, 16-04-1996, in *CJSTJ, II*, p. 23, bem como a anotação ao Ac. do TRL, de 16-05-2006, in *O Direito*, Ano 138.º IV, Almedina, (2006), pp. 909-910. Aí se considera, nomeadamente, constituir *«... a excepção de abuso de direito um meio de defesa que visa obstar a resultados manifestamente injustos»*.

[389] Quanto a abuso de maioria, ver Armando Manuel Triunfante, *A Tutela das Minorias nas Sociedades Anónimas, Direitos de Minoria Qualificada...*, ob. cit., p. 391. Sobre a qualificação oficiosa de uma deliberação como abusiva pelos tribunais, ver, por

No artigo 109.°, 2, *ex vi* do artigo 136.°, 2, prevêem-se os critérios de determinação do valor das participações sociais, condicionando por essa via a contrapartida a receber pelo sócio exonerado[390]. Na falta de estipulação ou não havendo acordo expresso das partes, o valor da participação é calculado nos termos do artigo 1021.° do CC.

Relativamente ao montante a atribuir ao sócio exonerado, na transformação de sociedades apenas se refere que na escritura pública de transformação se deve mencionar o valor atribuído a cada acção e o montante global pago aos sócios exonerados. Mais se refere na alínea *a*) do n.° 3 do artigo 134.° que os outorgantes da escritura devem declarar, sob sua responsabilidade, que os direitos dos sócios exonerados podem ser satisfeitos sem afectar o capital social, nos limites estabelecidos nos termos do artigo 33.°.

Nos termos do citado artigo 1021.° do CC, o cálculo do valor a atribuir ao sócio exonerado da sociedade deve ter em conta a realidade económica e financeira da sociedade no momento da transformação, com base no balanço real (e não nominal) do último exercício da sociedade a transformar, havendo acordo entre as partes ou com base num balanço contabilístico apurado pelo revisor externo de contas, elaborado para esse efeito (artigo 132.°).

Se a sociedade não tiver possibilidades de adquirir a participação do sócio discordante, a administração da sociedade deve convocar nova assembleia para deliberar a revogação da transformação ou a redução do capital. Por essa razão é que o sócio discordante apenas se considere exonerado na data da escritura de transformação (artigo 136.°, 4) pois pode acontecer que a deliberação da transformação venha a ser revogada.

Pode ainda o sócio discordante com a transformação requerer a dissolução judicial da sociedade, pondo termo à sua relação societária, quando aquela não possa conservar o capital social (artigo 260.°, 1), ou

---

todos, José de Oliveira Ascensão, «Invalidades das Deliberações dos Sócios», ob. cit., p. 39 e ss.. A deliberação abusiva é anulável, em virtude do disposto no artigo 63.°, n.° 1, alínea *b*). A acção é proposta contra a sociedade (artigo 65.°, n.° 1) e a respectiva sentença é eficaz em relação à sociedade e respectivos sócios, sendo protegidos os terceiros de boa fé, com expectativas resultantes de actos praticados em execução da deliberação (artigo 66.°, n.os 1 e 2).

[390] Segundo Armando Manuel Triunfante, *A Tutela das Minorias nas Sociedades Anónimas: Direitos Individuais*, ob. cit., p. 317, deveriam ser respeitados os critérios previstos no artigo 1021.° do CC, os quais devem ser aplicados por analogia.

não consiga ou não queira exonerar o sócio que manifestou a sua intenção de sair da sociedade.

Com a dissolução da sociedade, o sócio consegue o seu afastamento e ao mesmo tempo consegue o pagamento do que lhe couber na partilha.

Última observação: parece que a remissão para o artigo 1021.º do CC, que tem por epígrafe "Liquidação de quotas" (cálculo do montante), deve ser interpretada com alguma cautela, pois não parece que tenha sido a intenção do legislador que o cálculo do montante da participação social a atribuir ao sócio discordante no decurso de uma transformação se fizesse com base num balanço de liquidação, na medida em que na transformação por dissolução não há sequer lugar à liquidação[391].

---

[391] Para maiores desenvolvimentos, ver RAÚL VENTURA, *Fusão, Cisão, Transformação*, ob. cit., p. 451 e ss., bem como PIRES DE LIMA/ANTUNES VARELA, *Código Civil Anotado*, Vol. II, 4.ª Edição, Coimbra Editora, Coimbra, 1997, comentário ao artigo 1021.º, pp. 338-339. Já ARMANDO MANUEL TRIUNFANTE, *A Tutela das Minorias nas Sociedades Anónimas: Direitos Individuais*, ob. cit., p. 317, parece defender a aplicação analógica do referido artigo 1021.º CC.

PARTE IV

**Natureza da Fusão, Cisão e Transformação:
Breve Reflexão**

Aqui chegados, analisados os principais aspectos relativos à tutela dos direitos dos sócios ante as vicissitudes das sociedades e os correspondentes regimes relevantes aplicáveis, bem como os respectivos efeitos, é altura de tomarmos posição face a uma outra questão, cuja solução ainda não encontrou consenso na doutrina[392] – a da natureza da fusão, cisão e transformação das sociedades comerciais.

A verdadeira natureza das ditas operações não é, na realidade, consensual. A *extinção* resultante duma tal operação de fusão/cisão de sociedades tem natureza de *negócio jurídico* (contrato) ou de *acto unilateral*? A transformação é *meramente técnica* (teoria da identidade) ou implica e exige a *extinção* da sociedade, resultando dessa operação uma nova (teoria da novação)? Há identidade ou não entre *transmissão* e *sucessão*?

Eis as questões que merecerão a nossa particular atenção nos capítulos seguintes.

---

[392] É este também o entendimento de Manuela Duro Teixeira, ob. cit., p. 657, ao referir-se à natureza da cisão de sociedades; ver ainda Francisco Correia Mendes, ob. cit., p. 888 e ss..

TÍTULO I
Natureza da Fusão e da Cisão

CAPÍTULO I
Natureza da Fusão

Como se disse, a natureza jurídica do acto de fusão continua a não encontrar consenso na doutrina e na jurisprudência de outras paragens, designadamente em Portugal.

Uma das causas que pode conduzir à existência das divergências doutrinárias parece radicar no facto de o acto de fusão produzir simultaneamente, na expressão de JOSÉ DRAGO, *«uma série complexa de efeitos...»*[393], como se viu *supra*[394].

Para a análise da natureza jurídica do acto de fusão, há que ter em conta, sobretudo, por um lado, as duas concepções contrapostas, e por outro, o regime legal ora em vigor.

Apresentemos, por isso, antes de mais e em síntese, as duas correntes contrapostas fundamentais.

Uma primeira concepção via na fusão a *extinção* duma sociedade e a *transmissão* dos seus bens para o património de outra, tal qual um fenómeno de *"sucessão universal"*, uma *"transmissão universal"*, semelhante à *"sucessão mortis causa"*. Esta tese, defendida, entre outros, por RAÚL VENTURA[395], qualifica o acto de fusão como sendo um contrato em que as

---

[393] Ver JOSÉ DRAGO, ob. cit., p.15.

[394] Cf. *supra* Parte III, Capítulo I, Título I.

[395] Ver RAÚL VENTURA, *Fusão, Cisão e Transformação de sociedades*, ob. cit., pp. 160-162. Assim também COUTINHO DE ABREU, *Curso de Direito Comercial*, Vol. II, cit., p. 92, autor que vê na fusão de constituição de nova sociedade um *«contrato de fusão celebrado pelas sociedades fundidas, representadas pelos respectivos órgãos de administração»*.

184   *A Tutela dos Direitos dos Sócios em Sede de Fusão, Cisão e Transformação*

partes são as ditas sociedades participantes. É a chamada tese contratualista (tradicional ou clássica) que, em Itália[396], associa à fusão uma sucessão *"in universum ius"*, tese, acolhida, igualmente pela doutrina francesa[397].

E como nos revela ainda RAÚL VENTURA, agora citado por JOSÉ DRAGO, *«a dissolução não é um facto jurídico, mas um efeito dum dos casos considerados como sua causa, o qual faz entrar a sociedade na fase da liquidação[398]»*.

Com efeito, RAÚL VENTURA, segundo o mesmo autor, entende que, não havendo liquidação, não haveria dissolução, mas *«simplesmente **extinção** da sociedade, o que, na fusão se atingiria com a transmissão global do património da sociedade, ou seja, **sem "dissolução" nem "liquidação"**»*[399].

Neste sentido se pronunciou, igualmente, por exemplo, o TRL, nos arestos de 02-10-2007 e de 01-07-2003[400].

Contra esta posição, há aquela outra que defende que o acto de fusão não constitui **extinção** da sociedade *fundida* mas apenas uma reorganização do ente societário, para, na expressão de JOSÉ DRAGO, *«potenciar a sua actividade noutra sociedade»*[401].

Esta tese tem, entre outros, em MENEZES CORDEIRO[402] e PINTO FURTADO, em Portugal, e GASTONE COTTINO, na Itália, ilustres representantes.

---

[396] Ver, entre outros, FRANCESCO FERRARA JR./FRANCESCO CORSI, ob. cit., p. 737 que, entretanto, acabaram por a abandonar por a considerarem ***não exacta***, CLAUDIO CARUSSO, «Rassegna di diritto societario (1993-2002), Trasformazione, fusione, scissione e scioglimento», in *Rivista delle società*, anno 49.°, fascicolo 5.°, Giuffrè Editore, Milano, 2004 (1231-1277), p. 1252.

[397] Ver, entre outros, M. COZIAN/A. VIANDIER/F. DEBOISSY, ob. cit., p. 625 e ss., e MICHEL JEANTIN, ob. cit., p. 371 e ss..

[398] Ver JOSÉ DRAGO, ob. cit., p. 17.

[399] Ver JOSÉ DRAGO, ob. cit., p. 17.

[400] Ver, entre outros, Acs. do TRL, de 02-10-2007, disponível em http://www.dgsi.pt, acesso aos 28/02/2008 e de 01-07-2003, disponível em http://www.dgsi.pt, acesso aos 02/04/2008.

[401] Ver JOSÉ DRAGO, ob. cit., p. 20.

[402] ANTÓNIO MENEZES CORDEIRO, *Manual de Direito das Sociedades, I. Das Sociedades em Geral*, ob. cit., p. 787 e nota 2195, critica a referida posição inicialmente defendida pelos autores e hoje abandonada, a qual, aliás, encontra uma rejeição praticamente unânime, segundo o autor. Posição idêntica parece ser defendida também por G. COTTINO, *Diritto Commerciale*, ob. cit., p. 754.

Lê-se em Menezes Cordeiro: «*Quando desencadeiam a operação de fusão, as partes não têm qualquer intenção de extinguir a sociedade. Seria irreal ver, na fusão, um **animus** destruidor, tendente a fazer desaparecer seja o que for.(...) Tão-pouco, na hipótese de fusão-concentração, há uma vontade de constituir um ente novo, em sentido verdadeiro: procura-se, sim, o melhor aproveitamento do que já existe. As partes pretendem, antes, aproveitar o que já existe[403]*».

Segundo o autor, na fusão não há qualquer *extinção proprio sensu* duma sociedade mas tão só *dissolução sem liquidação*, pelo que o seu regime não passa pelas regras de extinção/transmissão, como defende Raúl Ventura, mas, antes, pelas regras em tudo semelhantes às da *transformação* dos entes societários preexistentes.

Também na mesma esteira se encontra Pinto Furtado que, tal como Menezes Cordeiro, aproxima a fusão da transformação. Aquele autor considera ser de inegável interesse o argumento das teses tradicionais, que consideram que as sociedades fundidas não se extinguem mas apenas se dissolvem nas sociedades beneficiárias, «*à imagem de um torrão de açúcar que se lance no café*»; mas as mesmas não são convincentes, pois «*parece aplicar-se tão só à fusão-incorporação não dando uma resposta satisfatória à fusão-concentração. Ora, parece contraproducente adoptarem-se duas orientações de solução para o mesmo fenómeno (fusão) independentemente das modalidades em que se opere*»[404].

Para Gastone Cottino[405], a tese tradicional, que associa à fusão uma sucessão *"in universum ius"*, também não convence, como não convence a equiparação que se pretenda fazer entre a *morte* da pessoa física e a *extinção* da pessoa jurídica. Este autor entende ser aplicável à fusão o regime da *transformação*.

---

[403] Ver António Menezes Cordeiro, *Manual de Direito das Sociedades, I Das Sociedades em Geral*, ob. cit., p. 787.

[404] Para maiores desenvolvimentos quanto à orientação dominante, que aproxima a fusão da transformação, não confundindo sucessão com transmissão, ver Jorge Henrique Pinto Furtado, *Curso de Direito das Sociedades*, ob. cit., p. 554, António Menezes Cordeiro, *Manual de Direito das Sociedades, I Das Sociedades em Geral*, ob. cit., p. 788 e ss. e José Drago, ob. cit., pp. 18-19.

[405] Ver G. Cottino, ob. cit., pp. 741, 744 e 752. No mesmo sentido, cfr. F. Galgano, *Diritto civile e commerciale*, ob. cit., pp. 524-525, que concebe o acto de fusão como a mera execução das deliberações adoptadas.

186   *A Tutela dos Direitos dos Sócios em Sede de Fusão, Cisão e Transformação*

É esta tese da fusão entendida como «*transformação dos entes pre-existentes*» que, actualmente, segundo MENEZES CORDEIRO[406], ocupa posição dominante em Portugal, França e Itália.

Em resumo, esta doutrina considera não haver lugar à extinção da sociedade fundida e aproxima a *fusão* da *transformação*. O acto de fusão traduz *modificações do acto constitutivo* de cada uma das sociedades que se fundem, negando a existência de qualquer transmissão.

Neste sentido seguiu, entre outros, o Ac. do STJ, de 06-12-2006, ao pronunciar-se nos termos do sumário que segue: «*I – Dum ponto de vista substancial, que não apenas formal, a **extinção** das sociedades incorporadas referida no artigo 112.°, alínea a), CSC **não constitui uma verdadeira extinção**, mas sim, e apenas, uma transformação dessas sociedades. II – Porque assim é, a fusão não determina a caducidade dos contratos de arrendamento de que as sociedades incorporadas sejam titulares; e nem também é necessária a anuência do senhorio para a transmissão do arrendamento a que dá lugar, sendo inexigível comunicação prévia da fusão…*»[407].

JOSÉ DRAGO, após uma análise exaustiva das duas posições contrapostas, chega à conclusão de que todas as teorias que se opõem à teoria tradicional «*deparam porém com o elemento literal da lei (artigo 111.° e artigo 112.°), a qual, quer queiramos quer não, refere expressamente que com a inscrição no registo da "fusão", extinguem-se as sociedades "incorporadas", ou "participantes", o que, pese embora a força do argumento em contrário, nos parece que acabará por ser no fundo, a verdadeira intenção dos sócios…*»[408].

Qual destas duas posições terá sido a adoptada pelo legislador angolano?

---

[406] Ver ANTÓNIO MENEZES CORDEIRO, *Manual de Direito das Sociedades I Das Sociedades em Geral*, ob. cit., p. 788.

[407] Ver Ac. STJ, de 06-12-2006, disponível em http://www.dgsi.pt, acesso aos 02/04/2008. Os destaques são nossos.

[408] Ver JOSÉ DRAGO, ob. cit., pp. 19-20. Já ANTÓNIO MENEZES CORDEIRO, *Manual de Direito das Sociedades,* I, ob. cit., p. 786 refere que o artigo 112.° do CSC «*não traduz o actual estado da doutrina e da jurisprudência, no tocante à fusão…*» e que em nada prejudica «*a elaboração científica (…) ele apenas tem a ver com determinados descritivos que, para mais, se prendem com o registo*». O argumento é deveras eloquente mas não é convincente, como nos refere, aliás, JOSÉ DRAGO, *supra* citado.

No sistema da LSC – à semelhança, aliás, do CSC – a fusão não consta do elenco das causas de *dissolução* da sociedade, como resulta dos artigos 140.°, 141.° e 142.°, assim como na regulamentação desta operação não são feitas igualmente quaisquer referências à palavra *dissolução* (à excepção do n.° 2 do artigo 102.°, mas que se refere já às sociedades *dissolvidas* que se podem fundir com outras sociedades).

Esta constatação permite-nos concluir ter o legislador angolano afastado do elenco das causas de fusão a dissolução, ainda que sem liquidação, tal como o legislador português não aderiu a expressão contida na terceira Directiva comunitária, que fala na *"dissolution sans liquidation"*[409].

No entanto, se repararmos no artigo 114.°, n.° 2, alínea *a*), refere-se expressamente que, com a inscrição da fusão, *extinguem-se* as sociedades incorporadas (ou as fundidas). Parece – e neste ponto acompanhamos JOSÉ DRAGO – ser essa «*a verdadeira intenção dos sócios, os quais, através da fusão, não pretenderão que "subsistam", ainda que "transformadas", ou com "individualidade" diferente, as sociedades incorporadas (dentro da incorporante), mas ao invés, que as sinergias destas, mercê da sua extinção, se transfiram e juntem à resultante, exponenciando só nessa, as suas capacidades comerciais*»[410].

Parece, pois, ter sido também esta a orientação seguida no artigo 114.°, n.° 2, alínea *a*), ao referir-se à extinção da sociedade incorporada. Esta é, igualmente, a nossa posição.

---

[409] Ver JOSÉ DRAGO, ob. cit., p. 17.
[410] Ver JOSÉ DRAGO, ob. cit., pp. 19-20.

CAPÍTULO II
Natureza da Cisão

Assim como não há consenso sobre a natureza da fusão, acerca da natureza do acto de cisão há também vários entendimentos.

A cisão é, como se viu supra[411], um fenómeno oposto ao da fusão: uma sociedade converte-se em duas ou mais sociedades, podendo, por seu lado, nos termos do artigo 118.º n.º 1, revestir ainda diferentes modalidades e até sub-modalidades.

Um primeiro grupo de autores, entre os quais destacamos MENEZES CORDEIRO[412], entende ser a *cisão* uma *transformação* de sociedade, que dá lugar a dois ou mais entes societários, pelo que as situações jurídicas antes encabeçadas pela sociedade cindida se mantêm totalmente inalteradas.

A este grupo junta-se DURVAL FERREIRA[413], segundo o qual, na *cisão-simples* e na *cisão-dissolução*, há um mero desdobramento do património e da personalidade da sociedade cindida, que assumirá autonomia futura a partir da data da cisão. Assim, as relações jurídicas criadas pela sociedade cindida são apenas dela e as criadas pela nova sociedade também serão apenas desta. Na cisão-fusão, tratando-se de uma *simbiose*, o autor entende que quando o que estiver em jogo for o aspecto da incorporação da personalidade desdobrada na sociedade incorporante, constituída ou a constituir com o concurso doutra, realçando-se a *fusão*, deveria, por esse facto, ser aplicado o regime desta, com as necessárias adaptações.

---

[411] Ver *supra*, Parte I, Cap. I, Título III, Secção I.

[412] No sentido de que a *cisão* se aproxima da *transformação*, ver, entre outros, ANTÓNIO MENEZES CORDEIRO, *Manual de Direito das Sociedades* I, ob. cit., p. 792, MANUELA DURO TEIXEIRA, ob. cit., p. 657, nota 220 e os autores aí citados e F. M. TAÍNHAS, ob. cit., pp. 363, 371, 375 e 385.

[413] Ver DURVAL FERREIRA, ob. cit., p. 22 e ss..

Na mesma esteira, parece estar também NUNO BARBOSA. De acordo com este autor[414], a cisão apresenta, em qualquer das suas modalidades, como peculiaridade a separação do património societário, através da sua atribuição a outras sociedades.

Para JOANA VASCONCELOS, em resultado da cisão, os sócios passariam a reger-se por diversos contratos. Estes, no entanto, seriam distintos daquele que inicialmente subscreveram. Tal dever-se-ia apenas ao facto de se tornarem sócios de outras sociedades, as sociedades beneficiárias novas ou preexistente – sem que possam reduzir-se, sem mais, tais contratos, *a um mero «fraccionamento» do contrato social originário*[415], na cisão pura, ou *a uma «integração recíproca» dos contratos de ambas as sociedades*[416], na cisão-fusão.

Outros autores, afastando a tese da transformação da sociedade e a concepção atomística, segundo a qual a cisão seria um mero somatório de actos juridicamente autónomos mas voluntariamente encadeados para atingir determinado resultado, não encontram na cisão uma natureza única.

Os críticos daquela tese afastam-na com base na autonomização da cisão da *transformação*, consagrada (entre outros) no CSC. «*Esta autonomização opera ao nível sistemático e ao nível da disciplina de cada um destes fenómenos, que é distinta. Por outro lado, a forma como o CSC regulou os efeitos da cisão seria incompatível com a tese da transformação, pela constatação, por exemplo, da transmissão de bens entre as sociedades e pela extinção da sociedade cindida na cisão total*»[417].

Já RAÚL VENTURA[418], embora na mesma esteira, tem uma posição de simbiose: considera a *cisão-fusão* de natureza contratual, diferentemente da *cisão-simples* e *cisão-dissolução*, que qualifica como actos unilaterais da autoria exclusiva da sociedade cindida[419-420].

---

[414] Ver NUNO BARBOSA, ob. cit., p. 169.

[415] Ver JOANA VASCONCELOS, ob. cit., p. 259 e nota 942.

[416] Ver JOANA VASCONCELOS, ob. cit., p. 259 e nota 943.

[417] MANUELA DURO TEIXEIRA, ob. cit., p. 658.

[418] Ver RAÚL VENTURA, *Fusão, Cisão, Transformação...*, ob. cit., pp. 369 e 370. No mesmo sentido, LUÍS MANUEL TELES DE MENEZES LEITÃO, «Fusão, cisão...», ob. cit., p. 23 e ss..

[419] No mesmo sentido COUTINHO DE ABREU, *Curso de Direito Comercial*, Vol. II, cit., p. 92. Em discordância, ver RAÚL VENTURA, *Fusão, Cisão, Transformação...*, ob. cit., pp. 369 e 370 e LUÍS MANUEL TELES DE MENEZES LEITÃO, «Fusão, cisão...», ob. cit., p. 23 e ss..

Também para JOANA VASCONCELOS, no sistema do CSC, existe uma completa separação entre a fusão e a cisão, incidindo esta *«sempre sobre a sociedade cindida, mais exactamente sobre o seu substrato patrimonial e sobre o seu substrato pessoal, repartindo e transmitindo o seu patrimó- nio, no todo ou em parte, a uma ou mais sociedades novas ou preexisten- tes, nas quais integra os respectivos sócios, cuja posição resulta corres- pondentemente alterada»*[421].

Outros autores[422], ainda criticando todas as posições que reduzem a cisão (fenómeno tão complexo) aos institutos tradicionais, defendem ser a cisão um fenómeno distinto de outros fenómenos societários e com uma natureza também distinta: misto de transformação da sociedade cindida e de criação de novas relações societárias.

Face a estas duas correntes doutrinárias, qual foi a acolhida no CSC?

Para JOANA VASCONCELOS[423], dúvidas não restam ter sido a posição tradicional a acolhida no CSC. Escreve a esse propósito: *«O CSC não conheceu a cisão como uma alteração do contrato de sociedade e, nesse sentido, não acolheu a tese, desenvolvida, a propósito da fusão, por SIMO- NETTO, largamente difundida na doutrina italiana não obstante autoriza- das vozes em contrário, e que entre os autores portugueses obteve a ade- são de PINTO FURTADO»*[424].

E a autora lembra ainda a propósito: *«Mesmo quando a cisão com- porta alterações do contrato da sociedade cindida, na cisão parcial, ou da sociedade beneficiária preexistente, na cisão-fusão por incorporação, tais alterações, porque incluídas numa operação mais vasta e preordenadas às suas finalidades próprias, são absorvidas por esta e pelo seu regime, não*

---

[420] Para maiores desenvolvimentos, ver NUNO BARBOSA, ob. cit., p. 171 e nota 436.

[421] Neste sentido JOANA VASCONCELOS, ob. cit., p. 259 e nota 936 e os autores aí citados.

[422] Como é o caso, por exemplo, de MANUELA DURO TEIXEIRA, ob. cit., p. 659, que refere ser a cisão um fenómeno distinto da fusão e da transformação.

[423] Ver JOANA VASCONCELOS, ob. cit., p. 257 e nota 929.

[424] Para maiores desenvolvimentos, ver JOANA VASCONCELOS, ob. cit., p. 257 e ss. e notas 929, 937, 940 e 941. Efectivamente, posição contrária a esta é salientada por JORGE HENRIQUE PINTO FURTADO, *Curso de Direito das Sociedades*, ob. cit., p. 561, nos termos seguintes: *Por outro lado, também para a cisão é dizer que as transferências patrimoniais para as sociedades* beneficiárias não envolvem em nosso parecer, uma sucessão universal, representando, como realça a Directiva 90-434-CEE, uma real *"transformação da socie- dade contribuidora em estabelecimento estável da sociedade beneficiária"*.

192   *A Tutela dos Direitos dos Sócios em Sede de Fusão, Cisão e Transformação*

ficando em princípio submetidas ao regime geral das alterações do contrato de sociedade»[425].

É a natureza corporativa da cisão que, consistindo num negócio que opera sobre a organização social, numa modificação da própria sociedade, baseada nas deliberações maioritárias das assembleias gerais, ultrapassa a esfera da sociedade para se repercutir necessariamente na dos sócios[426]». Ou segundo BELVISO, citado pela autora, *"na cisão, a sociedade não surge como a única destinatária de todos os efeitos da actuação dos órgãos sociais, porque alguns destes efeitos se produzem na esfera dos sócios"*[427].

Para JOANA VASCONCELOS[428], a cisão é, pois, um negócio jurídico com um processo de formação complexo, o qual surge como uma declaração de vontade da sociedade cindida (ou das sociedades participantes, na cisão-fusão), formada e manifestada através do processo de cisão regulado na lei, e dirigida à produção de um determinado resultado – a divisão de uma sociedade em duas ou mais – o qual se desdobra numa pluralidade de efeitos típicos, legalmente enunciados – a transmissão universal do património, a atribuição das participações aos sócios, e, consoante as modalidades de cisão em causa, a constituição das novas sociedades, a «fusão» da ou das partes patrimoniais separadas, e a extinção da sociedade (artigos 118.º e 112.º)»[429].

E, como bem sublinha RAÚL VENTURA, também citado pela autora, a fusão e a cisão são reguladas de forma autónoma e exaustiva *«e na única situação em que,"por comodidade de redacção", houve necessidade de lhes aplicar regras primariamente ditadas para a alteração do contrato, a sua aprovação, nos termos do artigo 103.º, n.º 1, as duas figuras são bem diferenciadas relativamente a cada tipo de sociedade»*[430].

Qual a posição jurisprudencial lusa?

Relativamente à natureza contratual ou unilateral do acto da cisão, o Ac. TRP, de 22-01-2007, por exemplo, pronunciou-se no sentido de que uma escritura pública de cisão simples de sociedade (comercial) não

---

[425] Ver JOANA VASCONCELOS, ob. cit., p. 258 e nota 934 e os autores aí citados.
[426] Ver JOANA VASCONCELOS, ob. cit., p. 259.
[427] Ver JOANA VASCONCELOS, ob. cit., p. 260 e nota 951.
[428] Ver JOANA VASCONCELOS, ob. cit., p. 260.
[429] Ver JOANA VASCONCELOS, ob. cit., p. 261.
[430] Ver JOANA VASCONCELOS, ob. cit., p. 258 e nota 934.

Naturea da Fusão, Cisão e Transformação

admite a respectiva anulação ao abrigo do disposto no artigo 247.° do Código Civil, porquanto o acto assim formalizado não tem natureza contratual, o qual pressupõe, necessariamente, a existência de um declarante e de um declaratário, antes nele intervindo, exclusiva e unilateralmente, a sociedade cindida[431].

No sistema da LSC – à semelhança, aliás, do CSC – a cisão incide sobre a sociedade cindida, mais exactamente sobre o seu substrato patrimonial e sobre o seu substrato pessoal, destacando e transmitindo o seu património, no todo ou em parte, a uma ou mais sociedades novas ou preexistentes, nas quais integra os respectivos sócios, cuja posição resulta correspondentemente alterada[432].

Perante estas duas posições, há que optar: de tudo quanto foi exposto, estamos convencidos de que a cisão é autónoma da fusão e da transformação pelo que não deve a estas ser assemelhada.

Em segundo lugar, não nos repugna aceitar tratar-se a cisão de um negócio *unilateral* ou *bilateral*[433]: trata-se de negócio jurídico unilateral quando nele *intervenha unicamente a sociedade cindida – como na cisão pura*; ou, diversamente, tratar-se-á de negócio jurídico bilateral quando haja a convergência de vontades das sociedades participantes – como sucede na cisão-fusão – cujo encontro, nas palavras de Joana Vasconcelos, *«se verificará em determinado momento do processo de formação do negócio – entre nós, a escritura de cisão, prevista no artigo 106.°, n.° 1»*[434].

«O processo legal de cisão apresenta-se como uma sequência de actos jurídicos, internos e externos, negociais e não negociais, unilaterais e bilaterais – todos eles encadeados de modo a proporcionarem um resultado final, a cisão»[435]. Esta é, pois, também a nossa posição.

---

[431] Disponível em http://www.dgsi.pt, acesso aos 04/04/2008.

[432] Neste sentido, Joana Vasconcelos, ob. cit., p. 259 e nota 945 e o autor aí citado.

[433] Sobre a distinção entre negócios jurídicos unilaterais e negócios jurídicos bilaterais ou contratos, ver, entre outros, I. Galvão Telles, *Manual dos Contratos em Geral*, 3.ª Edição,1965 (reprint), Lex, Lisboa, 1995, p. 22 ss.; Carvalho Fernandes, *Teoria Geral do Direito Civil*, Vol. II, AAFDL, 1983, p. 199 ss.; A. Menezes Cordeiro, *Teoria Geral do Direito Civil*, I Vol., 2.ª Edição, 1987/88 (reimp.) AAFDL,1992, p. 501 ss.; J. Oliveira Ascensão, *Teoria Geral do Direito Civil*, cit., p. 32 ss. e C. Mota Pinto, ob. cit., p. 387 ss..

[434] Ver Joana Vasconcelos, ob. cit., p. 261.

[435] Ver Joana Vasconcelos, ob. cit., p. 264, notas 971 e 972 e os autores aí citados.

TÍTULO II
Natureza da Transformação

Como se disse, a transformação de sociedades continua a ser uma prática frequente quando a forma actual se revela demasiadamente pesada de manejar.

Em contrapartida, a questão de saber, entretanto, qual a natureza da transformação não tem merecido um acolhimento unânime nem na doutrina nem na jurisprudência estrangeiras: quando se nos depara um caso de transformação, por exemplo de uma SA numa SNC, a sociedade transformada *morre* para dar lugar ao *nascimento* de um novo ente jurídico, no preciso momento em que a transformação se efectuou ou, pelo contrário, tal evento em nada afecta a personalidade social? Qual a posição que procura acautelar melhor os direitos dos sócios?

Este problema, que muito preocupou a doutrina lusa e não só, reveste uma importância muito aguda, e exige uma solução bem fundamentada, visto que, quase todos os demais, que giram à volta da transformação, se reduzem a meros frutos de tal perplexidade.

Também em sede de transformação, nos deparamos com duas teses contrapostas: a tese dita "clássica" (tese da *Identidade* ou da *Continuação*)[436], que associa a transformação tão somente a uma mera modificação nos estatutos ou no título, ou seja a alteração da organização técnica da sociedade, e a tese da *Novação* (ou novatória), de acordo com a qual a transformação dá lugar à extinção da primitiva sociedade e à sua substituição por uma nova sociedade.

---

[436] Ver J. Pinto Furtado, *Curso de Direito das Sociedades,* ob. cit., p. 531 e ss.. Sobre a natureza jurídica da transformação, ver, com maiores desenvolvimentos, Francisco Mendes Correia, ob. cit., p. 888 e ss..

RAUL VENTURA e BRITO CORREIA[437], nas notas justificativas do ante-projecto do regime da transformação do novo CSC expressaram-se no sentido de que a tese da continuação prevaleceria historicamente sobre a tese da novação, muito embora parecessem mais inclinados para esta última, contra a maior parte da doutrina e da jurisprudência.

A transformação já acarretava, à luz da LSQ e do CPC, a extinção da primitiva sociedade e a constituição de uma nova e, portanto, o desaparecimento e a subsequente criação de uma pessoa jurídica. É o caso do artigo 52.° LSQ (hipótese de dissolução de uma sociedade anónima para transformação em sociedade por quotas) e do artigo 1167.° CPC, que regula o acordo dos credores na falência e dispõe: «... *podem estes (credores) ... deliberar constituir uma sociedade por quotas para continuar o giro comercial...*». A sociedade assim formada com os credores ou com outras pessoas [alínea *a*)], sucede à primitiva, a qual, portanto, se transforma.

Não se trata, por conseguinte, de simples alteração estatutária, mas da extinção de uma sociedade (sujeito de direitos) e da criação de outra nova. Havendo dissolução da sociedade anterior, a sociedade transformada sucede "*automática e globalmente à sociedade anterior*" (n.° 5 do artigo 130.°).

Nesta modalidade de *transformação* – considerada excepcional por não derivar simplesmente da lei, como a primeira, mas dependendo da deliberação expressa dos sócios a tal respeito (artigos 130.°, 3 e 141.°) – a sociedade sujeita à transformação (por exemplo a sociedade do CC) dissolve-se (extingue-se), dando lugar a uma sociedade nova (da LSC) e "*operando entre ambos um fenómeno de sucessão universal...*", como enfatiza RAÚL VENTURA[438].

Poderia partir-se daqui (como, aliás, se partiu) para se admitir o instituto geral de *transformação* formal, sendo que a transformação extintiva prevista de forma inequívoca nos artigos 52.° e 53.° LSQ (hipótese de dissolução de uma sociedade anónima para transformar-se em sociedade por quotas) seria a excepção[439].

---

[437] Ver RAÚL VENTURA/L. BRITO CORREIA, *Transformação de Sociedades,* ob. cit., p. 77 ss..

[438] Ver RAÚL VENTURA, *Fusão, Cisão, Transformação de Sociedades*, ob. cit., p. 417.

[439] Neste mesmo sentido, FRANCISCO MENDES CORREIA, ob. cit., p. 61, refere que não teria sido essa a posição assumida pelos autores do anteprojecto antes da aprovação do

Como nos refere, na mesma esteira, MENEZES CORDEIRO, *«Em termos técnicos, a transformação de uma sociedade opera como uma mudança de forma…»*[440]. Segundo o autor, a ideia da identidade nota-se no facto de a transformação não importar dissolução, por um lado e, por outro, no facto de a sociedade resultante suceder, automática e globalmente, à anterior[441].

Com efeito, a solução dominante, na doutrina e na jurisprudência portuguesas, parece ser no sentido de que a transformação se reduziria a uma pura e simples alteração dos estatutos, não importando necessariamente a dissolução da sociedade e a criação duma outra nova.

Qual veio a ser, porém, a orientação legislativa adoptada no CSC, posteriormente seguida pela LSC?

Quanto à natureza jurídica da transformação de sociedades, em Portugal, chegou a questionar-se se a sociedade transformada mantém a sua identidade – face à inexistência de regras no CCom. de 1888 que disciplinassem a *transformação* de sociedades ou, pelo menos, de um preceito que fizesse alusão ao referido instituto, por um lado e, por outro, porque nem a LSQ, aprovada anos mais tarde, por seu turno, previa a admissibilidade da transformação de sociedades, e, no caso afirmativo, qual seria o efeito jurídico da mesma.

Aceitava-se[442], no entanto, a interpretação de que apesar de a *transformação* não estar expressamente referida no Código Comercial, era susceptível de enquadrar-se na letra do artigo 116.° do mesmo Código, visto que a alteração do pacto social se traduziria, naturalmente, numa alteração do acto constitutivo e ainda no artigo 49.°, n.° 5 do CCom., onde se preceituava a obrigatoriedade de registo.

CSC de 1986 nem a de ANTÓNIO CAEIRO, «Breves Notas sobre a Transformação de Sociedades Anónimas em Sociedades por Quotas», in *Temas de Direito das* Sociedades (1984), Coimbra, Almedina, p. 238, que preconizava uma leitura actualista dos artigos 52.° e 53.° da LSQ, na medida em que *"… o contexto doutrinal e jurisprudencial é hoje totalmente diferente…"*.

[440] Ver ANTÓNIO MENEZES CORDEIRO, *Manual de Direito das Sociedades, I. Das Sociedades em Geral*, ob. cit., p. 795.

[441] Ver ANTÓNIO MENEZES CORDEIRO, *Manual de Direito das Sociedades, I. Das Sociedades em Geral*, ob. cit., p. 795.

[442] Ver RAÚL VENTURA/BRITO CORREIA, *Transformação de Sociedades*, ob. cit., p. 77 ss., que negavam que se pudesse articular as referidas disposições no sentido de extrair uma regra geral de transformação formal (transformação sem dissolução), sendo a transformação com dissolução, prevista nos artigos 52.° e 53.° da LSQ (transformação da sociedade anónima em sociedade por quotas), constituiria uma excepção.

198   *A Tutela dos Direitos dos Sócios em Sede de Fusão, Cisão e Transformação*

Aceitava-se, igualmente, que tal interpretação poderia decorrer também do n.º 2 do artigo 151.º CCom. que estabelecia para as *sociedades em nome colectivo* que a maioria dos sócios não poderia, contra o consentimento de um dos sócios *só* que fosse, «... *variar ou modificar a espécie da sociedade ou as cláusulas sociais...*». A redacção desta norma parece mostrar-nos que a *transformação* não era, no regime do Código Comercial, mais que uma alteração do pacto social, sujeita à regra da unanimidade.

Já Antônio Caeiro defendia posição diferente. Para o autor[443], os artigos 52.º e 53.º da LSQ estabeleciam, de forma clara, a dissolução como sendo o passo necessário da transformação de SA em SQ, sendo a transformação com dissolução (com dispensa da liquidação da sociedade transformada) apenas uma opção dos sócios da sociedade anónima podendo recorrer à transformação directa e simples, *nos termos gerais*, sem passar pela dissolução.

No caso de transformação extintiva de sociedades, há, simultaneamente, a extinção da sociedade anterior e a criação de uma nova.

Diversa foi, entretanto, a posição assumida no Ac. TRL, de 09-07--2003, ao referir que: «*A transformação de uma sociedade anónima numa sociedade por quotas não interfere na personalidade jurídica, mantendo-se a mesma sociedade, embora com outro estatuto jurídico*»[444].

O legislador societário português não indica no artigo 130.º do CSC, de modo positivo, a estrutura da transformação na modalidade formal que constitui a modalidade-regra. Apenas no n.º 3, e de modo negativo, refere que a transformação de uma sociedade não importa a dissolução dela, seguindo-se no preceito a enunciação da permitida e voluntária excepção.

Não havendo dissolução da sociedade anterior, isso significa que a sociedade transformada mantém todas as relações jurídicas de que é titular activo ou passivo e mantém-nas precisamente por não ter havido mudança de titular[445].

---

[443] Antônio Caeiro, «Breves Notas ...», in *Temas de Direito das Sociedades*, ob. cit., pp. 238-241.

[444] Disponível em http://www.dgsi.pt, acesso aos 02/04/2008.

[445] No mesmo sentido, Raúl Ventura, *Fusão, Cisão, Transformação de Sociedades*, ob. cit., pp. 448-449, que se pronunciou pela manutenção das duas modalidades de transformação nos termos seguintes: " *Um pouco complacentemente, o CSC não afasta*

Pela letra do artigo 130.°, n.° 3 do CSC, a vontade dos sócios manifesta-se através de deliberação social. Os sócios não se limitam a deliberar que a sociedade seja dissolvida, pois isso acarretaria a normal e subsequente entrada em fase de liquidação; eles deliberam primariamente transformar a sociedade e, de seguida, que tal transformação deve operar-se mediante dissolução (extinção) da mesma.

Questiona-se, no entanto, se essa vontade de transformar a sociedade por dissolução pode já constar do contrato de sociedade no sentido de futuras e eventuais transformações da sociedade poderem ocorrer mediante dissolução. RAÚL VENTURA[446] entende que sim. E mais, tal cláusula, a ser incluída no contrato de sociedade, seria válida porquanto a vontade dos sócios prevaleceria sobre a regra geral.

No entanto, como sublinhado também pelo mesmo autor, tal cláusula não deve dispensar deliberação dos sócios para transformar a sociedade, dissolvendo-a; a mesma cláusula apenas tem por função impedir que a transformação se efectue sem dissolução da sociedade.

O legislador angolano, tal como o legislador português, entendeu instituir as duas soluções: instituiu, como regra, a permanência da sociedade, mas também permite a transformação extintiva desta desde que os sócios expressamente se manifestem nesse sentido.

Com esta solução, parece poder-se servir mais perfeitamente o interesse dos sócios, acolhendo o sentido apontado pela doutrina portuguesa, como deixando dessa maneira a possibilidade de os interessados poderem obter pela outra modalidade (dissolução) a transformação da sociedade[447].

Há que ter em atenção, todavia, que apenas são admitidas estas duas modalidades, ficando aos sócios vedada a possibilidade de criar outra modalidade de transformação[448].

---

algumas possíveis alternativas, aceitando ambas; a sua preferência pela permanência da sociedade manifesta-se apenas em instituí-la como regra e deixar a transformação extintiva dependente da vontade expressa dos sócios". Por sua vez, ANTÓNIO MENEZES CORDEIRO, Manual de Direito das Sociedades, I, ob., cit., p. 795 e nota 2219, chamando particular atenção para os ensinamentos de RAÚL VENTURA nesta matéria, realça, igualmente, a ideia de identidade entre a sociedade considerada antes e depois da transformação.

[446] Ver RAÚL VENTURA, Fusão, Cisão, Transformação de Sociedades, ob. cit., p. 453.

[447] Para maior desenvolvimento, cfr. RAÚL VENTURA, Fusão, Cisão, Transformação de Sociedades, ob. cit., p. 449.

[448] Neste sentido, ensina RAÚL VENTURA, Fusão, Cisão, Transformação de Sociedades, ob. cit., p. 449 e ss.: "(...) se, por qualquer motivo (os sócios) pretenderem, por

No entanto, parece igualmente evidente que, embora o n.º 1 do artigo 130.º se reporte apenas à primeira transformação duma sociedade, não está vedada a possibilidade de a sociedade já transformada poder ser objecto de uma nova transformação.

Os defensores da teoria da identidade alegam não ter grande utilidade a segunda modalidade pela morosidade e complexidade: os sócios não se limitam a deliberar que a sociedade seja dissolvida, pois isso acarretaria a normal e subsequente entrada em fase de liquidação; eles deliberam primariamente transformar a sociedade e, de seguida, que tal transformação deve operar-se mediante dissolução (extinção) da mesma, não seguida de liquidação. Ora, havendo um procedimento mais célere porque optar por este?

Face a estas duas posições, há que optar por aquela que, na verdade, vai de encontro aos interesses dos sócios.

Apesar da argúcia do argumento, o mesmo parece colidir com o direito de opção dos sócios, como aliás é reconhecido pela modalidade que efectivamente dê respostas concretas às dificuldades sentidas pela sociedade anterior.

E a primeira questão que se coloca é a de saber qual a necessidade de *mudança* para ficar tudo na mesma? Na verdade, como se viu *supra*, a sociedade assim transformada é dotada de personalidade e capacidade jurídica com a outorga da escritura (como nós advogamos) ou com a sua inscrição definitiva no registo comercial, como defendido por outros. Seja qual for o posicionamento assumido, o importante a reter, em nossa opinião, é o facto de o ente resultante ser dotado de personalidade e capacidade jurídicas: não é a mesma *pessoa*.

Veja-se, por exemplo, o caso da transformação de uma SNC numa SA. Os sócios da SA podem não autorizar que a sociedade seja integrada com os sócios da SNC? A resposta só pode ser negativa, a não ser que a SNC seja integrada por sócios de indústria. Com o ingresso de sócios, verifica-se, consequentemente, aumento de capital. A própria denominação também muda. Para que serve todo este exercício para tudo ficar ou manter-se na mesma[449]?

---

exemplo, desligar mais fortemente a antiga e a nova sociedade, só poderão dissolver e liquidar a antiga e depois, como puderem, constituir nova sociedade".

[449] Ver Nogueira Serens, ob. cit., p. 180 e ss..

Parece que uma operação desta grandeza põe em causa os fundamentos da própria sociedade. Há: (*i*) um novo pacto social; (*ii*) entrada de outros sócios, ou saída de alguns; (*iii*) aumento de capital e (*iv*) denominação diferente. O próprio legislador sentiu a necessidade de formular exigências especiais para a sua aprovação.

Perante este quadro, não podemos concordar, de forma nenhuma, com a corrente dominante (tese da identidade ou da continuação). Com efeito, para nós, a transformação não é apenas uma mera reorganização técnica da sociedade nem tem em vista só conservar e dar continuidade económica primitiva e à personalidade jurídica existentes. Ela implica a extinção da própria sociedade para dar lugar a uma nova, com um novo pacto social, com outros sócios, com aumento de capital e denominação diferentes.

Por conseguinte, a transformação representa uma modificação profunda do contrato primitivo. Esta solução parece estar mais de acordo com os interesses dos sócios em adequar a sociedade aos novos desafios. Aos sócios descontentes, todavia, por não lhes convir tal operação, assiste-lhes o direito de sair da sociedade.

SÍNTESE CONCLUSIVA

Chegados ao fim do nosso estudo, resta-nos concluir. Com efeito, de todo o exposto, e como demos a entender ao longo do trabalho, descobrimos que os institutos protectivos dos direitos dos sócios, ante o interesse da modificação da estrutura societária, acolhidos na legislação societária angolana, tiveram em devida conta alguns dos êxitos já alcançados, especialmente pela doutrina, legislação e jurisprudência portuguesas.

Todavia, alguns desses institutos protectivos carecem de ser adequados e outros de ser criados *ex novo* como é, por exemplo, o caso das sociedades unipessoais.

Quanto à primeira situação, veja-se o caso da opção do legislador em consagrar os direitos gerais e direitos especiais dos sócios, sem que se achem agrupados por um critério comum, o que julgamos viria facilitar em muito o seu estudo sistemático. Outro caso da opção do legislador traduz--se na consagração, ao nível de situações tão semelhantes, por exemplo, o direito de exoneração que, nuns casos alarga significativamente o âmbito de sócios legitimados a sair da sociedade (é o caso dos sócios que não votaram a favor) e, noutros, restringe tanto (é o caso dos sócios que votaram contra) quando, em todos estes casos, o fundamento do direito de exoneração é o mesmo: vicissitudes da sociedade. O legislador, salvo o devido respeito, teria feito melhor se tivesse consagrado o mesmo procedimento em todos estes casos; é esta a nossa modesta opinião[450].

Quanto à segunda, veja-se o caso das sociedades unipessoais que existem de facto mas que o legislador não ousa consagrar de forma expressa e clara. Pensamos que o legislador poderia, *de iure condendo*, com efeito, consagrar de forma clara e inequívoca a possibilidade de constituição de sociedades unipessoais, como forma de satisfazer os interesses daqueles agentes económicos que vêm nesta figura societária a sua máxima tutela.

---

[450] Parece ser também este o entendimento de ARMANDO MANUEL TRIUNFANTE, *A Tutela das Minorias nas Sociedades Anónimas: Direitos Individuais,* ob. cit., p. 300.

A terceira conclusão prende-se com o conteúdo e a extensão dos direitos dos sócios, que variam consoante o tipo de sociedade e da operação a realizar pela sociedade. No entanto, existem direitos inderrogáveis e irrenunciáveis (por oposição aos direitos derrogáveis por vontade maioritária da sociedade), que, por se considerarem essenciais à actividade social, não podem ser modificados, limitados ou coarctados nem com o acordo dos seus titulares, sob pena de inviabilizar toda a operação de mudança. Cremos ser esta a maior tutela dos sócios.

BIBLIOGRAFIA(*)(**)

ABREU, Jorge Manuel Coutinho de, «Sociedade Anónima, a Sedutora [Hospitais, S.A., Portugal, S.A.]», in *IDET,* Miscelâneas, n.° 1, Livraria Almedina, Coimbra, (11-37), 2003.
— «Reformas do Código das Sociedades», in *IDET,* Colóquios, n.° 1, Livraria Almedina, Coimbra, (11-37), 2003.
— *Curso de Direito Comercial* – Das Sociedades, Vol. II, Almedina, Coimbra, 2002.
— *Da Empresarialidade (As Empresas no Direito)*, (Reimpressão), Almedina, 1999.
ALBUQUERQUE, Pedro de, *Direito de Preferência dos Sócios em Aumentos de capital nas Sociedades Anónimas e por Quotas, Comentário ao Código das Sociedades Comerciais,* Livraria Almedina, Coimbra, 1993.
ALBUQUERQUE, Pedro de/PEREIRA, Maria de Lurdes, *As «Golden Shares» do Estado Português em empresas privatizadas: Limites à sua admissibilidade e exercício,* Coimbra Editora, 2006.
ALMEIDA, L. P. Moitinho de, *Anulação e Suspensão de Deliberações Sociais,* 2.ª Edição Revista, Coimbra Editora, Limitada, 1990.
ALMEIDA, António Pereira, *Sociedades Comerciais,* 3.ª Edição (Aumentada e Actualizada), Coimbra Editora, 2003.
ALMEIDA, Paulo Duarte Pereira, *O Direito do Accionista à informação no Código das Sociedades Comerciais,* I, Lisboa, Faculdade de Direito, 1992.
ANDRADE, Manuel de, *Teoria Geral da Relação Jurídica,* Vol. I, (Reimpressão), Coimbra, 2003.
ANTUNES, José A. Engrácia, *Os Grupos de Sociedades*-Estutura e organização Jurídica da empresa plurissocietária, 2.ª Edição, (Revista e Actualizada), Almedina, 2002.
ARAÚJO, Nuno Barbosa, *Competência das Assembleias de Obrigacionistas,* Livraria Almedina, Coimbra, 2002.
ASCENSÃO, José de Oliveira, «Invalidades das Deliberações dos Sócios», in *Separata de Estudos em Homenagem ao Prof. Doutor RAÚL VENTURA*, Edição da Faculdade de Direito da Universidade de Lisboa, Coimbra Editora, 2003 (17-44).
— *Direito Comercial, Lições,* Vol. IV, Edição Lisboa, 2000.

---

* Do índice bibliográfico que se apresenta constam apenas as obras citadas ao longo do texto e não todas as obras consultadas.

** As obras são indicadas por ordem alfabética, mediante referência ao autor. Na indicação de diversas obras do mesmo autor segue-se o critério cronológico.

208 *A Tutela dos Direitos dos Sócios em Sede de Fusão, Cisão e Transformação*

- *Direito Civil – Teoria Geral*, Vol. I, 2.ª Edição, Coimbra Editora, 2000.
- «Reprivatização e Direitos dos Ex-Titulares das empresas nacionalizadas», in *Separata da Revista da Ordem dos Advogados*, Ano 51, I – Lisboa, (299-352), Abril 1991.
- *Direito Civil – Sucessões*, 4.ª Edição, 1989.

BISSARA, Philippe, «L'intérêt social», in *Revue des Sociétés,* Ano 117.°, n.° 1 (Janvier-Mars 1999), (5-31), 1999.

CAEIRO, António, «Breves Notas sobre a Transformação de Sociedades Anónimas em Sociedades por Quotas», in *Temas de Direito das Sociedades*, Livraria Almedina, Coimbra, 1984.
- *As Sociedades de Pessoas no Código das Sociedades Comerciais,* Livraria Almedina, 1988.
- «Princípios fundamentais da reforma do Direito das Sociedades Comerciais», in *Textos*, Centro de Estudos Judiciários, Conselho Distrital do Porto da Ordem dos Advogados, Sociedades Comerciais.

CALERO, Fernando Sanchez, *Instituciones de Derecho Mercantil,* 7.ª Edição, Editorial Clares, Valladolid, 1978.

CÂMARA, Paulo, «O Regime Jurídico das Obrigações e a Protecção dos Credores Obrigacionistas», in Separata *Revista da FDUL,* Vol. XLIV, n.° 1 e 2, Coimbra Editora, (109-142), 2003.

CARLOS, Palma, «Transformação de Sociedades», in *Separata da Revista da FDUL,* Vol. XIV, Lisboa, 1962.

CARUSSO, Cláudio, «Rassegna di diritto societario (1993-2002), Trasformazione, fusione, scissione e scioglimento», in *Rivista delle Società,* anno 49.°, fascicolo 5.°, Giuffré Editore, Milano, (1231-1277), 2004.

COELHO, Maria Ângela, «A reforma da sociedade de responsabilidade limitada (GmbH) pela lei alemã de 4 de Julho de 1980 (GmbH-Novele)», in Separata da *Revista de Direito e Economia (RDE),* anos 6/7 (1980/1981), (41-71).

CORDEIRO, António Menezes, *SA: Assembleia Geral e Deliberações sociais,* Almedina, 2007.
- *Manual de Direito das Sociedades, II Das Sociedades em Especial,* Almedina, 2006.
- «A Grande Reforma das Sociedades Comerciais», in *O Direito*, Ano 138.° (2006) III (445-453).
- *Tratado de Direito Civil Português,* I Parte Geral, Tomo I, 3.ª Edição, Livraria Almedina, 2005.
- *Manual de Direito das Sociedades I, Das Sociedades em Geral,* Almedina, 2004.
- *Manual de Direito Comercial,* Vol. II, Almedina Coimbra, 2001.
- «As privatizações e o Direito privado: alguns aspectos com especial referência ao sector bancário», in *Direito e Justiça,* Vol. V, (71-89) 1991.
- "Da alteração das circunstâncias", in *Estudos em memória do Professor Doutor Paulo Cunha,* Lisboa, (293-371), 1989.

CORDEIRO, Pedro, *A desconsideração da personalidade jurídica das sociedades comerciais,* AAFDL, Lisboa, 1989.

Bibliografia

CORREIA, Ferrer/ XAVIER, Lobo, «Dissolução de sociedade por quotas; o caso especial do direito do sócio a requerer a dissolução como garantia do seu direito de exoneração», in *RDE,* Coimbra, Ano I, n.os 1 e 2 (273-305), 1983.

CORREIA, Francisco Mendes, «Transformação de Sociedades: Algumas considerações», in Separata da Revisa *O Direito,* 138.°, IV Almedina, (835-892), 2006.

CORREIA, Luís Brito, *Direito Comercial, Sociedades Comerciais,* Vol. II, AAFDL, Lisboa, 1989.

CORREIA, Miguel J. A. Pupo, *Direito Comercial,* 10.ª Edição, Revista e actualizada, EDI-FORUM, Lisboa, 2007.

COSTA, Ricardo, «Unipessoalidade Societária», in *IDET,* Miscelâneas, n.° 1, Livraria Almedina, Coimbra, (41-142), 2003.

– *A Sociedade por Quotas Unipessoal no Direito Português,* Coimbra, Almedina, 2002.

COTTINO, Gastone, *Diritto Commerciale,* vol. I, tomo II, 3.ª Edição, Padova, CEDAM, 1994.

COZIAN, Maurice/VIANDIER, Alain/DEBOISSY, Florence, *Droit des Sociétés,* 16.ª Édition, Litec, Editions du Júris-Classeur, Paris, 2003.

CUNHA, Paulo Olavo, *Direito das Sociedades Comerciais,* 2.ª Edição Almedina, 2006.

– *Os Direitos Especiais nas Sociedades Anónimas: As Acções Privilegiadas,* Livraria Almedina, Coimbra, 1993.

DOMINGUES, Paulo de Tarso, *Do Capital Social – Noção, Princípios e Funções,* 2.ª Edição, Universidade de Coimbra, Coimbra Editora, 2004.

DRAGO, José, *Fusão de Sociedades Comerciais* (Notas Práticas), Almedina, 2007.

ESTACA, José Nuno M., *O Interesse da Sociedade nas Deliberações Sociais,* Almedina, 2003.

FERNANDES, Luís A. Carvalho, *Lições de Direito das Sucessões,* 2.ª Edição (reimpressão), Quid Juris? Sociedade Editora, Lisboa, 2004.

– *Teoria Geral do Direito Civil,* Vol. II, AAFDL, 1983.

FERRARA JR., Francesco/CORSI, Francesco, *Gli Imprenditori e le società,* 7.ª Edição, Milano, Giuffrè Editore, 1987.

FERREIRA, Durval, *Cisão de Sociedades, no Direito Português e Comparado e no Projecto do Código das Sociedades Comerciais,* Livraria Almedina, Porto, 1985.

FONSECA, Joaquim Taveira da, «Deliberações sociais: Suspensão e Anulação», in Separata da Revista *Textos* do Centro de Estudos Judiciários, Conselho Distrital do Porto da Ordem dos Advogados, 1994/1995.

FONSECA, Tiago Soares da, *Do Direito de Exoneração nas Sociedades Anónimas – Causas, Exercício e Efeitos,* FDL, 2004.

FONTES, José Allen, *Direitos Especiais dos Sócios nas Sociedades Comerciais,* Tese de Mestrado, FDL, 1989.

FRADA, Manuel Carneiro da, «Deliberações sociais inválidas no Novo Código das Sociedades Comerciais», in Separata *Novas Perspectivas do Direito Comercial,* Livraria Almedina, Coimbra, 1988.

FRANÇA, Maria Augusta, «Direito à exoneração», in *Novas Perspectivas no Direito Comercial,* Centro de Estudos Judiciários, Livraria Almedina, Coimbra, 1988.

210 A Tutela dos Direitos dos Sócios em Sede de Fusão, Cisão e Transformação

FURTADO, Jorge H. C. Pinto, *Curso de Direito das Sociedades,* 5.ª Edição, Revista e Actualizada, 2004.
— *Deliberações dos Sócios – Comentário ao Código das Sociedades Comerciais,* Livraria Almedina, Coimbra, 1993.
— *Código Comercial Anotado,* Vol. I, Almedina, Coimbra, 1975.

GALGANO, Francesco, *Il Nuovo Diritto Societario,* Trattato di Diritto Commerciale e di Diritto Pubblico Dell'Economia, Vol. XXIX, CEDAM, 2003.
— *La Società per Azioni,* Vol. II. CEDAM, Pádua, 1984.

GOFFAUX-CALLEBAUT, Géraldine, «La définition de l'intérêt social: Retour sur la notion aprés les évolutions legislatives recentes», in *RDTcom.,* n.º 1 (Janvie/Mrs 2004), (35-45), 2004.

GONÇALVES, Diogo Costa, «Direitos Especiais e o Direito de Exoneração em Sede de Fusão, Cisão e Transformação de Sociedades Comerciais», in Separata da Revista *O Direito,* ano 138.º, Almedina, 2006 (313-362).

HENRIQUES, Paulo Videira, «A Desvinculação Unilateral *ad nutum* nos Contratos Civis, de Sociedade e de Mandato», in *Boletim da Faculdade de Direito da Universidade de Coimbra,* Studia Iuridica, 5, Coimbra Editora, 2001.

HÖRSTER, Heinrich Ewald, *A Parte Geral do Código Civil Português, Teoria Geral do Direito Civil,* Almedina, 2003.

JEANTIN, Michel, *Droits des sociétés,* II Edição, Monchrestien, Paris, 1992.

JORGE, Fernando Pessoa, «Transmissão do arrendamento comercial por efeito da incorporação da sociedade arrendatária», in Revista *O Direito,* ano 122.º, 1990.

LABAREDA, João, «Direito à Informação», in *IDET,* Problemas do Direito das Sociedades, Almedina, 2002 (119-151).
— *Das Acções das Sociedades Anónimas,* AAFDL, Lisboa, 1988.

LAURET, Bianca/BOURGNINAUT/, Véronique/BANNEL, Christine, *Droits des Sociétés (civiles et commerciales),* Economica, Paris, 2.ª Edição, 1991/92.

LEITÃO, Luís Manuel Telles de Menezes, *Direito das Obrigações,* Vol. III, 2.ª Edição, 2004.
— «Fusão, Cisão de Sociedades e Figuras Afins», in *Fisco* n.º 57, Ano 5 Setembro 1993.
— *Pressupostos da Exclusão de Sócios nas Sociedades Comerciais,* AAFDL, Lisboa, 1989.

LEMENIEUR, Francis, *Príncipes et Pratiques du Droit des Sociétés,* J. DELMAS, et C.ª.

LIMA, Pires/VARELA, Antunes, *Código Civil Anotado,* Vol. I, 4.ª Edição, Coimbra Editora, 1997.

LOPES, Teresinha, «Revisão da Legislação Comercial (continuação). Sociedades Comerciais», in *Revista da FDUAN,* Luanda, n.º 3, (115-133), 2003.
— *Direito Comercial,* Faculdade de Direito da Universidade Agostinho Neto, Luanda, 1999.

MACHADO, Miguel, «Sobre a Tutela Penal da Informação nas Sociedades Anónimas: Problemas da Reforma Legislativa», in Separata da Revista *O Direito,* anos 106.º-119.º, (271-319), 1974/1987.

MAGALHÃES, Barbosa de, «Sociedades por quotas – Alteração do pacto social quanto a vantagens especialmente concedidas a sócios», in *Gazeta da Relação de Lisboa*, ano 49.º, n.º 10.

MAIA, Pedro, «Deliberações dos Sócios», in *Estudos de Direito das Sociedades*, 6.ª Edição, Almedina, (173-210), 2003.

– «Tipos de Sociedades Comerciais», in *Estudos de Direito das Sociedades*, 6.ª Edição, Almedina, (7-30), 2003.

MARIANO, João Cura, *Direito de Exoneração dos Sócios nas Sociedades por Quotas*, Almedina, 2005.

MARTINS, Alexandre Soveral, «Da personalidade e capacidade jurídicas das sociedades comerciais», in *Estudos de Direito das Sociedades*, 6.ª Edição, Almedina, (69-90), 2003.

MATOS, Albino, *Constituição das Sociedades, Teoria e Prática* (Formulário), 5.ª Edição, Revista e Actualizada, 2001.

MENDES, João de Castro, *Teoria Geral do Dieito Civil*, Vol. I, Coimbra Editora Limitada, AAFD, Lisboa, 1978.

MENDES, José Maria, *Sociedades Por Quotas e Anónimas, Guia Prático*, 4.ª Edição, Almedina, 2001.

MENDONÇA, Lourenço Pires, "Parecer", in *Regesta*, Ano XI, n.º 4/9, Revista de Direito Registral, Associação Portuguesa de Conservadores dos Registos (63-78), 1990.

MIRANDA, Jorge, «Grupos de sociedades e princípio da igualdade. Parecer» in Separata *Estudos em memória do Professor Doutor António Marques dos Santos*, Vol. II, (203-229), 2005.

MOTA, Guerra da, *Sociedades Comerciais – A Tutela da Minoria e o Direito Unitário de participação dos Sócios*, Livraria Athena, Porto, 1971.

NETO, Abílio, *Código das Sociedades Comerciais – Jurisprudência e Doutrina*, 4.ª Edição, EDIFORUM, Edições Jurídicas, Lda., Lisboa, 2007.

OTERO, Paulo, «Da criação de Sociedades Comerciais por Decreto-Lei», in *Separata de Estudos em Homenagem ao Professor Doutor Raul Ventura*, Edição FDUL, Coimbra Editora, 2003 (103-138).

– «Coordenadas Jurídicas da privatização da Administração Pública», in *BFDUC*, Stvdia Ivridica 60, Coloquia-7, Coimbra Editora, 2001.

PERALTA, Ana Maria, «Assunção pela Sociedade Comercial de Negócios Celebrados Antes do Registo», *in Estudos em homenagem ao Professor Doutor INOCÊNCIO GALVÃO TELLES*, Vol. IV, Novos Estudos de Direito Privado, Almedina, 2003.

PERRINO, Michele, «La Riforma della disciplina delle fusioni di società», in *Revista delle Società*, anno 48.º, (Março-Junho2003), Giuffrè Editore, Milano, 2003.

PINTO, Carlos Alberto da Mota, *Teoria Geral de Direito Civil*, 4.ª Edição, por António Pinto Monteiro e Paulo Mota Pinto, Coimbra Editora, 2005.

PINTO, Carlos Eduardo Ferraz, «A potencialmente eterna unipessoalidade superveniente na Lei das Sociedades Comerciais angolana», disponível em http://www.fd.ul.pt/ICJ.

PINTO, Eduardo Vera – Cruz, *A representação do accionista para exercício do direito do voto nas assembleias gerais das sociedades anónimas*, AAFDL, Lisboa, 1988.

PITA, Manuel António, «Direito aos Lucros», in *Novas Perspectivas do Direito Comercial*, Faculdade de Direito da Universidade Clássica de Lisboa, Centro de Estudos Judiciários, AAVV. Livraria Almedina, Coimbra, 1989.

212 A Tutela dos Direitos dos Sócios em Sede de Fusão, Cisão e Transformação

- «A Protecção das Minorias», in *Novas Perspectivas do Direito Comercial*, Faculdade de Direito da Universidade Clássica de Lisboa, Centro de Estudos Judiciários, AAVV. Livraria Almedina, Coimbra, 1988.

RAMOS, Maria Elisabeth, «Constituição das Sociedades Comerciais», in *Estudos de Direito das Sociedades*, 6.ª Edição, Almedina, (31-68), 2003.

REDINHA, João Emílio de A. Fraga, *Contribuição para o Direito das Minorias*, Tese, FDUL, Lisboa, 1987.

REDINHA, Maria Regina Gomes, «Deliberações sociais abusivas», in *RDE*, 10/11, (193--224), 1985.

RODRIGUES, Nuno Cunha, *"Golden-Shares" As Empresas Participadas e Os Privilégios do Estado enquanto accionista minoritário*, Coimbra Editora, 2004.

SCHMITTHOFF, Clive M., «O Papel das maiorias e a protecção das minorias no direito inglês sobre sociedades», in *Separata da Revista de Direito e Estudos Sociais*, Vol. XII – n.ᵒˢ 1-2, Ano 1965, Coimbra, 1965 (Tradução e notas por Alberto Pimenta).

SANTOS, Filipe Cassiano dos, «O Direito aos Lucros no Código das Sociedades Comerciais (à luz de 15 anos de vigência)», Problemas do Direito das Sociedades, in *IDET*, Livraria Almedina, Coimbra, (185-199), 2002.

SERENS, Manuel C. Nogueira, «Notas sobre a Sociedade Anónima», in *RDE*, Ano XV, Coimbra, (1-454), 1989.

SILVA, Carlos Alberto B. Burity da, *Teoria Geral do Direito Civil*, Colecção da Faculdade de Direito da UAN, Luanda, 2004.

SILVA, João Calvão da, *Estudos Jurídicos (Pareceres)*, Livraria Almedina, 2001.

SPADA, Paolo, *Diritto Commerciale, II Elementi*, CEDAM, Padova, 2006.

TAÍNHAS, Fernando Manuel, «Cisão na Societas Europaea», in *O Direito*, Ano 138.º (363-390), 2006.

TEIXEIRA, Manuela Duro, «A Cisão no Direito Português», in *Separata da Revista O Direito*, ano 138.º (593-660), Almedina, 2006.

TELLES, Inocêncio Galvão, *Manual dos Contratos em Geral*, 3.ª Edição de 1965 (reprint), Lex, Lisboa, 1995.

- *Direito das Sucessões, Noções Fundamentas*, 6.ª Edição (Reimpressão), Coimbra Editora, 1996.

TRIUNFANTE, Armando Manuel, *A Tutela das Minorias nas Sociedades Anónimas, Quórum de Constituição e Maiorias Deliberativas (e autonomia estatutária)*, Coimbra Editora, Coimbra, 2005.

- *A Tutela das Minorias nas Sociedades Anónimas, Direitos Individuais*, Coimbra Editora, 2004.

- *A Tutela das Minorias nas Sociedades Anónimas – Direitos de Minoria Qualificada (Abuso de Direito)*, Coimbra Editora, 2004.

VASCONCELOS, Joana, *A Cisão de Sociedades*, Universidade Católica Editora, Lisboa, 2001.

VASCONCELOS, Pais de, *A Participação Social nas Sociedades Comerciais*, Almedina, 1995-2005.

VAZ, Manuel Afonso, «Formas Organizativas do Sector Empresarial do Estado (Experiência Portuguesa)», in *BFDUC*, Stvdia Ivridica 60, Coloquia-7, Os Caminhos da Pri-

Bibliografia 213

vatização da Administração Pública, IV, Colóquio Luso-Espanhol de Direito Administrativo, Coimbra Editora, 2001.

VENTURA, Raul, *Fusão, Cisão, Transformação de Sociedades, Comentário ao Código das Sociedades Comerciais*, Livraria Almedina, 2003.

– *Novos Estudos sobre Sociedades Anónimas e em Nome Colectivo, Comentário ao Código das Sociedades Comerciais* – (3.ª Reimpressão da Edição de 1999), Almedina, 2006.

– *Sociedade por Quotas (Comentário ao CSC)*, Vol. II, 2.ª Reimpressão, Almedina, 1999.

– «Direitos Especiais dos Sócios – Parecer», in *O Direito*, Ano 121.º (1989), I (Janeiro-Março), 1989.

– *Alterações do Contrato de Sociedades, Comentário ao Código das Sociedades Comerciais*, Livraria Almedina, 1986.

– «Reflexões Sobre Direitos de Sócios», in *Colectânea de Jurisprudência*, Ano IX, Tomo II, Palácio da Justiça, Coimbra (1-12), 1984.

– «Adaptação do direito português à Sexta Directiva do Conselho da Comunidade Económica Europeia relativa às Cisões das Sociedades por Acções», in *Gabinete de Documentação e Direito Comparado*, Procuradoria Geral da República, n.º 10, Lisboa, (9-89), 1982.

– «Adaptação do direito português à Terceira Directiva do Conselho da Comunidade Económica Europeia relativa às Fusões das Sociedades por Acções», in *Gabinete de Documentação e Direito Comparado*, Procuradoria Geral da República, n.º 4, Lisboa, (183-266), 1980.

– *Cisão das Sociedades,* Lisboa, 1974.

VENTURA, Raul/CORREIA, Brito, «Transformação de Sociedades – Anteprojecto e Notas Justificativas», in Separata do *BMJ*, 218, 1973.

VIEIRA, Iva Carla, *Guia Prático de Direito Comercial*, Almedina, 2007.

JURISPRUDÊNCIA

Ac. do STJ, de 17-04-2008, disponível em http://www.dgsi.pt, acesso aos 25-04-08.

Ac. do STJ, de 06-12-2006, disponível em http://www.dgsi.pt, acesso aos 02/04/2008.

Ac. do STJ, de 08-07-2003, disponível em http://www.dgsi.pt, acesso aos 16/03/2008.

Ac. do STJ, de 29-04-2003, disponível em http://www.dgsi.pt, acesso aos 16/03/2008.

Ac. do STJ, de 28-02-2002, disponível em http://www.dgsi.pt.

Ac. do STJ, de 04-05-1999, disponível em http://www.dgsi.pt, acesso aos 22-02-2008.

Ac. do STJ, de 16-04-1996, in *CJ*, II.

Ac. do STJ, de 26-04-1995, disponível em http://www.dgsi.pt, acesso em 02/12/05.

Ac. do STJ, de 09-02-1995, disponível em http://www.dgsi.pt, acesso aos 10/04/2008.

Ac. do STJ, de 09-06-1992, disponível em http://www.dgsi.pt, acesso aos 20/03/2008.

Ac. do STJ, de 28-05-1992, disponível em http://www.dgsi.pt, acesso aos 25-04-2008.

Ac. do STJ, de 18-05-1983, in *BMJ*, 323.

Ac. do STJ, de 18-01-1993, disponível em http://www.dgsi.pt, acesso aos 16/03/2008).

Ac. do STJ, de 21-06-1979, in *BMJ*, n.º 288.

Ac. do STJ, de 12-01-1973, disponível em http://www.dgsi.pt, acesso aos 25-04-2008.

Ac. do STJ, de 11-06-1971, disponível em http://www.dgsi.pt, acesso aos 22-02-2008.

Ac. do TRL, de 2-10-2007, disponível em http://www.dgsi.pt, acesso aos 28/02/2008.

Ac. do TRL, de 20-09-2007, disponível em http:www.dgsi.pt, acesso aos 28/02/2008.

Ac. do TRL de 16-05-2006, in *O Direito,* Ano 138.º IV, Almedina, (2006), pp. 909-910.

Ac. do TRL, de 09-07-2003, disponível em http://www.dgsi.pt, acesso aos 02/04/2008.

Ac. do TRL, de 01-07-2003, disponível em http://www.dgsi.pt, acesso aos 02/04/2008.

Ac. do TRL, de 06-02-2001, disponível em http://www.dgsi.pt, acesso aos 02/04/2008.

Ac. do TRL, de 27-06-1991, disponível em http://www.dgsi.pt, acesso aos 04-11-2006.

216   *A Tutela dos Direitos dos Sócios em Sede de Fusão, Cisão e Transformação*

Ac. TRL, de 5-01-1982, in CJ, 1982, tomo II, p. 149.

Ac. TRL, de 24-11-1978, in CJ, 1978, p. 1558.

Ac. do TRP, de 25-10-2007, disponível em http://www.dgsi.pt, acesso aos 04/04/2008.

Ac. do TRP, de 22-01-2007, disponível em http://www.dgsi.pt, acesso aos 04/04/2008.

Ac. do TRP de 02-10-2006, disponível em http://www.dgsi.pt, acesso aos 02/04/2008.

Ac. do TRP, de 14-09-2006, disponível em http://www.dgsi.pt, acesso aos 04/04/2008.

Ac. do TRP, de 19-01-2006, disponível em http://www.dgsi.pt, acesso aos 02/04/2008.

Ac. do TRP, de 27-9-2005, disponível em http://www.dgsi.pt, acesso aos 04/04/2008.

Ac. do TRP de 05-05-2005, disponível em http://www.dgsi.pt, acesso aos 09/11/2005.

Ac. do TRP, de 01-07-2002, disponível em http://www.dgsi.pt, acesso aos 04/04/2008.

Ac. do TRP, de 07-12-1999, disponível em http://www.dgsi.pt, acesso aos 04/04/2008.

Ac. do TRP, de 28-05-1998, disponível em http://www.dgsi.pt, acesso aos 04/04/2008.

Ac. do TRP, de 24/12/92, disponível em http://www.dgsi.pt, acesso aos 04/04/2008.

Ac. do TRP, de 13-02-1990, disponível em http://www.dgsi.pt, acesso aos 04/04/2008.

Ac. do TRP, de 11-01-1990, disponível em http://www.dgsi.pt, acesso aos 04/04/2008.

Ac. do TRP, de 17-01-1948, in *BMJ*, n.º 6, p. 273.

Ac. do TRC de 12-02-2008, disponível em http://www.dgsi.pt, acesso aos 04/04/2008.

Ac. TRC de 23-03-2006, disponível em http://www.dgsi.pt, acesso aos 22/07-2007.

Ac. do TRC, de 28-03-2007, disponível em http://www.dgsi.pt, acesso aos 04/04/2007.

Ac. do TRC de 6-12-2005, disponível em http://www.dgsi.pt, acesso aos 04/04/2008.

Ac. do TRC, de 1-02-2000, *in CJ,* Ano XXV, tomo I, 2000 e de 13-02-90, disponível em http://www.dgsi.pt, acesso aos 4/04/2008.

Ac. do TRC, de 30-11-1982, in *CJ*, t. V.

Ac. TRE, de 27-04-1989, in *CJ*, II.

ÍNDICE

PREFÁCIO 5

NOTA PRÉVIA 9

PLANO DO TRABALHO 11

ALGUMAS SIGLAS E ABREVIATURAS UTILIZADAS 15

INTRODUÇÃO 17

    1. Nota justificativa 19

    2. Delimitação do tema 24

PARTE I
A PROBLEMÁTICA GERAL DAS VICISSITUDES DAS SOCIEDADES COMERCIAIS

TÍTULO I – **Introdução** 29

    CAPÍTULO   I – Breves noções introdutórias 29

        SECÇÃO   I – Sociedades comerciais 29

        SECÇÃO II – Conceito de fusão e cisão de sociedades 31

        SECÇÃO III – Conceito de transformação de sociedades 34

    CAPÍTULO II – Regime jurídico aplicável 37

        SECÇÃO   I – Fusão e cisão de sociedades: Legislação relevante aplicável 37

        SECÇÃO II – Transformação de sociedades: Legislação relevante aplicável 39

    CAPÍTULO III – Modalidades de fusão, cisão e transformação 41

        SECÇÃO   I – Modalidades de fusão e cisão 41

        SECÇÃO II – Modalidades de transformação 45

218   *A Tutela dos Direitos dos Sócios em Sede de Fusão, Cisão e Transformação*

TÍTULO II – **Os impedimentos à fusão, cisão e transformação**..........................   47

    CAPÍTULO   I – Impedimentos à fusão e cisão...   47

    CAPÍTULO   II – Impedimentos à transformação...   51
        SECÇÃO   I – Proibição legal de transformação   51
        SECÇÃO   II – Proibição contratual de transformação   57

TÍTULO III – **Efeitos do Registo Comercial nas vicissitudes das sociedades**.....   59

    CAPÍTULO   I – Fusão e cisão: efeitos do registo..   61

    CAPÍTULO   II – Efeitos do registo da transformação   65

PARTE II
A TUTELA DOS DIREITOS DOS SÓCIOS

INTRODUÇÃO   75

TÍTULO I – **A tutela dos sócios titulares de direitos gerais**   79

    CAPÍTULO   I – O direito de participar na vida da sociedade   79

    CAPÍTULO   II – O direito dos sócios à informação.....................................   85
        SECÇÃO   I – O direito à informação em sede de fusão e cisão.................   95
        SECÇÃO   II – O direito à informação em sede de transformação...............   98

    CAPÍTULO III – O direito dos sócios aos lucros..   101

TÍTULO II – **A tutela dos sócios titulares de direitos especiais**   113

    CAPÍTULO   I – Direitos especiais: Regime jurídico relevante aplicável   113

    CAPÍTULO   II – Direitos especiais: Âmbito   117

PARTE III
EFEITOS DA FUSÃO, CISÃO E TRANSFORMAÇÃO EM RELAÇÃO AOS SÓCIOS

INTRODUÇÃO   129

TÍTULO I – **Os efeitos da fusão e cisão em relação aos sócios**............................   131

    CAPÍTULO   I – Manutenção da qualidade de sócio.......................................   133

CAPÍTULO II – Direitos especiais dos sócios 141

CAPÍTULO III – O direito de exoneração e a compensação pecuniária dos
sócios 147

SECÇÃO I – O direito de exoneração....................................... 147
SECÇÃO II – A compensação pecuniária 152

TÍTULO II – **Os efeitos da transformação em relação aos sócios** 155

CAPÍTULO I – Manutenção da qualidade de sócio..................................... 155

CAPÍTULO II – Direitos especiais dos sócios 159

CAPÍTULO III – O direito de exoneração e a compensação pecuniária dos
sócios 165

SECÇÃO I – O direito de exoneração....................................... 165
SECÇÃO II – A compensação pecuniária 175

PARTE IV

**NATUREZA DA FUSÃO, CISÃO E TRANSFORMAÇÃO:
BREVE REFLEXÃO**

TÍTULO I – **Natureza da fusão e da cisão**... 183

CAPÍTULO I – Natureza da fusão 183

CAPÍTULO II – Natureza da cisão... 189

TÍTULO II – **Natureza da transformação** 195

SÍNTESE CONCLUSIVA 203

BIBLIOGRAFIA.. 207

JURISPRUDÊNCIA 215